VOLTAIRE

ET SON TEMPS

Paris. — Imprimerie de GUSTAVE GRATIOT, 11, rue de la Monnaie.

VOLTAIRE
ET SON TEMPS

ÉTUDES SUR LE DIX-HUITIÈME SIÈCLE

PAR

L.-F. BUNGENER

TOME PREMIER

PARIS
JOËL CHERBULIEZ, ÉDITEUR
6, PLACE DE L'ORATOIRE
GENÈVE, MÊME MAISON
A LEIPZIG, MICHELSEN ET CH. TWEITMEYER

M. DCCC. LI

Ce livre est le complément d'un autre, et l'introduction à un troisième.

Dans nos *Trois Sermons sous Louis XV*, nous avons essayé de peindre la société française au dix-huitième siècle, l'intolérance religieuse à côté de la corruption morale, la licence avant la liberté.

Plus tard, si Dieu nous prête vie et force, nous reprendrons l'histoire au point où nous l'avons laissée, et nous ne la clorons qu'aux jours sanglants qui allaient marquer la fin du siècle.

Ce n'est donc ici qu'une halte, dont nous avons profité pour jeter un coup d'œil sur l'ensemble de cette époque, et pour étudier plus en détail quelques-unes des questions qui l'agitèrent.

Celles que nous avions suffisamment développées dans notre précédent travail, nous avons dû n'en dire que ce qui était nécessaire à l'intelligence du reste. De là le peu de place qu'occupent quelques sujets importants, entre autres l'affaire des Jésuites.

Nous n'avons fait, d'ailleurs, aucun effort pour dissimuler que nous écrivions en vue des débats de notre époque. Nous savons que nous déplairons à beaucoup de gens; mais nous savons aussi que nous avons dit ce que beaucoup pensent. Que ces derniers veuillent bien ne pas nous renier, et peut-être seront-ils surpris eux-mêmes de se voir si nombreux à condamner ce que nous avons condamné, à vouloir ce que nous voulons. C'est le moment, ou jamais, de dire ce qu'on pense et de penser ce qu'on dit.

Octobre 1850.

INTRODUCTION

I

Un comédien qui se faisait peindre s'amusa un jour, dit-on, à se donner insensiblement les visages divers qu'il savait prendre sur la scène. Le peintre aux abois se lamentait des rébellions de son pinceau. Il fut longtemps à s'apercevoir que c'était l'original qui changeait.

Moi aussi j'ai longtemps désespéré de la saisir, malgré d'incessantes études, cette mobile et capricieuse figure du siècle que je voulais peindre; moi aussi je me suis enhardi et consolé en la voyant échapper plus ou moins à beaucoup de ceux qui ont cru l'avoir saisie.

J'avais besoin de cette excuse, en effet, non-seulement pour me faire pardonner, mais aussi et surtout pour me pardonner moi-même un travail soi-disant nouveau sur un sujet traité par tant d'auteurs, en particulier par celui que tout le monde a lu, que tout le monde nomme dès qu'il s'agit du dix-huitième siècle et de Voltaire.

Plus d'un ami m'a demandé, tantôt en s'effrayant sérieusement pour moi, tantôt peut-être avec un peu d'ironie, si j'allais donc refaire M. Villemain. Je répondais, comme je réponds encore, que M. Villemain a eu peu d'admirateurs plus constants et plus sincères que moi ; mais lui-même, ajoutais-je, s'il avait à traiter aujourd'hui les mêmes choses, les traiterait-il comme alors ? Vingt ans ont presque doublé la distance qui nous séparait du dernier siècle lorsqu'il en acheva l'étude. Vingt ans, c'est plus que ce que Tacite appelait *grande mortalis ævi spatium*. Vingt ans, c'est beaucoup à toute époque, et, de nos jours, c'est presque un siècle.

Je ne me suis donc fait aucune illusion sur ma faiblesse. Je me suis seulement aperçu, comme tout le monde, que ces vingt ans ont éclairci bien des choses dont le dernier mot échappait aux plus habiles, ou dans lesquelles il était alors impossible d'être impartial et franc.

Je ne veux certes pas dire que la franchise manquât à l'illustre auteur que j'ai nommé ; mais il y a des positions où l'on ne reste pas aisément soi. Dans toutes les grandes crises, c'est la foule qui mène, et le rôle des chefs est d'obéir. « Vos gens n'ont fait que des sottises, disait-on à un grand meneur de nos jours. Que ne les dirigiez-vous donc ? — Que voulez-vous ? dit-il ; j'étais leur chef... »

M. Villemain était donc, en 1828 et 1829, le chef de cette jeunesse ardente qui érigeait malgré lui sa chaire en tribune, ses leçons en philippiques, ses moindres arrêts en oracles ; mais il l'était à une condition : celle de marcher dans la ligne que lui traçaient jour par jour les applaudissements de l'auditoire, les éloges intéressés des journaux, les tracasseries du pouvoir.

Cette ligne, c'était un assez étrange milieu entre l'ancien scepticisme, décidément honni comme froid et de mauvais goût, et le christianisme revenu, mais avec les jésuites et les billets de confession. Il ne fallait ni l'attaquer, ce qui eût été mal reçu comme réchauffé de Voltaire, ni le défendre, au moins directement, car le public aurait crié au jésuite. Il fallait respecter et ses ennemis et lui, l'Encyclopédie et l'Évangile, la monarchie et la révolution ; il fallait élever un temple où Voltaire et *l'infâme* eussent leurs trônes.

De là les ménagements inouïs dont M. Villemain s'est cru obligé d'user ; de là aussi cette complaisance égale dans l'appréciation des tendances les plus contraires, dans les éloges à donner aux hommes les plus inégaux en talent, les plus divers de caractère et de mœurs. Si le dix-huitième siècle, comme l'a dit M. Villemain lui-même, fut l'âge d'or des littérateurs médiocres, son livre est certainement leur panthéon.

II

Notre ancienne critique, celle surtout du dix-huitième siècle, avait le grand défaut de ne pas tenir assez compte des circonstances individuelles ou publiques sous l'empire desquelles un homme a vécu et pensé. Auteurs, livres, produits quelconques de l'intelligence ou du cœur, elle étudiait et jugeait tout sur les théories du jour.

L'excès contraire est venu, et presque sans transition. En vain, dès l'origine, des esprits éclairés l'ont signalé. « Le dix-huitième siècle, écrivait madame de Staël en 1809, énonçait les principes d'une manière trop absolue; *peut-être le dix-neuvième commentera-t-il les faits avec trop de soumission.* » Ce *peut-être* allait se réaliser en histoire, en politique, en littérature. Après l'avoir trop justifié lui-même, M. Villemain a eu des successeurs nombreux, héritiers de sa dangereuse indulgence sans l'être de ce goût exquis et sûr qui lui tenait lieu de principes. Selon un autre auteur, que je ne confonds nullement parmi ces critiques sans aveu, mais qui ne les a aussi que trop encouragés sur ce point [1], le meilleur critique est celui qui s'identifie le mieux avec les auteurs qu'il juge. Cela peut être vrai dans certains cas, et spécialement, si l'on veut, en poésie; mais la poésie elle-même, dès qu'elle prend ou se laisse donner un rôle dans les querelles sociales, n'a plus droit à se réclamer du cœur. Défions-nous, à plus forte raison, de ces dangereux appels, dans les choses qui ne relèvent que de la philosophie et de l'histoire. Un juge serait-il d'autant plus juste qu'il se mettrait mieux à la place des prévenus amenés devant lui ? Chrétiennement et

---

[1] Sainte-Beuve.

comme individu, à la bonne heure ; mais, dans une charge publique, — et la critique en est une, — il s'agit, avant tout, d'appeler bien ce qui est bien et mal ce qui est mal.

III

Ce relâchement, au reste, n'a été que l'application littéraire d'un système presque universellement répandu, celui de la fatalité historique en général.

Cela a été ; cela devait être. Voilà, depuis quelques années, l'axiome fondamental. Vous l'avez, sous toutes les formes, dans tout ce qui se publie aujourd'hui. Entre les gens qui le proclament et les gens qui le subissent, à peine en reste-t-il quelques-uns pour demander timidement si c'est donc là le dernier mot de la raison et de la conscience.

Cela a été ; cela devait être. Voilà le passé absous ; voilà l'avenir ouvert à tout ce qu'on voudra ressusciter d'horreurs ou de folies.

Mais si ces horreurs, ce qu'à Dieu ne plaise, devaient revenir une fois, qui aurait le plus contribué à en amener le retour ? Ceux que nous entendons les célébrer, les appeler ? Non, car ils ne sont forts, ceux-là, que de la peur et de l'affaissement des autres. Mais les auteurs de cet affaissement général, les hommes du *fait accompli*, ceux qui ont mis leur philosophie et leur justice à ne plus s'indigner de rien, ceux qui ont su avoir de l'admiration pour les bourreaux en même temps que des pleurs pour les victimes, — voilà nos vrais fléaux ; voilà ceux qui ont véritablement semé toutes les tempêtes actuelles, toutes celles que nous ou nos enfants aurons encore à recueillir.

Que notre impartialité n'aille donc pas jusqu'à excuser, comme on l'a fait, tantôt les hommes par le siècle, tantôt le siècle par les hommes, pour n'avoir, en définitive, plus rien à condamner. N'arrivons pas avec un système tout fait et brutalement inflexible; mais ce serait encore mieux que de flotter du pour au contre et de plaider successivement toutes les causes. Quand l'absence de système en devient elle-même un, alors c'est le pire de tous. Vous n'êtes plus impartial, mais faible ou lâche; vous croyez montrer un bon cœur, et vous ne montrez qu'un pauvre esprit.

IV

Cette impartialité-là n'est donc pas celle que nous apporterons dans l'étude du dix-huitième siècle. Il a été si sévère envers les autres, que nous n'avons nulle raison pour être indulgents envers lui.

Ce n'est cependant pas sans quelque frayeur qu'on l'aborde. Il avait tant de confiance en lui-même ! Il regardait de si haut et de si loin quiconque osait avoir l'air de le juger ! C'est comme un de ces morts qui, bien que morts, vous tiennent encore à distance, et que vous avez de la peine à vous figurer immobiles, impuissants, rongés des vers. Votre imagination les ressuscite. Vous entendez leur voix; vous baissez les yeux sous leur regard.

Je l'ai plus d'une fois éprouvé, ce sentiment, quand je travaillais à ce livre. Il me semblait errer dans un cimetière immense, peuplé de morts d'hier, dont les mânes se promenaient autour de leurs sépultures, invisibles, mais me voyant, me suivant. Je sentais comme un regard inquiet glisser par-dessus mon épaule pour lire la ligne ébauchée; j'aurais presque craint, en me retournant, de me trouver face à face avec ces hommes que je venais de tenir sous mon scalpel. Oui, dans mes longues veilles, à l'heure où la lampe s'éteint et où la fatigue est fièvre, plus d'une fois il m'a semblé l'entendre bruire à mon oreille ce ricanement saccadé que Ferney envoyait à tous les échos de l'Europe. Celui qui a ri soixante ans de tout et de tous, je ne pouvais me le figurer ne riant plus et ne se moquant pas un peu de moi.

C'est que je vivais avec lui, bien malgré moi, autant et plus qu'avec tous ses contemporains ensemble. Dans toutes les questions, dans tous les faits, lui, toujours lui. Pas une liste de noms qui fût complète sans le sien; pas un tableau qui fût vrai sans sa figure, et presque toujours au premier plan. L'histoire de Voltaire est celle du dix-huitième siècle; l'histoire du dix-huitième siècle est celle de Voltaire. Le siècle et l'homme sont un.

V

Un, dis-je ; mais comment ?

L'incarnation d'un siècle dans un homme a lieu, suivant les temps, de deux manières différentes.

Tantôt, c'est l'homme qui marche en avant. Il appelle à lui les intelligences, et les intelligences le suivent. Il s'empare de toutes les forces vives, et il en forme un faisceau dans sa main. — Voilà le règne du génie, le lot des générations jeunes et fortes.

Tantôt, c'est le siècle lui-même qui a choisi, parmi ses hommes, celui qui va passer pour son chef. L'élu est condamné à n'avoir plus qu'une pensée : celle de se maintenir où on l'a mis. Toutes ses facultés, tout son génie peut-être, car il n'est pas impossible qu'il en ait, il le consacrera à étudier et à servir les goûts de la multitude. Il acquerra une habileté étonnante à aller au devant de tout ce qu'on veut de lui. Il devinera les besoins avant qu'on les exprime, avant même qu'on les éprouve. Il aura l'air de mener, mais parce qu'il saura n'aller jamais que précisément où on veut. L'unité, dans le premier cas, c'était que tous se fondissent en un ; dans celui-ci, c'est qu'il y en a un qui se fera tout à tous. Voilà le règne de l'esprit, le lot des siècles vieillis et faibles.

Tel sera donc, évidemment, le rôle de Voltaire au dix-huitième siècle. Ne lui demandez pas de ces élans de génie, de ces inspirations puissantes qui prennent un peuple aux entrailles, le remuent, le retrempent, lui créent une vie et une foi. Peut-être, et c'est une louange que nous ne pouvons lui refuser, peut-être les aurait-il eues, en d'autres temps, ces inspirations régénératrices. Il était capable d'enthousiasme, ce rieur éternel. Il pleurait au théâtre. Ce n'était guère, il est vrai, qu'à ses pièces, et toujours un peu pour donner le branle; mais enfin il pleurait, et ne pleure pas qui veut[1]. A une époque où, pour être puissant, il aurait fallu être grand, je crois que Voltaire eût été grand.

Il ne l'a donc pas été; il a servi son siècle comme son siècle voulait être servi. On lui demandait de l'esprit : il l'a semé à pleines mains. On lui demandait de beaux vers : il en a fait; mais on ne lui demandait pas de poésie, de celle du cœur, j'entends, et il n'en a pas eu. « Je lui reconnais la perfection de la médiocrité, » disait un de ses ennemis, l'abbé Trublet; et quoique *médiocrité* sonne assez mal, j'en conviens, quand il s'agit d'un Voltaire, ce jugement est, à quelques égards, un des meilleurs qu'on ait prononcés sur lui. Si j'avais à le répéter, je n'entendrais pas par là, non plus que l'abbé

---

[1] « Il était un peu désagréable de se trouver à côté de lui aux représentations, parce qu'il ne pouvait se contenir. Tranquille d'abord, il s'animait insensiblement; sa voix, ses pieds, sa canne, se faisaient entendre plus ou moins. Il se soulevait à demi de son fauteuil, se rasseyait, puis tout à coup se trouvait droit, paraissant plus haut de six pouces qu'il ne l'était réellement. C'était alors qu'il faisait le plus de bruit. »

Mémoires de Wagnière (secrétaire de Voltaire).

Trublet sans doute, que Voltaire fût un homme médiocre ; ma pensée serait que, même dans les pages où il est vrai, pur, noble, même, en un mot, dans celles où vous n'avez rien à reprendre, où vous le sentez arrivé à la perfection du genre, vous ne vous sentez pourtant jamais dans les sommités du génie ou de la vertu, jamais dans cette haute atmosphère où un Bossuet, où un Pascal, où un Newton vous élèvera d'un mot.

VI

Ce caractère, — et c'est pour cela que j'ai tenu à le bien définir, — était celui de tous les hommes et de tous les écrits de ce temps. Partout de l'esprit, mais peu d'âme. Beaucoup de raison, peu de bon sens. Beaux vers, et pas de poésie ; grands mots, et, de conviction, point.

Non, point de conviction dans cette école, pas plus en philosophie et en morale, où l'on croyait en avoir, qu'en religion, où on se glorifiait de n'en avoir plus. Je le prouverai plus tard, et j'en ai eu la preuve, quant à moi, à tous les pas que je faisais dans l'étude de cette époque.

Je ne la trouvais pas seulement, cette preuve, dans l'histoire intime et anecdotique des personnages principaux. Tout le sérieux qui leur manquait quand je les voyais en déshabillé, je l'avais déjà cherché en vain dans leurs livres. Le véritable amour du vrai ne parle pas tant de vérité; l'amour de la vertu ne parle pas tant de vertu. On ne prodigue pas ainsi le nom de ce qu'on aime. Si la vertu n'est quelquefois qu'un mot, c'est certainement aux époques où ce mot est dans toutes les bouches et se lit à toutes les pages.

Je ne puis donc faire une exception pour l'homme qui en a le plus parlé, et que beaucoup de gens me nommeraient le premier, sans aucun doute, s'ils avaient à nier ce que j'ai dit. « Que faites-vous de Rousseau? » me diraient-ils; et après m'avoir lu ou rappelé quelque morceau que je n'admire peut-être pas moins qu'eux [1], ils me demanderaient si c'est d'une conviction médiocre que cette éloquence a pu jaillir.

Elle l'a pu, répondrais-je. Il est vrai qu'elle ne l'aurait pas pu dans tous les temps ni chez un écrivain quelconque, même habile. Il fallait à la fois un homme chez qui l'imagination fût assez forte pour suppléer à tout le reste, et un siècle assez peu difficile en fait de choses sérieuses pour autoriser cet homme à n'avoir que de l'imagination. Mais ce siècle existait; cet homme s'est rencontré. Voilà la clef des succès de Rousseau.

Je vais plus loin. Je dis qu'il a réussi précisément par ce défaut de conviction qui aurait été, en d'autres temps, le plus grand obstacle à ses triomphes.

Ce n'était point qu'on ne s'en aperçût pas, et que l'on fût, au fond, d'un autre avis que Voltaire, qui le disait « factice de la tête aux pieds. » Défaisons-nous de l'idée

---

[1] « C'est Diogène; mais il s'exprime quelquefois en Platon. »
VOLTAIRE. *Lettre à Helvétius*. 1763.

que le dix-huitième siècle, au moins jusqu'aux approches de la Révolution, ait pris Rousseau au sérieux. Le pauvre abbé de Saint-Pierre, qui avait dit à peu près les mêmes choses, mais avec foi, n'avait trouvé que des railleurs. On n'aimait pas les hommes convaincus; on les repoussait par instinct, comme des plaidoyers vivants contre la légèreté du siècle. Rousseau avait les formes de la conviction; on les lui pardonnait parce qu'on sentait de reste qu'il n'en avait pas le fond. On se plaisait à s'abandonner à lui, mais parce qu'on ne voyait là qu'un jeu d'esprit; du moment qu'on aurait eu la pensée qu'il prêchait sérieusement, son règne était fini. On l'écouta comme on avait écouté, du temps de la scolastique, les fins ergoteurs de l'école; et, dans le domaine moral, tous ceux qu'aurait pu effrayer l'austérité de ses préceptes, il ne les rassurait que trop par le spectacle de ses mœurs.

De là la patience avec laquelle on écoutait ses injures; de là le plaisir qu'on prenait à cette guerre si crûment déclarée aux choses qu'on avait le moins envie de détruire ou de laisser détruire; de là ces étranges contrastes qui amusaient une génération légère, et ne l'empêchaient pas d'aller son train. Le siècle est vicieux, et Rousseau prêche la vertu; il prêche la vertu, et il est lui-même vicieux. On se croit arrivé, par les sciences et par les arts, au plus haut point de raffinement social : il débutera par attaquer les arts et les sciences; il prétendra y voir la source de tous les maux. En face d'un gouvernement absolu, il prêchera la liberté; et à peine commencera-t-on, après lui, à en répéter le nom, que ce n'est déjà plus, dans sa pensée, ce qu'on avait compris par là, car il ne fait que substituer au despotisme des rois un despotisme plus avilissant et plus lourd, celui de la multitude. Il sera assez incrédule pour être attaqué par les croyants, assez croyant pour l'être par les incrédules, et le public s'intéressera, comme toujours, à qui paraît seul contre tous. Puis, tandis que c'est lui qui sort de toutes les routes, il va criant que ce sont ses ennemis qui s'en écartent. Dès son premier défi aux idées de son temps, dans ce même discours contre les arts et les sciences : « O fureur de se distinguer, s'écrie-t-il, que ne pouvez-vous pas ! » Au moment même où il entre à pleines voiles dans cet océan de paradoxes qui sera pour lui sans rivages, le voilà déclamant contre ces « déclamateurs futiles » qui, dit-il, « armés de leurs funestes paradoxes, » vont sapant les fondements de tout ce qui a été sacré chez les mortels.

VII

Voici peut-être un paradoxe nouveau; mais il me semble que Voltaire, avec son ton léger et ses sarcasmes sans fin, est mieux l'homme sérieux du siècle que son grave et sentencieux rival. Tous ses mots, à lui, portent coup; tous ses traits arrivent au vif. L'œuvre de son siècle est la sienne; personne ne s'y est plus entièrement consacré. Il ne le dit pas, mais on le sait, et il n'y a personne en Europe qui en doute, tandis que ce que Rousseau cherche avant tout, c'est Rousseau. Voltaire a mis libéralement sa gloire au service de la cause ; Rousseau a toujours laissé voir, en la servant, qu'il pensait plus à lui qu'à elle, et qu'il s'inquiétait peu, au fond, de la voir triompher. Voltaire ne demandait pas le martyre, mais la victoire ; Rousseau ne voulait que la lutte, et n'y cherchait que le nom de martyr. « Il sera charmé d'être pendu, disait Voltaire, pourvu qu'on mette son nom dans la sentence. »

Pourquoi donc les représenter, dira-t-on, comme ayant servi la même cause ? A peine trouverait-on quelques points où ils aient été d'accord, et, même d'accord sur les choses, ils ne l'étaient jamais sur les raisons.

C'est vrai ; mais quand le courant général est assez fort pour entraîner en un même faisceau toutes les individualités et toutes les antipathies, il faut aussi qu'elles ne fassent qu'un dans l'appréciation générale de l'époque.

Du temps des paisibles querelles où se dépensait à petit bruit, sous un roi absolu, la vie et la force qu'un grand siècle n'osait dépenser en d'autres luttes, il fallait peu de chose pour creuser un abîme entre deux hommes.

Vienne un siècle plus libre, une lutte plus sérieuse, un but plus nettement tracé, et, en dépit des apparences, en dépit des combattants eux-mêmes, il n'y aura plus qu'une armée et qu'un drapeau. On sera comme des soldats qui peuvent bien se quereller dans les rangs, mais qui n'en marchent pas moins au même assaut.

Ce n'est donc pas sans raison que ces deux hommes

sont vulgairement associés dans un commun éloge ou dans un commun anathème ; ce n'est pas par hasard ou par abus que leurs noms semblent s'appeler l'un l'autre, comme leurs deux tombeaux sont côte à côte à l'ombre d'une même voûte. En les unissant dans leur mort, la Révolution proclama l'unité de leur œuvre. Elle se reconnut leur fille. Elle l'était.

VIII

Mais elle ne l'était pas, notez-le bien, en ce sens que l'un eût produit ce qu'il y avait de bon en elle, l'autre ce qu'il y avait de mauvais.

Les uns ont rejeté sur l'impiété voltairienne tous les excès dont la liberté se souilla ; les autres, ceux qui tenaient peu à la religion et beaucoup, comme Voltaire, à l'ordre social, en ont attribué le renversement à Rousseau. D'autres, enfin, comme Bernardin de Saint-Pierre, ont ouvertement fait de ce dernier le bon génie de son siècle, et de Voltaire le mauvais.

On a renoncé, de nos jours, à ces distinctions spécieuses ; mais on les a malheureusement renouvelées dans l'appréciation des hommes et des systèmes actuels. On craint de condamner en masse ; on s'obstine à choisir parmi les démolisseurs. Les uns, ceux qui disent les choses par leur nom, on les condamne ; encore est-on heureux, ce semble, quand on peut signaler quelque circonstance atténuante, et s'exempter de prononcer selon sa première indignation. Les autres, le grand nombre, ceux qui ne savent pas ou ne disent pas le dernier mot, on se croit obligé de les traiter en honnêtes penseurs, un peu légers seulement, un peu creux, et prêts, du reste, à revenir au bien quand sauteront les mines qu'ils ont creusées.

Ah! sans doute, ils seraient revenus aussi, ces grands démolisseurs du dix-huitième siècle, s'ils avaient vu ce que devenait leur œuvre entre les mains de leurs adeptes. Rappelez-vous Raynal et sa courageuse lettre[1], Condorcet et son sanglant désespoir. Oui, Voltaire aurait flétri la Terreur bien autrement qu'il n'avait flétri la Ligue; il n'aurait sûrement pas épargné à tant de nouvelles folies les coups de son vieux fouet. Rousseau, j'aime à me le figurer arrachant des mains de Robespierre ces pages si douces de forme, si impitoyables de fond, où l'homme de la guillotine avait appris à calculer froidement combien il faudrait couper de têtes pour que le *Contrat social* pût devenir l'évangile de la France. Voltaire et Rousseau, le jour où on leur donna un Marat pour compagnon de sépulcre et de gloire, je les entends frémir dans leur poussière; je les vois qui se dressent pour le repousser avec horreur.

Voilà la réhabilitation que je leur offre. Sur ce terrain, j'aime à leur tendre, à travers le tombeau, une main presque fraternelle. Si c'est une compensation, je la leur accorderai, et de grand cœur, toutes les fois que je me serai permis de les juger et de les condamner.

---

[1] 31 mai 1791.

Mais m'abstenir, mais les absoudre parce qu'ils n'ont pas formellement commandé le mal qui s'est fait en leur nom, — jamais; et, plût à Dieu que les honnêtes gens n'eussent jamais eu cette faiblesse, ni envers les vivants, ni envers les morts! Nous ne serions pas où nous en sommes. Rendez justice à ce qu'il y a eu çà et là d'instincts généreux dans ce chaos; dites, si vous voulez, que le dix-huitième siècle a préparé le monde au règne de plus d'un grand principe que le christianisme avait en vain proclamé; mais n'oubliez pas qu'il l'a fait en foulant aux pieds ces principes mêmes, et que leur établissement serait sa condamnation définitive. En visitant les champs fertilisés par la cendre de l'Etna ou du Vésuve, vous pouvez admirer comment le bien sort du mal; mais vous n'irez pas, pour cela, faire de ces fléaux les bienfaiteurs de ces contrées, et vous auriez pitié de qui leur élèverait des autels.

IX

Mais quand l'histoire du dix-huitième siècle serait un peu moins la nôtre, il y aurait encore de l'intérêt à examiner comment des forces si diverses ont concouru au même but, et, pour en revenir à nos deux noms, comment Voltaire et Rousseau ont pu être en même temps à la tête d'une même génération.

L'un, je l'ai dit, Voltaire, mène en suivant; l'autre

ne mènera qu'en rompant avec le siècle, mais ce ne sera encore, au fond, qu'une manière de le suivre et de le servir selon ses goûts, car ce siècle aime les contrastes, l'opposition, l'imprévu. Le premier rit des préjugés sociaux, et les respecte ; le second vous dira qu'un roi ne doit pas empêcher son fils d'épouser la femme qu'il aime, fût-elle la fille du bourreau. Vous croyez que ce mot va révolter ? Non, il plaira par sa crudité même. Voltaire aura beau crier. Pour la première fois, on n'écoutera pas Voltaire, et les belles dames seront toutes pour celui que Voltaire a appelé, dans son indignation, « un je ne sais quel charlatan sauvage. »

L'un donc croit les hommes naturellement mauvais, et les ménage ; l'autre les dit naturellement bons, et les accable d'injures. Selon Voltaire, le remède est dans la civilisation ; selon Rousseau, c'est elle qui a tout gâté. L'un vous pousse en aveugle à un avenir gros d'orages ; l'autre vous refoule en poëte vers un passé sauvage antérieur à tous les temps connus et même à l'antique âge d'or. Il sait bien qu'il veut l'impossible, mais il s'y plaît, il s'y tient, ne fût-ce que pour pouvoir dire qu'on ne l'écoute pas, que le genre humain n'est plus en état de le comprendre. Voltaire promet le bonheur dès qu'on aura détruit certaines choses, notamment le christianisme ; Rousseau prétend qu'on ne détruira jamais assez, et que tout progrès, en attendant, sera une chaîne, un désordre, une corruption de plus. Il ne hait pas le christianisme en lui-même, et, de tous les progrès, c'est celui qu'il pardonnerait le mieux ; mais c'en est un, et, de plus, c'en est une source : le christianisme sera donc, par cela seul, en dehors d'un système où la vie sauvage est l'idéal, et tandis que son crime, pour Voltaire, est d'avoir enrayé le char de la civilisation, son grand tort, aux yeux de Rousseau, est de lui avoir aplani la route.

Dans leur caractère et leurs allures, même diversité, mêmes contrastes. L'un fait de son mieux pour ajouter à l'influence du talent celle de la position et des richesses ; l'autre met sa gloire à n'être rien, à n'avoir rien. Voltaire dit « mon château, » et n'en est, au fond, pas plus fier ; Rousseau se plaint de la cherté du pain, et l'orgueil est visible à travers les trous de son manteau. Ils vont passer leur vie à se plaindre, le pauvre de sa pauvreté volontaire, le riche de sa petite santé, passable encore après quatre-vingts ans. Mais Voltaire plaisantera sur ses maux, même réels ; Rousseau voudrait que le genre humain tout entier pleurât avec lui sur les siens, même imaginaires. Souvent, d'ailleurs, ils seront également ridicules, l'un à force de gravité sur des riens, l'autre par sa légèreté dans les sujets les plus graves. Mais celui-ci, avec son intarissable malice, est bonhomme parfois ; celui-là, avec sa philanthropie à tout vent, a toujours un peu de fiel dans son encre, et quelquefois beaucoup. Même lorsqu'il est dans le vrai, son ton est celui du sophiste plutôt que de l'homme convaincu ; Voltaire, même dans le faux, est naturel, et, en quelque sorte, est franc. Il mentira, et souvent ; mais il n'entremêlera pas ses menteries d'apostrophes brûlantes à la vérité, à la vertu. Il fait des victimes, et s'en vante ; Rousseau tâche d'en faire, et il n'y a pas, à l'entendre, d'autre victime que lui. Il aime à se dire, à se croire environné d'ennemis[1] ; il met sa gloire à n'être de l'avis de personne, et Voltaire, au contraire, à répéter que tout le monde est du sien, sauf quelques sots, dont la raison publique aura bientôt fait justice. Indépendant et grand seigneur, il est reconnaissant des services les plus minimes ; Rousseau a besoin de tout le monde, et vous ne pouvez lui être utile qu'il ne se mette aussitôt à vous haïr[2]. Il est, en tout, moins bon que ses écrits ; Voltaire est souvent meilleur que les siens.

Même diversité, enfin, dans l'influence qu'ils vont

---

[1] « Il m'a réalisé, a dit un des derniers amis qui lui restèrent, Corancez, l'existence possible de Don Quichotte. Chez tous deux, je trouve une corde sensible. Cette corde en vibration amène chez l'un les idées de la chevalerie errante ; chez l'autre, cette corde résonnait ennemis, coalition générale, vaste plan pour le perdre. Chez tous deux, cette corde en repos laisse à leur esprit toute sa liberté. » Mais il n'est pas facile de trouver dans la vie de Rousseau des moments où elle n'ait pas été plus ou moins en vibration.

[2] Sans applaudir aux sarcasmes de Voltaire contre un homme profondément malheureux, on ne peut guère nier qu'il n'ait eu raison de le peindre

« Mordant également la main
Ou qui le frappe, ou qui l'enchaîne,
Ou qui lui présente du pain. »

Même dans la *Guerre civile de Genève*, à côté d'injures dégoûtantes, il y a beaucoup de traits exacts.

« Il se connaît finement en amis ;
Il les embrasse, et pour jamais les quitte.
L'ingratitude est son premier mérite ;

parallèlement exercer sur leur époque. Voltaire entraîne l'opinion ; mais comme il n'enseigne qu'à nier et ne prêche en réalité aucun système, il n'a pas, il ne peut avoir de disciples proprement dits. Rousseau en a, et même d'enthousiastes. Il ne peut guère, à vrai dire, en avoir d'autres, car il n'y a pas de milieu avec lui : on l'aime, ou on le hait ; on l'écoute comme un oracle, ou on le repousse comme un fou. Voltaire, au contraire, influera sur ceux mêmes qui le détestent, sur ce clergé qu'il flagelle, sur ces vieux magistrats qui voudraient pouvoir le brûler avec ses livres. Nous disions qu'il n'a pas eu de disciples. Disons plutôt qu'il n'en eut qu'un, mais que cet un était tout le monde, y compris Rousseau. Mais celui-ci allait être plus particulièrement le dominateur des caractères, le générateur des individualités futures. Il allait réunir en une même famille tous les hommes destinés à influer, soit en bien, soit en mal, sur les transformations que Voltaire avait préparées ; il allait inspirer en même temps Mirabeau et l'auteur de *Paul et Virginie*, Robespierre et Châteaubriand.

X

Voilà le parallèle que j'aurai à développer, non-seulement entre les deux coryphées de l'époque, mais entre

> Par grandeur d'âme il hait ses bienfaiteurs.
> Versez sur lui les plus nobles faveurs.
> Il frémira qu'un homme ait la puissance,
> La volonté, la coupable impudence
> De l'avilir en lui faisant du bien... »

les chefs subalternes, entre les écoles, entre les livres, entre tous les éléments contradictoires qui constituaient la vie de ce temps. C'est pour cela que je m'y suis arrêté, car tout mon livre est là. Tous les traits que j'ai signalés, on les retrouvera, chemin faisant, dans ce travail. Ils me serviront à mettre de l'ordre dans tout ce qui pourra en recevoir.

Mais un tableau strictement régulier ne serait plus celui de cette époque essentiellement irrégulière, où tout se croise et s'entremêle. Je pourrais bien annoncer que je vais étudier le dix-huitième siècle sous quatre ou cinq points de vue différents : vie littéraire, vie sociale, vie politique, vie morale, ou, si l'on veut, immorale, vie religieuse, ou irréligieuse. Il y avait là, ce semble, d'excellents titres de chapitres ; mais je me suis convaincu qu'en les prenant je n'aurais qu'une régularité factice, où l'unité subsisterait aux dépens de la vérité.

Contentons-nous de l'unité d'intérêt. C'est dans le sein du dix-huitième siècle qu'ont fermenté tous les éléments du nôtre, les bons, les mauvais, ceux qui ont déjà fait leur temps, ceux dont l'action commence, ceux, car il y en a, qui ne se montreront qu'après. En étudiant cette époque, vous vous sentez comme dans une atmosphère d'orage, calme encore, mais où déjà murmurent, pour qui sait écouter, les bruits du bouleversement qui vient ; vous voyez çà et là se détacher du sommet de la montagne cette poignée de neige qui va rouler, grossir, et qui ne s'arrêtera qu'en bas, après avoir tout écrasé. Mais vous n'apercevez sur son passage que des gens qui battent des mains, qui se réjouissent de ses progrès, qui regretteront de mourir avant de lui avoir vu atteindre toute sa rapidité, toute sa force. Car ce n'était pas assez, en ce temps-là, d'avoir vécu au milieu du tourbillon ; il fallait encore y mourir. Malheur à qui avait la faiblesse de donner, par une mort chrétienne, un démenti aux témérités de sa vie !

Aussi, quiconque s'était une fois inféodé au parti démolisseur, comme on faisait la garde autour de son agonie ! Comme on craignait qu'il ne lui échappât un mot, un signe, qui pût donner quelque scrupule aux survivants [1] ! Comme on avait hâte d'écraser, sous la calomnie ou le ridicule, quiconque aurait voulu inspirer au moribond un peu de repentir sur son passé, un peu de foi en l'avenir où la mort allait entraîner son âme !

Eh bien, ces tentatives que l'on faisait alors, avec plus de zèle souvent, il est vrai, que de lumières, pour convertir à leurs derniers moments les chefs de l'incrédulité régnante, faisons-les, mais plus sagement, si nous pouvons, autour de ce lit de mort où leur siècle est

---

[1] « On dit que le président Hénault est fort malade. Je voudrais bien savoir s'il joint à sa maladie celle de la dévotion. Serait-il bête à ce point-là, avec l'esprit qu'il a ? »
            VOLTAIRE. *Lettre à d'Argental.* 1763.

« Je voudrais bien savoir si M. d'Argenson est mort en philosophe ou en poule mouillée... Il y a eu des jésuites assez impudents pour dire que M. de Montesquieu était mort en imbécile, et ils s'en faisaient un droit pour engager les autres à mourir de même. »   *Lettre à madame Du Deffant.* 1764.

« Si je n'eusse pas été là, d'Alembert faisait le plongeon. »
            CONDORCET.

maintenant couché. Il expire, ce siècle, mais il n'a pas expiré. N'en parlons pas trop au passé. Il a des retours effrayants; il vit; il dicte encore, quoique d'une voix cassée, des arrêts que va répétant et commentant plus d'une voix jeune et vigoureuse. Au risque de nous rencontrer avec le jésuite Routh, qui confessa Montesquieu, ou avec ce pauvre curé qui voulut confesser Voltaire, approchons; et s'il nous est possible d'arracher à cet opiniâtre mourant quelques leçons pour ceux qui vivent, notre travail ne sera pas perdu.

CHAPITRE PREMIER

I. L'abbé de Dangeau et ses verbes. — Boileau et ses rimes. — Dernier regard sur les paisibles vies de jadis. — Le botaniste Morin. — Cassini. — Dieu partout. — On se passait d'être aimable. — Les deux Corneille. — Le ménage de Racine. — Les joies et les soucis d'alors. — Les *belles*-lettres. — Comment et dans quel esprit on les aimait.

II. Est-ce là, cependant, l'idéal de l'homme de lettres ? — Ce calme ne serait plus qu'inertie. — Hommes admirables ; système faux. — La littérature ne doit pas n'être qu'un art. — Le dix-huitième siècle a eu raison, en principe, de lui assigner une mission politique et morale.

III. Elle allait ne plus être un but, mais un moyen. — L'art, comme art, n'excitant plus d'intérêt, on cherche, avant tout, l'influence. — Ceux qui ne la cherchent pas sont forcés d'en exercer leur part. — IV. Rollin. — Comment il devient une puissance. — Le fils d'un coutelier et le fils d'un cordonnier. — Il est adopté comme homme d'opposition et homme de mouvement. — Quels gages il avait donnés comme janséniste, — comme recteur de l'Université, — comme professeur. — Il était devenu, sans s'en douter, un tribun. — V. Son *Histoire ancienne.* — Son *Histoire romaine.* — Succès que rien, dans ces deux ouvrages, n'explique. — Longueurs. — Plagiats. — Crédulité. — Peu ou point d'érudition. — Point de couleur locale. — *Messieurs les Athéniens.* — VI. *C'est le cœur qui parle au cœur.* — Insuffisance de cette explication. — Vertot et d'Aguesseau promoteurs, comme Rollin, du dix-huitième siècle.

VII. Le même rôle est donné à des morts. — Fénelon. — Ce qu'il allait devenir sous les plumes incrédules. — Son éloge par Maury et par La Harpe. — Comment naissent les erreurs d'histoire. — Pourquoi on croyait pouvoir s'emparer de Fénelon. — Apothéoses. — *Télémaque.* — Ce que le dix-huitième siècle y voyait. — L'admirait-on réellement? — VIII. Le duc de Bourgogne. — Qu'aurait-il été s'il eût vécu? — Qu'aurait été son précepteur, devenu son ministre? — Un mot de l'abbé Terrasson. — Un mot de Louis XIV. — Vague et dangers. — On ne louait sincèrement ni le maître ni l'élève. — IX. Même tactique à la mort du fils de Louis XV. — Il avait haï les philosophes. — Le clergé en fait un saint. — Les philosophes renchérissent. — Thomas. — Jugements de Grimm et de Diderot sur ses exagérations. — Le prince est travesti en un ami des idées nouvelles. — Protestations inutiles du clergé. — Piron, devenu dévot, s'en fait l'organe et n'est que ridicule.

X. Influence de Massillon. — Voltaire le louait-il sincèrement? — Pourquoi on le louait. — Le *Petit Carême.* — Peu de christianisme et beaucoup de *philosophie.* — On en fait l'idéal de l'éloquence chrétienne. — Le nom de Massillon devient une arme aux mains des ennemis de la religion.

I

Le temps n'était donc plus où ce bon abbé de Dangeau, à la nouvelle des désastres de Hochstedt et de Ramillies, disait, en caressant de la main son vieux bureau : « Advienne que pourra ! J'ai là dedans trois mille verbes bien conjugués. »

Le temps n'était plus où Boileau assemblait ses amis pour leur soumettre une phrase ou un mot, pour leur demander une rime qu'il demandait en vain depuis huit jours, peut-être depuis quinze, aux échos de son jardin.

On aime, cependant, en arrivant au dix-huitième siècle, à jeter un dernier regard sur ces vies si uniformes, si simples, si naïves, et quelquefois, à force de naïveté, si sublimes. Voyez ce que Fontenelle nous raconte, dans ses *Eloges*, de ces belles existences partagées entre le travail et Dieu.

Ce sera, par exemple, le botaniste Morin, « se couchant à sept heures du soir, en tout temps, et se levant à deux heures du matin. Il passait trois heures en prières. Entre cinq et six en été, et l'hiver entre six et sept, il allait à l'Hôtel-Dieu, et entendait le plus souvent la messe à Notre-Dame. A son retour, il lisait l'Écriture sainte, et dînait à onze heures. Il allait ensuite jusqu'à deux au Jardin-Royal, lorsqu'il faisait beau. Il y examinait les plantes nouvelles, et satisfaisait sa première et sa plus forte passion. Après cela, il se renfermait chez lui, si ce n'était qu'il eût des pauvres à visiter. » Quelle paix ! Quelle vie ! Ne dirait-on pas qu'on pénètre dans une de ces silencieuses bibliothèques, sur le seuil desquelles on est tenté de se découvrir, et presque de s'agenouiller !

Ce sera par exemple encore le grand astronome Cassini, « dont l'esprit était égal, tranquille, exempt de ces vaines inquiétudes et de ces agitations insensées, qui sont les plus douloureuses et les plus incurables de toutes les maladies... Un grand fonds de religion, et, ce qui est encore plus, la pratique de la religion, aidaient beaucoup à ce calme perpétuel. Les cieux, qui racontent la gloire de leur créateur, n'en avaient jamais plus parlé à personne qu'à lui, et n'avaient jamais mieux persuadé. » N'oublions pas que c'est Fontenelle qui parle, et Fontenelle au milieu des bruissements du dernier siècle. Mais il avait vu le dix-septième, et, tout transfuge qu'il était, il lui gardait l'amour qu'on a pour une patrie abandonnée.

D'Alembert a donc tort, dans son *Essai sur les gens de lettres,* lorsqu'il dit : « En Angleterre, on se contentait que Newton fût le plus grand génie de son siècle ; en France, on aurait aussi voulu qu'il fût aimable. » En France, sous Louis XIV, Newton aurait pu ne pas être *aimable,* et n'y rien perdre.

Ce calme heureux des amis de la science, c'était aussi celui de presque tous les amis des lettres, des plus humbles aux plus illustres. Voyez les deux Corneille, logés l'un au-dessus de l'autre, et se demandant mutuellement des mots, des vers, par un trou percé dans le plafond. Voyez le ménage de Racine, entre sa femme, qui n'a jamais voulu lire un seul de ses vers, et ses fils, qu'il tremble de voir entrer dans les sentiers épineux du Parnasse, car, dit-il, « jamais les plus grands éloges ne lui ont fait autant de plaisir que la plus légère critique lui a fait de chagrin. » Plus l'eau est pure et calme, plus il faut peu pour la rider ; mais Dieu n'était-il pas toujours là ?

A ces petits chagrins des coryphées d'un grand siècle, vous souriez d'abord, puis vous vous repentez d'avoir souri, et ce n'est pas sans une certaine émotion que vous repassez les détails de leurs soucis, de leurs joies, des obscures péripéties qui suffisaient à leur activité. Les lettres, les *belles*-lettres, — car ce n'était pas seulement le mot, mais aussi l'idée et le sentiment de ces temps, — les belles-lettres, disons-nous, étaient alors non un moyen, mais un but. On les aimait, on les cultivait pour elles-mêmes. Il ne venait à l'esprit de personne qu'elles dussent servir de véhicule, comme nous disons aujourd'hui, à des idées politiques ou sociales, ni même à des opinions philosophiques. Tout au plus leur assignait-on une vague mission morale : elles devaient tendre, disait-on, à faire aimer la vertu, à faire haïr le vice. A cela près, on écrivait pour écrire, et, si on avait le bonheur d'écrire bien, la gloire d'avoir bien écrit était une récompense au-delà de laquelle un littérateur ne désirait rien, n'apercevait même rien.

II

Est-ce à dire que ce soit là, selon nous, l'idéal de l'homme de lettres, et qu'en peignant avec amour ce paisible passé, nous prétendions y ramener les littérateurs de notre âge ?

Non. Autre chose est d'envier le calme obscur dont la littérature a pu jouir au sein même de la gloire, ou de lui souhaiter pour aujourd'hui une paix qui ne serait plus qu'inertie, un bonheur qu'elle n'acquerrait qu'au prix de toute son influence dans le monde. Les hommes ont pu être admirables, mais le système était faux. Écrire pour écrire, faire des vers, même beaux, dans le seul but de faire de beaux vers, publier des livres, même bons, dans le seul but de montrer qu'on sait les faire ou de se donner à soi-même la satisfaction de les avoir faits, — c'est rétrécir étrangement la mission de l'intelligence et de la parole. La littérature est un art, sans doute ; mais elle ne doit pas n'être qu'un art. Pardonnons donc, et de grand cœur, aux hommes du dix-septième siècle de l'avoir ainsi entendue ; mais comprenons qu'un temps devait venir où on l'entendrait autrement.

Nous ne saurions donc faire un reproche au dix-huitième siècle d'avoir donné ou, pour mieux dire, rendu à la littérature le rôle auquel elle avait droit. Elle pouvait, elle devait devenir une puissance. A l'inverse de ce que nous venons de dire du siècle précédent, nous approuvons le système : ce sont les hommes que nous aurons trop souvent à blâmer.

Il s'en est d'ailleurs trouvé plus d'un pour regretter, au sein de cette nouvelle vie, la paix et l'obscurité de jadis. « Ce n'est pas, disait d'Alembert lui-même [1], que le commerce du monde ne soit nécessaire aux gens de lettres, surtout à ceux qui travaillent pour plaire à leur siècle ou pour le peindre ; mais ce commerce, devenu général et sans choix, est aujourd'hui pour eux ce que la découverte du Nouveau-Monde a été pour l'Europe. Il est douteux qu'elle leur ait fait autant de bien que de mal. » Mais d'Alembert n'était guère en état de bien comprendre quelle espèce de mal ce changement avait fait aux gens de lettres. Nous le voyons ailleurs les féliciter lui-même de ce qu'il y avait, au fond, de plus fâcheux dans leur nouvelle position, les louanges à bon marché, et l'influence acquise à toute attaque contre les choses établies. « Les grands nous craignent, disait Duclos, comme les voleurs craignent les réverbères. »

III

La littérature allait donc ne plus être un but, mais un moyen. « Dans un succès littéraire, on cherchait

---

[1] *Éloge de l'abbé Terrasson.*

surtout une action virile ou une bonne œuvre. Le public, poussé par les auteurs dans cette voie, les y poussait à son tour, et ne leur y permettait ni détour ni halte. Voltaire, né bel esprit et artiste, eut besoin de toute la puissance que ses services lui avaient conférée, — car c'était bien des services qu'on demandait à la littérature, — pour conserver à l'art, comme art, quelque part dans l'attention publique [1]. » D'autres ne songeaient, au contraire, qu'à constater et à prôner le nouveau sacerdoce. « J'aime à me peindre, disait Thomas, l'homme de lettres méditant dans son cabinet solitaire. La patrie est à ses côtés ; la justice et l'humanité sont devant lui. Les images des malheureux l'environnent ; la pitié l'agite, et des larmes coulent de ses yeux.... Alors il aperçoit de loin le puissant et le riche ; il leur envie le privilége qu'ils ont de diminuer les maux de la terre.... Et moi, dit-il, je n'ai rien pour les soulager ; je n'ai que ma pensée. Ah ! du moins, rendons-la utile au malheureux.... Aussitôt ses idées se précipitent en foule, et son âme se répand au dehors. » — Voltaire avait un peu raison quand il disait qu'on ne dirait plus *galimatias*, mais *galithomas*.

Ainsi, on n'écrira plus pour écrire, mais pour aider aux progrès d'une idée ; on ne voudra plus des lecteurs, mais des adeptes. Il y a bien encore çà et là quelque rimeur qui ne songe à rien qu'à rimer, quelque savant qui ne sort pas de ses livres ; Voltaire lui-même, un beau jour, ira s'enfermer à Sénones parmi les in-folio

[1] Vinet.

de dom Calmet. Mais la foule écriveuse est dans les salons, dans les théâtres, partout où il y a quelque tribune à dresser, partout ailleurs, n'en déplaise à Thomas, que dans l'ombre du cabinet. Le mathématicien règnera par la parole aussi bien que par les chiffres; et, s'il arrive à l'astronome de tomber encore dans un puits, ce ne sera pas faute d'avoir eu l'œil ouvert sur les choses de ce bas monde.

Ceux mêmes qui n'avaient personnellement aucun goût pour ce rôle ambitieux et bruyant, vous les voyez amenés, malgré eux, à exercer leur part de royauté. Ils seront d'autant plus puissants, ceux-là, qu'ils s'en défendront davantage. Molière a peint le médecin malgré lui; cent ans plus tard, il aurait pu nous peindre le philosophe malgré lui, le régénérateur et le révolutionnaire malgré lui.

II.

Parmi les hommes honorables qui, zélés partisans des vieilles mœurs, se trouvèrent avoir aidé au progrès des nouvelles, il en est un surtout autour duquel se peut étudier cette opiniâtreté d'un siècle s'emparant d'un homme, et lui remettant, bon gré mal gré, un sceptre qu'il ne briguait pas. Cet homme, c'est Rollin, le *bon* Rollin, comme on dit et comme on disait déjà.

Rollin est le fils d'un coutelier. Cette circonstance, oubliée pendant les trois premiers quarts de sa vie, parce qu'on ne l'a jamais vu, lui, ni en rougir ni s'en vanter, voilà, vers 1725, qu'on s'en empare. Mais ce n'est pas, comme nous pourrions le penser, pour avoir occasion de louer l'homme en opposant sa gloire d'aujourd'hui à l'obscurité de sa naissance. On sent assez qu'il n'a pas besoin de cet éloge, assez commun d'ailleurs, assez trivial. Ce sera donc, avant tout, pour protester contre les prérogatives ordinaires de la naissance et du rang. Le nom du plus humble des hommes va devenir un des drapeaux de l'orgueil plébéien, s'insurgeant contre l'orgueil patricien. Cette naissance obscure qu'on va exploiter comme un éloge, on saurait bien l'exploiter autrement s'il s'agissait d'un homme dont on n'espérât pas tirer parti. Voyez Rousseau, le poëte. Parce qu'on ne peut le transformer en un champion des idées nouvelles, on lui reprochera, jusqu'à sa mort, d'être le fils d'un cordonnier. Seulement, pour colorer le reproche, on dira qu'il a renié son père.

Mais quels sont donc les titres de Rollin au respect qu'on va professer pour lui? Il n'y a rien dans sa vie, dans ses travaux, dans ses mœurs, qui ne soit plutôt de nature à l'isoler de ses contemporains.

On le sait profondément religieux, et l'incrédulité est déjà presque universelle.

On l'a entendu professer avec talent, avec charme, mais sur d'anciens auteurs dont on commence à se soucier fort peu.

Il a fait de beaux vers, mais en latin; il a fait de belles harangues, mais en latin encore, et de nul intérêt, d'ailleurs, dans les questions du moment.

A soixante ans, enfin, il a écrit en français; mais son *Traité des Études* ne prêche encore que la religion, les mœurs, Homère, Virgile et la Bible.

Oui; mais il a été facile de démêler en lui, sous ces austères dehors, l'homme d'opposition et l'homme de mouvement. C'est ce qu'on veut, et voilà pourquoi on l'adopte.

Homme d'opposition, ce n'était assurément pas qu'il l'eût été dans le sens où l'on commençait à l'être; mais toutes les oppositions sont sœurs, et c'est là surtout qu'on peut dire que les extrêmes se touchent.

Il n'avait pas attaqué la religion; mais, janséniste, il avait eu à lutter contre l'Église et contre l'autorité royale. Il avait reçu le baptême qui suffit toujours, en temps de crise, pour recommander un homme, celui de la persécution; il s'y était offert avec cette grâce empressée que le vulgaire ne manque jamais d'applaudir.

Comme professeur, il avait prêché les vieilles règles, mais avec une indépendance d'allures, une hardiesse de goût qui faisait la satire des pédants.

Comme recteur de l'Université, il en avait soutenu, au besoin, les priviléges surannés; mais cela même l'avait mis en lutte avec d'autres pouvoirs, et on se souvenait qu'il avait bravé l'archevêque.

Homme de mouvement, il ne l'était pas non plus, cela va sans dire, à la manière des novateurs de son temps; mais son amour pour le passé haussait le prix des gages qu'il avait donnés, sans le vouloir, au présent et à l'avenir.

Ainsi, lui qui savait le latin mieux que personne, il

s'était élevé contre l'emploi trop constant de cette langue dans l'enseignement universitaire. L'attaque, déjà neuve et hardie en elle-même, portait infiniment plus loin. Quand la forme et le fond sont liés depuis des siècles, on n'ébranle pas l'un sans l'autre. Détrôner le latin, c'était préparer la chute de tout ce qui s'enseignait en latin.

Lui que sa chaire d'éloquence avait constitué le représentant officiel de Quintilien et d'Aristote, il mettait hautement l'inspiration et le goût au-dessus de toutes les règles. Encore un cri de liberté, bien plus puissant qu'il ne le croyait lui-même.

Toutes les citations dont il avait eu besoin, soit dans l'enseignement oral, soit dans son *Traité des Études*, ce même instinct les lui avait fait choisir dans ce que l'antiquité nous a laissé de plus beau en discours et en traits patriotiques. Il croyait n'avoir parlé qu'en rhéteur ; on commençait, sans s'en douter plus que lui, à l'écouter comme un tribun.

V

Tel était donc le rôle dont il se trouvait en possession, lorsque, encouragé par le succès de son *Traité des Etudes*, il entreprit, à soixante et dix ans, le vaste travail historique qui allait l'occuper jusqu'à sa mort.

De 1730 à 1741, il publie, en dix-huit gros volumes, son *Histoire Ancienne* d'abord, puis son *Histoire Ro-*

maine, que la mort ne lui permet pas d'achever. Mais dès le premier volume et même avant, sur la simple annonce de l'ouvrage, il a pu jouir de sa gloire, et, plus étonné que personne, il s'est demandé pourquoi un si éclatant succès.

Le succès a été grand, en effet, universel, inouï. Quand Richardson, vingt ans plus tard, livrera peu à peu les volumes de sa *Clarisse*, il y aura des gens qui les attendront avec angoisse ; mais Rollin, est-ce donc un roman qu'il fait ? Ce qu'il dira dans le prochain volume, vous n'avez qu'à le voir, dès à présent, dans les auteurs où il a tout pris jusqu'ici. Mais non. L'impatience redouble. C'est de lui, de lui seul qu'on veut tenir ce vieux bagage, appartenant, depuis tantôt deux mille ans, à quiconque sait lire. Cette génération spirituelle et moqueuse est devant lui comme le petit enfant qui ne veut rien recevoir, rien goûter que des mains de sa nourrice.

Les a-t-il au moins rajeunies, ces vieilles choses, par la nouveauté des formes, le piquant ou la profondeur des réflexions ? Nullement. C'est le récit d'un vieillard, coulant, mais mou, purement écrit, mais longuement. De saillies, point ; d'esprit, de cet esprit, du moins, qu'on commence à vouloir partout, point non plus. Beaucoup de bon sens, mais terre à terre ; quelquefois même c'est plutôt simplicité que bon sens, et, n'était le nom de l'auteur, on rirait de ces réflexions naïves, on demanderait s'il valait la peine de les écrire. Voilà bien, en quelques endroits, quelques considérations plus neuves, quelques idées plus profondes ; mais prenez garde : c'est du Bossuet que vous lisez. L'auteur a eu soin de prévenir que tout ce qu'il trouverait de beau et de bon sur son chemin, il le prendrait, et le voilà qui pille les modernes avec aussi peu de scrupule qu'il a copié les anciens.

Et comment les copie-t-il, ceux-ci? Avec la naïveté d'un écolier, croyant tout et répétant tout, même l'absurde. S'il manque de critique, a-t-il au moins l'érudition? Pas davantage. Il n'a lu que les principaux historiens; les sources plus cachées lui sont généralement inconnues. Il ne paraît pas avoir rien vu qui lui ait donné des doutes, par exemple, sur les sept rois de Rome et sur leur fabuleuse histoire; il croit à Tite-Live, là même où Pline et Polybe le combattent. Du reste, aucune couleur antique. Perses, Mèdes, Grecs, Romains, tout est français sous sa plume, et *messieurs les Athéniens* ouvriraient de grands yeux à ce style d'un homme qui savait pourtant très bien le grec.

VI

Voilà donc ce qu'étaient ces gros volumes qui allaient exciter non-seulement l'intérêt, mais la curiosité et presque l'enthousiasme de l'Europe.

Parmi ces défauts, il est vrai, il y en avait qu'on ne pouvait voir encore. La critique historique était à peu près inconnue. On aimait mieux des faits, même douteux, que des recherches et des doutes [1]. L'absence de

---

[1] Un grand douteur, Chesterfield, est tout aussi ingénu que

couleur antique n'était généralement pas sentie, car on s'était habitué, au théâtre, à n'entendre que des modernes, et ce perpétuel anachronisme, sanctifié, en quelque sorte, par le génie de Racine, était comme passé dans les mœurs. Tous les raffinements ultra-français que Racine avait mis dans ses imitations grecques, Brumoy les conserva dans une traduction en prose, où rien pourtant ne l'empêchait de rester fidèle aux textes [1].

Mais quand on établirait que Rollin n'était tombé, pour le temps, dans aucun défaut grave, resterait toujours à chercher où donc était ce qui lui attirait les suffrages d'un pareil siècle. On croit avoir tout dit en répétant le mot de Montesquieu : « C'est le cœur qui parle au cœur. » Mais où était le cœur au dix-huitième siècle? Dans la tête ; et Rollin l'avait gardé dans la poitrine.

Revenons-en à notre explication; c'est la seule possible. On ne l'aimait ni ne l'écoutait pour lui-même, mais pour ce qu'on abritait, à son insu, derrière son nom respectable et ses faibles ouvrages. Il croyait n'admirer que la liberté antique, et il devenait un des apôtres de la liberté moderne, qui allait n'y ressembler que de nom. Il croyait ne louer que des actions héroïques, et il y avait, dans le nombre, plus d'un forfait dont ses naïfs éloges allaient préparer le retour.

Voilà comment l'homme le moins fait, ce semble, pour appartenir au dix-huitième siècle, non-seulement lui appartint, mais fut, par la force des choses, un de ses

Rollin sur l'histoire des premiers temps de Rome. Voir ses *Lettres à son fils*.

[1] Son *Théâtre des Grecs* est de 1730.

premiers promoteurs. Nous pourrions nommer d'autres hommes qui n'étaient, au fond, pas plus faits que lui pour ce rôle, et qui, à divers degrés, l'ont rempli. Nous citerions Vertot, avec ses *Révolutions* anodines, et d'Aguesseau, avec ses graves *Discours*. Le premier enseignait, sans le vouloir, ce que peuvent les peuples soulevés; le second s'essayait, sous un monarque absolu, au langage des hommes libres. Il appelait le parlement *sénat* et les conseillers *sénateurs*; il préparait la voie aux déclamations sur la dignité de l'homme et sur les droits de la vertu[1]. C'est à cela, bien plus qu'à sa vertu même, qu'il faut attribuer les éloges dont nous le voyons comblé par les libres penseurs qui lui succèdent. En général, quand vous voyez un parti se prosterner devant un homme qui ne lui appartient pas, ne vous hâtez jamais de penser que c'est par justice; commencez par chercher si ce n'est pas par intérêt.

VII

Mais les vivants n'étaient pas seuls entraînés, en dépit de leurs convictions contraires, par cette marée montante du dix-huitième siècle. Les morts eux-mêmes

---

[1] Un discours de Montesquieu, prononcé au parlement de Bordeaux en 1725, est un échantillon de cette langue ambitieuse dont la philosophie allait bientôt hériter.

devenaient, plus ou moins travestis, les auxiliaires du mouvement.

Ici encore, il y aurait bien des noms à citer. N'en prenons qu'un, celui de Fénelon, et voyons ce qu'on en avait fait.

Fénelon était devenu, sous la plume des incrédules, un de ces chrétiens comme on les fait pour battre le christianisme en brèche, très forts sur la morale, très coulants sur le dogme, à genoux devant les vertus humaines, vertueux, cela va sans dire, mais charitables surtout, tolérants, même envers le vice, chrétiens, enfin, à la foi près. « Qu'était la religion pour lui? se demandera Maury, en 1771 [1]. Une philosophie sublime qui démontre l'ordre, l'unité de la nature, et explique l'énigme du cœur humain, incompréhensible sans elle ; le plus puissant mobile pour porter l'homme au bien, puisque la foi le met sans cesse sous l'œil de la Divinité, et qu'elle agit sur la volonté avec autant d'empire que sur la pensée ; un supplément de la conscience, qui commande, affermit et perfectionne toutes les vertus, établit de nouveaux rapports de bienfaisance sur de nouveaux liens d'humanité, nous montre dans les pauvres des créanciers et des juges, des frères dans nos ennemis, dans l'Être suprême un père ; la religion du cœur, la vertu en action, le plus beau de tous les codes de morale, et dont tous les préceptes sont autant de bienfaits du ciel. Voilà ce qu'était le christianisme aux yeux de Fénelon. »

[1] *Éloge de Fénelon.*

Sous ces grands mots et sous ce vernis chrétien, qu'avez-vous là? Évidemment, le portrait d'un déiste. Tout le discours est sur ce ton. D'après ce qu'un prêtre osait dire, qu'on juge de ce que disaient ceux qui n'avaient pas les mêmes convenances à garder. Le discours de La Harpe, présenté à l'Académie en concurrence avec celui de Maury, est encore moins chrétien. Aussi obtint-il le prix.

Ce Fénelon, où est-ce qu'on l'avait vu? Pas dans les écrits du véritable; pas dans sa vie non plus. Mais qui songeait à remonter aux sources? On voulait un Fénelon *philosophe*; on le prenait tel que l'avaient fait les philosophes.

Est-ce à dire que ces derniers se fussent réellement dit : « Il nous le faut de cette façon-là. Faisons-le. Mentons. Il en restera toujours quelque chose! »

Ce n'est pas ainsi que naissent les erreurs d'histoire. L'origine en est toujours dans l'esprit et dans les besoins du temps. La mauvaise foi ne vient qu'après.

Mais Fénelon, comme Rollin, avait été homme d'opposition. Malgré sa charité, ou, si l'on veut, à cause de sa charité même, il avait eu toute sa vie des luttes à soutenir.

Dès son premier écrit, le voilà aux prises avec tous les prédicateurs de son temps, y compris Bourdaloue, et peut-être même Bossuet. Il ne veut point d'art dans la chaire; il trace un idéal que toute sa charité n'empêche pas d'être presque une satire.

Dans son *Traité de l'éducation des filles*, il a à combattre, à chaque pas, quelqu'une des fausses méthodes qui régnaient dans l'éducation. Précepteur du duc de Bourgogne, il fait de son élève un prince comme il n'y en avait encore point.

Archevêque, enfin, on dirait qu'il s'est attaché de préférence aux vertus qui feront le mieux la critique de ses collègues. Nous ne voulons pas dire qu'il y eût là, de sa part, un calcul; nous disons que sa vie, prise par calcul dans ce point de vue, était une arme aux mains des ennemis du clergé, et que c'est par là qu'on arriva à se faire de ses doctrines, ou de ce qu'on supposa être ses doctrines, une arme contre la religion.

Ses vertus mêmes ne servaient qu'à la déification de l'homme. « Si l'on demandait un jour à la terre, disait Maury [1], des vertus dont elle puisse vraiment se glorifier, le genre humain produirait, comme le plus beau de ses titres, l'âme de Fénelon. » — « Son *Traité sur l'existence de Dieu*, disait La Harpe, en réunit toutes les preuves; mais la meilleure, c'était l'auteur lui-même. » Avec quelle horreur Fénelon aurait repoussé de tels éloges! En général, quand il s'agissait d'hommes que le christianisme pouvait revendiquer, on avait soin — l'habitude ne s'en est pas perdue — de ne louer en eux que des mérites plus ou moins indépendants de la foi, comme le courage, la bienfaisance, le dévouement. Ce sont les incrédules qui ont fait, par exemple, la réputation de l'évêque de Marseille, Belzunce. C'était un homme assez nul, superstitieux, entêté [2]; mais sa belle conduite pendant la peste était un thème à phrases sur l'huma-

---

[1] Même discours.
[2] Voir Lemontey, *Histoire de la Régence*.

nité, sur la vertu. On le mit sur l'autel à côté de Fénelon pansant les blessés de Malplaquet. Deux vers de Pope[1] avaient donné le signal.

Ce qui avait le plus grandi Fénelon aux yeux des penseurs de cette école, c'était évidemment son *Télémaque*, mais déjà interprété, travesti, selon les idées du temps. Ce serait une grande erreur, en effet, que de se figurer le dix-huitième siècle admirant *Télémaque* de la même manière que nous l'admirons aujourd'hui. Peut-être avait-on eu, à la mort de Louis XIV, un moment de véritable illusion sur les effets à attendre de ce livre. « On imprime le *Télémaque*, et on s'en promet l'âge d'or, » écrivait madame de Caylus à madame de Maintenon, dans les premiers mois de la Régence. Mais l'illusion dura peu. On avait cru rencontrer un sauveur ; on se retrouva devant un livre. Or, ces formes pures et simples, cette austère élégance, ce sentiment exquis des beautés grecques, cette harmonieuse immixtion des sentiments chrétiens parmi les formes antiques, tout cela était peu de nature à plaire aux hommes de ce temps. Le vrai mérite de l'ouvrage, le seul à peu près, à leurs yeux, c'était le rôle qu'il avait joué sous Louis XIV et celui qu'on pouvait lui faire jouer encore, non en politique seulement, comme alors, mais en religion et en morale. Voltaire, dans ses moments de franchise, laisse assez voir qu'il en fait, au fond, très peu de cas ; mais vienne une occasion de déifier l'auteur pour attaquer, à l'abri de son nom, quelque portion de l'ancien édifice, et il sera le premier à n'exprimer que de l'admiration.

[1] *Essai sur l'homme.*

Ses disciples, comme toujours, iront plus loin encore, et il ne tiendra pas à eux que Fénelon ne soit universellement regardé comme un martyr de la philosophie, comme un incrédule, ou peu s'en faut.

VIII

Avec cette facilité à façonner à son image les hommes dont le nom pouvait servir ses projets, cette littérature envahissante les allait chercher quelquefois en dehors du monde littéraire, et jusque sur les marches du trône.

L'élève de Fénelon, le duc de Bourgogne, aurait-il tenu ce qu'il promettait? Promettait-il, car c'est plutôt là la question, tout ce qu'on lui a fait promettre?

« Je ne te souhaite qu'une chose, disait un sage à l'héritier d'un trône. C'est de mourir avant d'avoir régné. »

Voilà bien, en effet, à ne considérer que les intérêts de leur gloire, ce qu'il y a de mieux à souhaiter aux fils des rois. Il y en a eu peu d'assez mauvais pour que l'imagination des peuples n'en fît pas, à leur mort, les héros d'un âge d'or attendu, certain, puis évanoui avec eux.

On l'avait donc attendu, cet âge d'or, des vertus du duc de Bourgogne. Il voulait le bien, c'est incontestable, et Fénelon eût été son ministre. Avaient-ils, à eux deux, ce qu'il fallait pour gouverner un grand pays? Il est permis d'en douter. On a beaucoup redit ce mot de l'abbé Terrasson : « Si le bonheur du genre humain pouvait naître d'un poëme, il naîtrait du *Télémaque*. » L'éloge est beau ; mais n'est-ce pas aussi quelque peu une épigramme ? Il n'y a rien de plus facile que de faire le bonheur du genre humain dans un poëme, et, en général, sur le papier. Louis XIV, à qui on ne saurait refuser, malgré ses torts et ses fautes, un grand tact de gouvernement, avait appelé Fénelon « un esprit chimérique. » A ceux qui seraient tentés de se récrier encore contre ce jugement tant critiqué au dix-huitième siècle, nous leur demanderions s'ils se chargeraient de trouver, dans *Télémaque*, beaucoup de conseils politiques dont le plus vertueux des rois pût sagement essayer l'exécution. Sans parler du douzième livre [1], que nos socialistes signeraient, et qui est cependant le plus important sous ce rapport, — quel vague ! quel oubli, pour ne pas dire ignorance, de ce que sont réellement les hommes, les peuples ! quelle perpétuelle confusion entre les lois et les mœurs, entre ce qui est et ce qui n'est pas du ressort d'un gouvernement ! L'élève de Fénelon eut les vertus d'un honnête homme. Aurait-il été plus heureux que Louis XVI, qui les avait aussi et qui n'en voulut pas d'autres ?

Ce qui est sûr, c'est que des vertus de ce genre n'expliquent pas les éloges donnés au duc de Bourgogne par les hommes du dernier siècle. Sa piété méticuleuse, dont Fénelon lui-même avait fini par lui faire des reproches,

---

[1] Les conseils à Idoménée sur l'organisation de son nouveau royaume.

ne pouvait exciter que leur pitié; ses plans, tout paternels, n'en étaient pas moins basés sur le principe de l'autorité absolue, dont on ne voulait plus.

Là encore, par conséquent, tactique, pure tactique. La réputation du duc de Bourgogne n'était qu'une citadelle élevée entre le dix-septième et le dix-huitième siècle, entre Louis XIV et Louis XV, pour attaquer le passé, le présent, et couvrir le chemin de l'avenir.

IX

Cette manœuvre allait se renouveler à la mort du fils même de Louis XV, et cela avec plus d'audace encore.

Il était notoire, en effet, que ce prince avait eu les philosophes en horreur. C'était lui qui avait dénoncé au roi le livre d'Helvétius, accueilli d'abord à la cour comme un bon livre, ou du moins comme un livre sans danger; c'était lui qui avait provoqué la suspension de l'*Encyclopédie*. S'il professait sur les devoirs des rois des principes humains et sages, il annonçait en même temps l'intention de poursuivre à toute outrance les ennemis de la religion et du trône. Il aimait, d'ailleurs, les jésuites; il les défendait ouvertement. On ne pouvait douter que son arrivée au pouvoir ne fût leur résurrection en France. Aussi, après en avoir fait un héros pendant sa vie, le clergé n'eut rien de plus pressé, à sa mort, que d'en faire un saint. Toutes les chaires du royaume retentissaient de ses louanges. Au risque de damner le père, qui continuait à croupir dans ses vieux vices, on élevait des autels aux vertus du fils.

La phalange philosophique fut un moment sur le point de l'abandonner à l'encens des prêtres ; mais on jugea que ce serait faiblesse, et on se mit à renchérir sur ce que le clergé faisait pour lui. C'était une position à prendre ; on la prit. Elle était fausse, mais bonne ; c'était assez pour qu'on ne reculât pas. Derrière un pareil rempart, que craindrait-on ? Qui osera s'élever contre des hommes pleurant le fils de leur roi ? Il faudra bien les laisser dire, et ils couvriront de son nom, chemin faisant, toutes les hardiesses politiques ou autres qu'ils n'oseraient énoncer de leur chef.

Ainsi fut fait, et le saint des jésuites devint le saint des philosophes.

Ce fut Thomas, l'homme aux éloges, le Bossuet de l'*Encyclopédie*, qui s'institua le prêtre du nouveau culte. Mais il alla si loin qu'on l'accusa, dans le monde philosophique, d'avoir un peu démasqué les batteries. « M. Thomas, écrivait Grimm [1], a voulu nous crayonner, sous les traits du feu dauphin, l'image d'un prince accompli... Voilà donc le projet de son discours ; mais, en outrant le tableau, il l'a manqué... Si M. Thomas a cru de bonne foi au dauphin le quart des qualités qu'il lui accorde, il ne descend pas, à coup sûr, de l'apôtre Thomas. » Diderot, plus franc que les autres, ne plaisante pas ; il s'indigne. « Si le dauphin, écrit-il, méritait la centième partie des éloges que M. Thomas lui prodigue,

---

[1] *Correspondance*, 1766.

qui est-ce qui lui a ressemblé? Qui est-ce qui lui ressemblera?... Croit-on qu'un père, qui connaissait apparemment son fils, puisse approuver un amas d'hyperboles dont il ne pourra se dissimuler le mensonge? Que veut-on qu'il pense des lettres et de ceux qui les cultivent, lorsqu'un des plus honnêtes d'entre nous se résout à mentir à toute une nation avec aussi peu de pudeur? Et ses sœurs? Et sa femme? Pour ses valets, ils en riront. »

Mais ces observations, qu'on se permettait entre amis, ne changeaient rien aux témoignages publics. Le dauphin s'idéalisait de plus en plus. On arrivait insensiblement à en faire non-seulement un partisan du libéralisme en politique, mais presque un libre penseur dans tout le reste[1]. Sur une raillerie qui lui était échappée contre ce pauvre Pompignan, la bête noire de Voltaire, on bâtissait tout un échafaudage d'insinuations contre sa foi. On voulait qu'il se fût nourri en cachette des livres qu'il condamnait en public; celui qu'il avait surtout lu, disait-on, dans sa dernière maladie, c'était l'*Essai sur l'entendement humain*, de Locke. Ainsi se complétait sa renommée; ainsi devenait-elle, entre les mains des dominateurs de l'opinion, un nouvel instrument selon leurs vœux. En vain le clergé protestait; en vain le vieux Piron, devenu dévot, faisait parler le défunt

---

[1] Louis XV lui-même, dans une espèce d'oraison funèbre que Voltaire lui fit en 1775, est érigé en ami des philosophes. Il n'était plus là pour réclamer, et Louis XVI pouvait s'y laisser prendre. C'était assez pour qu'on affirmât la chose.

en mauvais vers [1], mais d'une manière plus conforme à ses sentiments bien connus. Le branle était donné.

X

Mais l'auteur qui avait le plus contribué à amener les déclamations sur les princes, c'était — oserons-nous le dire? — c'était Massillon.

Est-il vrai que Voltaire le regardait comme le modèle des prosateurs? Est-il vrai que le *Petit Carême* figurait habituellement, à côté d'*Athalie*, sur la table de Voltaire?

Voltaire l'a dit; d'Alembert l'a répété; l'Europe l'a cru. Le croirons-nous? Il ne serait peut-être pas difficile de montrer que les qualités de Massillon étaient peu de

---

[1] *Feu M. le dauphin à la nation en deuil depuis six mois.* C'était plat jusqu'au ridicule. « Chantez, disait le dauphin aux Français,

> Chantez en Louis quinze un autre Louis douze;
> Aimez son sang, mes sœurs, la reine et mon épouse,
> Veuve en qui je revis par les trois nourrissons
> Qu'Henri, les trois Louis, elle et moi nous laissons. »

Il demandait que l'on purgeât le pays

> Des contempteurs de l'ordre et des choses sacrées,
> Esprits perturbateurs, dont l'orgueil impuni
> Sèmerait dans vos champs l'ivraie à l'infini... »

Et Grimm de dire que si on fait de tels vers en paradis, « M. Piron y aura certainement le pas sur M. de Voltaire. »

nature à lui valoir l'admiration de Voltaire, et que ses défauts, d'autre part, ne pouvaient avoir échappé à un tel juge.

Quand cette admiration serait manifestement sincère, il y aurait lieu encore à en rechercher les causes. Pourquoi Voltaire, pourquoi l'école incrédule a-t-elle préconisé Massillon?

Ouvrez-le, ce *Petit Carême* que Voltaire avait — ou n'avait pas — sur sa table; et vous aurez bientôt compris pourquoi il prétendait l'estimer tant.

Un livre peut être mauvais de deux manières : mauvais en soi, et ce n'est certainement pas le cas ici; mauvais comme se prêtant à des conséquences mauvaises, et qui niera que le *Petit Carême* ne s'y soit surabondamment prêté?

Deux choses avaient déjà procuré à ces discours une vogue que des sermons, comme sermons, ne pouvaient plus espérer.

D'abord, peu ou point de sève chrétienne. Ce sont des sermons aussi peu *sermons* que possible; c'est une morale pure et douce, mais c'est de la morale, et ce n'est pas de la foi.

En second lieu, philosophie à foison; bonne et sage philosophie, il est vrai, mais faible, et trop facile à exploiter dans le sens des idées, des intérêts, des passions de l'époque.

On s'en était donc emparé; on avait fait du *Petit Carême* l'évangile de cette religion nouvelle qui n'était pas encore le déisme de plus tard, mais qui était encore moins le christianisme du siècle précédent. En attendant de n'être plus chrétien, on s'était abandonné au plaisir de l'être à bon marché. Les prédicateurs avaient suivi le torrent. L'idéal de l'éloquence chrétienne, ce fut de faire des sermons qui n'eussent de chrétien que le texte ; et Massillon lui-même, dans sa retraite de Clermont, consacra ses vingt dernières années à polir dans le goût du jour les chefs-d'œuvre de son éloquence plus chrétienne.

En ébranlant les fondements de l'autel, il n'avait pas épargné ceux du trône, ceux — car nous sommes loin de restreindre l'observation à la forme monarchique,— ceux, disons-nous, de l'autorité en général. Le *Petit Carême* est plein de choses qui pouvaient ne pas sembler dangereuses en des temps de profonde paix et d'obéissance séculaire, mais capables de venir plus tard en aide à toutes les révolutions.

Ainsi, tandis que l'on s'emparait de Fénelon pour attaquer le pouvoir dans ses vices, on s'emparait de Massillon pour le miner dans ses principes. Tandis que les vertus de l'un se transformaient en arguments contre le christianisme, la morale de l'autre, trop indépendante de la foi, venait en aide aux prétentieux apôtres de la vertu sans religion. Avec le nom de Fénelon, en un mot, on attaquait les représentants officiels du christianisme ; avec celui de Massillon, on lui ôtait son caractère divin, et ce n'était plus qu'une morale.

CHAPITRE DEUXIÈME

I. Progrès du faux. — Comment on s'y habitue. — Le dix-neuvième siècle, à cet égard, n'aide que trop à comprendre le dix-huitième. — Une différence qui ne nous fait pas honneur.

II. Comment on recrutait des adeptes. — Voltaire, centre d'attraction. — Il se fait tout à tous. — Ses éloges au père Vionnet, — à Lemierre et à Dubelloy, — à dom Calmet. — Ce qu'était le titre de grand homme. — Montesquieu et l'abbé Dubos. — Géliotte. — Tronchin. — Vauvenargues. — Thomas. — Une femme grand homme. — Variété dans les formes d'éloges. — Condorcet. — Marmontel. — D'Alembert. — Diderot. — Turenne. — L'or devenu génie. — Helvétius poëte.

III. Le roi de Prusse. — Plus modeste et meilleur écrivain qu'on ne le croit aujourd'hui. — Voltaire à ses pieds. — Cours complet d'art de louer. — Les deux cercles. — Les vapeurs et la rosée. — IV. Le roi aux pieds de Voltaire. — Son encens un peu lourd. — Échantillons.

V. L'égalité s'établissant entre le sceptre et la plume. — Ceux qui la subissent y concourent autant que ceux qui l'appellent. — Inconséquences de tout genre. — Les *citoyens*. — Despotisme et libéralisme. — Frédéric. — Catherine II. — Louis XV. — Le *Xercès* de Crébillon. — Le *Manco-Capac* de Leblanc. — L'*Encyclopédie* et Malesherbes. — Relâchement général. — Piron et sa pension. — Montesquieu et l'Académie. — Montesquieu et le pape. — La permission de manger gras. — Voltaire et les capucins de Gex. — Voltaire et les reliques. — Caresser et égratigner l'*Infâme*. — Les foudres n'osent plus ne pas dormir. — Marmontel à la Bastille. — Les deux dîners.

I

Ces idées faisaient des progrès rapides, car elles ne rencontraient à peu près aucun obstacle. Beaucoup d'amis de la religion y arrivaient sans défiance; ils croyaient mettre enfin le pied sur un terrain où tout le monde s'entendrait. La triste faculté de s'habituer au faux s'active, comme toutes les autres, par l'exercice, et il y a tel moment où l'on dirait que nous respirons un air qui la développe encore. Elle se manifeste alors non-seulement par la hardiesse avec laquelle on avance et on exploite ce qu'on sait n'être pas la vérité, mais par l'indulgence que le mensonge rencontre chez ceux qui ne voudraient pas mentir eux-mêmes.

Il est malheureusement évident que cette fatale atmosphère est aussi celle de nos jours. Autant on recherche le vrai dans l'histoire et dans les sciences, — car c'est une justice à rendre à notre siècle qu'il y a apporté un sérieux inconnu avant lui, — autant on a de penchant, dans tout le reste, à s'accommoder du faux. Les leçons de l'expérience, celles du simple bon sens, tout, à la première occasion, est comme non avenu. Quiconque veut être cru est cru. Quiconque attaque a une armée, quiconque promet a des adeptes; et celui qui demande à voir si les attaques sont justes, si les promesses peuvent se réaliser, on le traite en ennemi du progrès, de la liberté et des lumières.

Nous ne pouvons donc que trop, d'après ce que nous voyons, nous faire une idée des travers d'il y a cent ans. Quelques-uns ont changé d'objet, d'autres n'ont changé que de forme. Au fond, c'est ce même penchant à donner plus d'autorité au dernier sot qui ébranle, qu'à la plus haute intelligence qui parle de consolider. Quiconque a une idée, même absurde, dans le sens du mouvement avancé, nous en faisons un citoyen. Alors, et c'est toute la différence, on en faisait un philosophe.

Mais une différence encore, et qui ne fait pas honneur à notre intelligence, c'est que nos devanciers n'avaient reçu aucune des rudes leçons qui devraient nous rendre plus sages. La maison semblait si solide qu'on ne croyait pas la compromettre en arrachant çà et là quelque pierre; le vaisseau était si gros qu'on y faisait volontiers chacun son trou, sans se figurer le moins du monde qu'on dût finir par le couler à fond. On s'amusait à souffler sur les flots; on ne se doutait pas que tous ces souffles réunis dussent faire jamais une tempête. « Je ne crois pas qu'aucun peuple, en aucun siècle, ait joui d'un repos aussi complet que le peuple de France entre 1715 et

1785..... A la vérité, on tourbillonnait sur un volcan; mais ce volcan sommeillait, et si déjà le terrain s'échauffait un peu, il ne brûlait pas encore la plante des pieds. Puis, que peut-on imaginer d'aussi délicieux que d'habiter sur un terrain volcanique, tant que le volcan demeure endormi? Dans une atmosphère embaumée, sous un ciel d'azur, on chante, on danse, on boit du lacryma-christi [1]..... » Ce n'était donc pas seulement la sécurité générale qui aidait aux progrès des philosophes en voilant le côté dangereux de leurs doctrines; c'était aussi cette fièvre intérieure, cette chaleur latente, volcanique, qui activait, si l'on peut ainsi dire, la végétation des idées, et transformait les hommes malgré eux.

II.

Mais quelle curieuse histoire que celle des cajoleries prodiguées à tous ceux, petits ou grands, qu'il fallait attirer ou retenir sous les drapeaux de l'école nouvelle!

C'est là surtout, c'est dans cet art d'envelopper, d'englober quiconque peut être utile, que Voltaire n'a pas d'égal. Il est le grand racoleur de son siècle; il en est, sous ce point de vue encore, le plus complet représentant, car c'est en lui que s'est incarnée, en quelque sorte, cette invincible attraction qui réunira et liera les individualités contemporaines.

[1] Duval. *Souvenirs de la Terreur.*

Voyez d'abord comme il se fait tout à tous. Est-il rôle si humble qu'il ne soit prêt à accepter pour le bien de la croisade? S'il a forcé un pape à le louer sur une de de ses tragédies, il aura lui-même des éloges, et quels éloges! pour un jésuite obscur qui lui en aura envoyé une. « Vous êtes, écrit-il au père Vionnet [1], un plus grand ennemi de Crébillon que moi. Vous avez fait plus de tort à son *Xercès* que je n'en ai fait à sa *Sémiramis*. » Toutes les pièces dont on lui fera hommage, c'est sur ce ton qu'il en accusera réception; tous les auteurs dramatiques qui ne se seront pas mis en guerre ouverte avec lui, il les saluera comme ses heureux successeurs à la cour de Thalie et de Melpomène.

Lors de son dernier voyage à Paris, Lemierre et Dubelloy vont le voir. Lui : « Ce qui me console de mourir, leur dit-il, c'est que je laisse après moi messieurs Dubelloy et Lemierre. » Et les voilà tout fiers, mais se moquant grandement l'un de l'autre. « Ce pauvre Dubelloy! disait Lemierre; il n'a pas vu qu'on se moquait de lui. » — « Ce pauvre Lemierre! disait l'autre; il est allé se mettre dans la tête que M. de Voltaire parlait sérieusement! »

Ainsi en était-il de tous ces éloges prodigués avec une munificence qui aurait dû les rendre suspects aux moins humbles. Chacun se disait, à part soi, que M. de Voltaire s'était moqué des autres; chacun conservait précieusement le brevet d'immortalité qu'il avait reçu de sa main. Je ne répondrais pas que dom Calmet, le bon

[1] Décembre 1750.

et grave dom Calmet, dans la solitude de son cloître, n'ait relu quelquefois, avec un commencement d'orgueil, des lignes comme celles-ci[1] : « J'aurais la plus grande envie, monsieur, d'aller passer quelques semaines avec vous et vos livres ; je ne veux pas avoir à me reprocher d'avoir été si près de vous, et n'avoir point eu l'honneur de vous voir. Je veux m'instruire avec celui dont les livres m'ont formé, et aller puiser à la source. Je préfère la retraite à la cour, *et les grands hommes aux rois.* »

Il est vrai que le titre de grand homme se prodiguait avec une libéralité dont notre siècle a eu le bon esprit de revenir. Il n'y a plus guère que les savants, et même certains savants, les philologues, qui s'en donnent réciproquement le plaisir ; encore est-ce en latin, et dans des préfaces qu'on ne lit pas. Mais alors c'était en français, dans les lettres intimes comme dans les discours publics, c'était à tout propos qu'on se saluait grands hommes et qu'on se passait l'encensoir. « Si ce grand homme a erré, dit Montesquieu à la fin d'un des livres de son *Esprit des Lois,* que ne dois-je pas craindre ! » Et quel était-il ce *grand homme* que Montesquieu n'ose espérer d'égaler ? L'abbé Dubos, que Montesquieu lui-même, dans les pages précédentes, avait traité assez cavalièrement. Le chanteur Géliotte, devenu vieux, échoue-t-il au théâtre de la cour : « On a remarqué, dit Bachaumont[2], qu'il n'avait plus que les restes du grand homme. »

Voltaire, à qui ce titre était le plus généralement ac-

---

[1] Février 1748.
[2] *Mémoires secrets.* 1762.

cordé, était aussi celui qui le prodiguait le plus. Il en payait son médecin Tronchin, qui le méritait, il est vrai, mieux que bien d'autres. Il écrivait à Vauvenargues [1] : « Ce siècle ne vous méritait pas ; mais enfin il vous possède, et je bénis la nature. Il y a un an que je dis que vous êtes un grand homme. » Il écrivait à Thomas : « Vous êtes fait pour célébrer les grands hommes. C'est à vous à peindre vos confrères. » Et quand il perd madame du Châtelet, son amie, comme il ne peut, en bon français, l'appeler grande femme, c'est grand homme encore qu'il va dire. « J'ai perdu, écrit-il au roi de Prusse [2], un ami de vingt-cinq années, un grand homme qui n'avait d'autre défaut que d'être femme. »

Grande variété, du reste, comme on a déjà pu le voir par ces quelques échantillons, dans les formes qu'il donne à cet éloge banal. A-t-il reçu le *Pascal* de Condorcet, c'est-à-dire les notes anti-chrétiennes dont Condorcet a enrichi une nouvelle édition de Pascal : « J'ai lu, écrit-il, le *Pascal*, ou plutôt l'*anti-Pascal* d'un homme très supérieur à Pascal. » Cet homme supérieur à Pascal a-t-il publié, car c'est la mode, quelques *Eloges?* « On me demandait l'autre jour, écrit Voltaire, ce que je pensais des *Eloges* de M. de Condorcet. Je répondis en écrivant sur le frontispice : Justice, justesse, savoir, clarté, précision, goût, élégance et noblesse. » A-t-il à parler de Marmontel : « Notre siècle

[1] 1746. — Vauvenargues mourut l'année suivante. On peut douter que, malgré les cajoleries de Voltaire, il fût resté indéfiniment son ami.

[2] Octobre 1749.

était dans la fange, s'il n'avait été relevé par le quinzième chapitre de *Bélisaire*. » A-t-il à parler de La Harpe, dont on annonce une pièce nouvelle : « L'Europe attend *Mélanie*. » Dans sa correspondance avec d'Alembert, c'est perpétuellement *mon cher grand homme, — mon cher et universel, — adieu, homme au-dessus de votre siècle et de votre pays, — adieu, grand homme, — adieu, aigle,* — et choses semblables [1], le tout comme pour faire encore mieux ressortir ces magnificenses, parmi des familiarités et des saletés de tout genre. D'Alembert est plus réservé. Il ne dit ordinairement que *mon cher maître*, et c'est bien le titre auquel Voltaire avait le plus de droits; mais ce qui est plaisant, c'est quand Voltaire lui-même se met à s'intituler le disciple de quelqu'un de ceux qui n'ont pas eu d'autre maître que lui. Ce même Diderot à qui il avait déjà

---

[1] Ce qui ne l'empêchait pas, dans l'occasion, de se moquer de d'Alembert comme de tout le monde. En 1771, tandis qu'il l'a appelé, dans une épître,

> Esprit juste et profond, parfait ami, vrai sage...

il envoie au marquis de Ximenès, en lui disant d'en deviner l'auteur, des vers que le marquis n'hésite pas à lui attribuer, et cela, sans qu'il s'en défende.

> L'encyclopédique séquelle
> S'en va prônant son d'Alembert.
> De la science universelle
> C'est un trésor toujours ouvert.
> L'éloge sied au personnage;
> D'Alembert a tout en effet.
> J'en conviendrai. C'est le singe parfait
> D'un bel esprit, d'un savant et d'un sage.

écrit, en 1760, qu'il le regardait « comme un homme nécessaire au monde, » voyez ce qu'il lui écrit encore en 1773 : « J'ai été bien agréablement surpris en recevant une lettre signée Diderot. Figurez-vous quelle eût été la joie d'un vieux soldat couvert de blessures, si M. de Turenne lui eût écrit ! » Voilà le patriarche qui se fait écolier ; voilà le généralissime qui descend au rang de simple soldat. Il sait que le meilleur moyen pour commander, c'est de paraître obéir.

Mais c'est surtout avec les grands et les riches qu'il est à son aise dans l'éloge, et qu'il s'étonnerait tout de bon si on l'accusait d'exagérer. Il se moquera de Corneille dédiant son *Cinna* à M. de Montauron, le financier, et le comparant à Auguste ; mais s'il n'est pas à genoux, lui, devant la richesse toute seule, il suffira, pour la diviniser à ses yeux, qu'elle se soit mise au service des doctrines du jour. A ce prix, vous êtes son homme ; soyez millionnaire, et vous aurez du talent, voire même du génie. On ferait un volume de ses compliments à Helvétius. Et ne croyez pas qu'il eût au moins attendu, pour le proclamer grand homme, la publication du gros livre qui devait faire tant de bruit. Helvétius, ce que tout le monde ne sait pas, avait commencé par faire des vers. Ce sont ces vers que Voltaire va admirer, mais admirer comme il n'admirait ceux de personne, sauf peut-être ceux de Racine, et pas tous les jours encore.

« Ne les verrai-je point, ces beaux vers que vous faites,
  Ami charmant, sublime auteur ?

> Le ciel vous anima de ces flammes secrètes
> Que ne sentit jamais Boileau l'imitateur.
> Le vrai poëte est créateur.
> Peut-être je le fus, et maintenant vous l'êtes. »

Un an après[1], c'est encore « mon cher rival, mon poëte, mon *philosophe*... » car ce dernier mot commençait à résumer tous les éloges, tous les talents et toutes les vertus. Il semble craindre que le « nouvel Apollon, » qui était en effet assez modeste, ne s'admire pas assez. « Vous ne savez pas, lui écrit-il, combien cette épître sera belle; et moi je vous dis que les plus belles de Boileau seront au-dessous. »

III

Mais qu'une couronne achève d'éblouir ses regards, ou de l'autoriser, du moins, à se donner l'air ébloui, et il va arriver aux dernières limites de l'éloge. On comprend que nous voulons parler de ses flatteries au roi de Prusse.

Disons pourtant qu'on s'est peut-être un peu trop donné carrière dans les railleries qu'on a faites des prétentions littéraires de ce prince.

D'abord, ces prétentions n'étaient pas ce qu'on a cru. Il écrivait surtout pour s'amuser; il y mettait généralement peu d'amour-propre, et ce qui le prouverait déjà,

---

[1] 1741.

c'est qu'il ne se cacha jamais pour faire corriger et limer ses productions. « Tant que le soleil éclairera le monde, écrit-il à Voltaire en 1770, vos ouvrages dureront ; pour les miens, on dira : C'est beaucoup que ce roi n'ait pas été tout à fait imbécile. Cela est passable ; s'il était né particulier, il aurait pourtant pu gagner sa vie en se faisant correcteur chez quelque libraire. »

Nous pensons en effet qu'on ne peut guère, avec justice, lui refuser une place parmi les auteurs de second ordre. Il a écrit, abstraction faite de ses mauvaises doctrines, des pages qui ne manquent pas d'éloquence ; il a fait — et nous ne parlons ici que de ce qui est bien de lui — des vers qui ne sont point d'un mauvais poëte. Il faudrait d'ailleurs distinguer entre ses débuts informes et ses productions postérieures. Dans sa correspondance avec Voltaire, les progrès sont frappants et continuent jusqu'au bout. Il y a, dans les dernières années, telle lettre qui ne serait pas indigne de Voltaire lui-même.

Mais Voltaire ne les avait pas attendus, ces progrès, pour exprimer une admiration sans réserve, constamment partagée, ce sont ses termes, entre le grand écrivain et le grand roi. Ses innombrables lettres à ce prince sont un cours complet d'art de louer. Vous avez là tous les genres d'encens, du plus grossier au plus fin. Vous retrouvez les mêmes choses sous vingt, trente, quarante formes, toujours neuves, toujours piquantes. C'est un triste chef-d'œuvre, mais certainement c'en est un.

Ne parlons pas des simples mots, déjà variés à l'infini. *Grand homme* y paraît rarement ; c'est trop commun. *Héros* est bien un peu commun aussi ; mais comme Frédéric n'a pas l'air de le dédaigner, on lui en donnera dans l'occasion. *Génie* a bien son mérite; on aura soin cependant d'y joindre toujours une épithète, génie *universel*, génie *unique*. On ne lui dira pas *grande* âme, car c'est un peu classique, et puis il ne croit pas à l'âme; mais ce sera *trente âmes dans un corps*, et les voilà contents tous deux. *Votre Majesté*, qui sent par trop son vieux monde, deviendra *Votre Immensité*. Frédéric est *le Salomon du Nord*, et le dix-huitième siècle est *le siècle de Frédéric*.

« Le voilà, ce savant que la gloire environne,
Qui préside aux combats, qui commande à Bellone...
C'est lui-même, c'est lui dont l'âme universelle
Courut de tous les arts la carrière immortelle,
Qui sait tout, qui fait tout, qui s'élance à grands pas
Du Parnasse à l'Olympe et des jeux aux combats [1]. »

« C'est à vous seul de vous chanter,
Vous qu'en vos mains j'ai vu porter
La lyre et la lance d'Achille;
Vous qui, rapide en votre style
Comme dans vos exploits divers,
Faites de la prose et des vers
Comme vous prenez une ville [2]. »

« O philosophe-roi, que ma carrière est belle!
J'irai de Sans-Souci, par des chemins de fleurs,
Aux champs élyséens parler à Marc-Aurèle
    Du plus grand de ses successeurs.
A Salluste jaloux je lirai votre histoire [3],

---

[1] 1741.
[2] 1744.
[3] L'*Histoire de la maison de Brandebourg*, par le roi de Prusse.

A Lycurgue vos lois, à Virgile vos vers.
Je surprendrai les morts ; ils ne pourront me croire.
Nul d'eux n'a rassemblé tant de talents divers[1]... »

Et tout cela, dans ces années, entremêlé de remarques sur ses vers faux, sur ses lourds germanismes, sur *opinion*, que le roi écrit *opignon*, sur *science*, qu'il fait de deux syllabes, sur mille fautes de détail que Voltaire relèvera pour se dispenser de voir les grandes, mais non sans demander mille fois pardon d'arrêter un pareil génie sur ces riens. « Avec une petite lime de deux liards, que tout cela serait parfaitement travaillé ! » Et cependant, il le sait mieux que personne, les vers du prince ne sont pas travaillés du tout. Tels il les a jetés sur le papier, tels il les envoie à Voltaire, qu'il appelle son Aristarque, et qu'il finira par appeler son blanchisseur de linge sale. En 1737, quand Frédéric commence à l'assassiner de tout le papier qu'il barbouille : « Je suis avec vous, lui écrit Voltaire, comme un cercle infiniment petit concentrique à un cercle infiniment grand. Tous les rayons du cercle infiniment grand vont trouver le centre du pauvre infiniment petit ; mais quelle différence entre leurs circonférences ! » Un an après : « Je vous envoie de mes vers, lui écrit encore Voltaire, et vous m'honorez des vôtres. Cela me fait souvenir du commerce perpétuel qu'Hésiode dit que la terre entretient avec le ciel. Elle envoie des vapeurs ; les dieux rendent de la rosée. » Notez que ce que Voltaire avait envoyé, cette fois, c'était *Mérope*, et que

[1] 1749.

Frédéric avait riposté par une mauvaise ode sur la patience, adressée à son ami Kaiserling, qui avait la goutte.

IV

Toutes ces louanges, il est vrai, le roi les payait avec usure.

Racine était allé bien loin, même pour le temps, lorsqu'il avait prétendu [1] que ce qui devait surtout encourager l'Académie dans ses travaux sur la langue française, c'était que la langue française servait et servirait toujours mieux à célébrer Louis XIV.

Ce qui n'avait été, dans la bouche du poëte, qu'une hyperbole d'apparat, Frédéric le réalisait, en quelque sorte, dans ses relations avec Voltaire. Il semblait n'étudier le français que pour être en état de louer Voltaire dans sa langue, et toutes les finesses auxquelles il arrivait, tant bien que mal, avec sa plume un peu lourde, il était fier de les offrir, comme un bouquet de fleurs françaises élevées en Allemagne, à celui dont les pages l'avaient formé.

Ce bouquet avait quelquefois une odeur tellement forte, que Voltaire lui-même, si aguerri au parfum de l'encens, en était un peu étourdi. En 1740, il supplie le roi d'abaisser un peu le ton d'une préface que ce

---

[1] Discours à l'Académie.

prince a faite à la *Henriade*, et lui a envoyée à corriger. « Je vous demande en grâce, lui écrit-il, de me permettre de retrancher quelques choses que je sens bien que je ne mérite guère. Je suis comme un courtisan modéré, si vous en trouvez, qui vous dirait : donnez-moi un peu de grandeur ; mais ne m'en donnez pas trop, de peur que la tête ne me tourne. » Ce qu'il craignait, au fond, ce n'était pas que la tête ne lui tournât ; mais avec ce même tact qui lui faisait si habilement saisir ce qu'il devait dire ou ne pas dire pour être perpétuellement l'homme du jour, il aurait craint de se voir donner des éloges que le public n'eût pas immédiatement ratifiés.

Aussi ne voyons-nous pas que ceux de son royal disciple lui fussent toujours aussi agréables qu'on pouvait le croire. Quelles que pussent être, par exemple, ses prétentions à régner sur la scène, il ne pouvait aimer à s'entendre dire tout crûment, dès 1736 : « Vous devant qui les Corneille et les Racine ne sauraient se soutenir. » Il était très flatté, sans aucun doute, que le prince exprimât le vœu de voir en sa personne « ce que le siècle et la France ont produit de plus accompli ; » mais il était évidemment un peu embarrassé de phrases comme celles-ci : « Vos ouvrages suffiraient pour immortaliser vingt grands hommes[1]. » — « Il n'y a qu'un dieu qui puisse rassembler dans une même personne toutes les perfections que vous possédez[2]. » —

[1] 1737.
[2] 1738.

« La fable nous parle d'un géant qui avait cent bras. Vous avez cent génies; vous embrassez l'univers entier, comme Atlas le portait [1]. » — « Vous êtes le premier-né des êtres pensants [2]. » — « Vous êtes le héros de la raison, le Prométhée de nos jours, qui apporta la lumière céleste pour éclairer les aveugles [3]. » — « Quoique je sois venu trop tôt pour assister au triomphe de la philosophie, je ne le regrette pas : j'ai vu Voltaire [4]. » — « Je finirai ma lettre comme Boileau son épître à Louis XIV : *J'admire et je me tais* [5]. »

V

Pourquoi avons-nous insisté sur ces détails? Car ce n'était pas pour le plaisir de refaire un tableau piquant, mais fort connu, et assez inutile en soi.

Les plus minces détails ont leur valeur quand ils se lient aux tendances d'un siècle. Ils disent alors souvent plus que les grands faits.

Voltaire et Frédéric, c'est le dix-huitième siècle dans un de ses principaux traits : l'égalité s'établissant entre la royauté des trônes et la royauté des livres.

Elle ne s'établissait pas partout de la même manière.

[1] 1739.
[2] 1740.
[3] 1769.
[4] 1773.
[5] 1776.

Frédéric semble heureux de la constater le premier; Louis XV ne fait que la subir, mais il la subit d'autant mieux qu'il la voit moins ou qu'il la repousse davantage. Le roi de Prusse, en effet, avec tout son empressement à céder en paroles aux idées dont Voltaire est le représentant, n'en va pas moins son train de roi, et de roi absolu; le roi de France fait brûler toute page attentatoire aux vieux droits de sa couronne, et les idées nouvelles prennent malgré lui une large place, jusque dans ses édits.

De cette fusion incohérente entre l'ancien et le nouveau, entre les choses établies et les idées en train de s'établir, naissaient des inconséquences en foule. Rois, peuples, grands, petits, tout y tombait.

Sujets, on s'intitulait *citoyens*[1].

Rois absolus, on se croyait les amis de la liberté.

En 1773, un ouvrage posthume d'Helvétius[2], tout plein de déclamations contre le despotisme, est dédié au souverain le plus absolu de l'Europe et peut-être du monde entier, à l'impératrice de Russie. Elle en agrée l'hommage, et de bonne foi; elle se croit libérale parce qu'elle est incrédule, et qu'elle fait une pension à d'Alembert. « Que dites-vous de la révolution de Suède? écrivait-elle à Voltaire un an auparavant. Voilà une nation qui perd, en moins d'un quart d'heure, sa forme de gouvernement et sa liberté. Voilà le roi de Suède

---

[1] Quand la municipalité de Calais décerna à Dubelloy, pour sa tragédie, le titre de citoyen de cette ville, un plaisant dit que Dubelloy allait être le seul citoyen qui fût en France.

[2] *De l'homme et de ses facultés.*

aussi despotique que celui de France. » Curieuse leçon ; curieux précepteur surtout.

Louis XV ne faisait pas des leçons sur ces matières ; il se contentait, nous l'avons dit, d'en recevoir

En 1749, Crébillon lui présente son *Xercès*. Le roi l'ouvre au hasard, et le premier vers qu'il rencontre est celui-ci :

La crainte fit les dieux ; *l'audace a fait les rois.*

Loin de se fâcher, il admire ; il n'oserait déjà plus ne pas admirer.

En 1763, même aventure au sujet du *Manco-Capac* de Leblanc. Ce *Manco-Capac*, assez pauvre pièce, c'était le *Contrat social* en scènes larmoyantes. Un sauvage y a le beau rôle, et, jusque-là, rien de mieux ; mais tout ce qu'il dit, c'est du Rousseau ; tout ce qu'il fait, il l'arrange lui-même en arguments à la Rousseau. Vers la fin, par exemple, comme le grand-prêtre se prépare à assassiner le fils du roi, c'est ce sauvage incomparable qui lui arrachera le poignard, mais en criant :

« Voilà l'homme civil... voilà l'homme sauvage... »

Et le public d'applaudir à tout rompre, et la cour d'applaudir aussi, car la pièce est jouée, deux jours après, sur le théâtre de la cour ; et le roi d'admirer plus que personne, bien que la pièce soit remplie « de choses très fortes contre la royauté, » dit Bachaumont. Mais, ajoute-t-il, l'auteur a adouci tout cela par le quatrain suivant, adressé au roi :

> J'ai peint un roi juste et clément,
> Digne par ses vertus d'une gloire immortelle.
> Eh ! pouvais-je faire autrement ?
> J'avais mon maître pour modèle.

Le *maître* s'était cru loué ; il n'avait pas osé s'apercevoir que c'était aux dépens du trône, aux dépens de la société même.

Où ne le retrouvons-nous pas, à cette époque, ce même aveuglement ?

Quand l'*Encyclopédie* est arrêtée pour la seconde fois, Malesherbes, le directeur de la librairie, ordonne d'enlever les papiers de Diderot ; mais il en avertit Diderot un jour d'avance. Grande reconnaissance ; grand embarras aussi. Où les cacher, ces papiers ? Qui est-ce qui voudra les recevoir ? « Envoyez-les chez moi, dit Malesherbes ; on ne viendra pas les y chercher. » Et sa conscience est tranquille ; il ne s'aperçoit pas qu'il a trahi son devoir. Libre à lui d'aimer Diderot ; mais qu'un homme d'honneur, — et il l'était, — eût imaginé cette comédie, c'était l'indice d'un relâchement déplorable dans la moralité publique. Au reste, les amis secrets des philosophes n'étaient pas seuls à faire en sorte de rester en bons termes avec eux. Peu de croyants savaient trouver un milieu entre une haine fanatique et une lâche obséquiosité. Il ne faut pas maudire l'incrédule ; il ne faut pas non plus se donner l'air de ne voir entre lui et soi qu'une simple diversité d'opinions.

« Je me souviendrai toujours qu'un soir, à souper, chez un jeune seigneur, un petit abbé, joli comme une poupée, avait pris à tâche de divertir la compagnie aux dépens de la vieille foi. Quand il en fut à l'enfer, qu'il appelait son feu de joie, un vieux maréchal de camp, la seule figure qui ne riait pas, lui dit : Monsieur, à votre uniforme, je vois bien de quel régiment vous êtes ; mais il me semble que vous êtes déserteur. — Monsieur, répondit l'abbé, toujours riant, il pourrait bien en être quelque chose ; mais je ne suis pas dans ma troupe, comme vous dans la vôtre, maréchal de camp. — Parbleu, répliqua le soldat, vous ne l'auriez jamais été, car, à vous conduire ainsi, il y a longtemps que vous auriez été pendu [1]. »

Mais il y avait peu de gens comme ce maréchal de camp.

En 1766, parmi les accusations formulées contre le chevalier de la Barre, condamné à un supplice horrible, est celle d'avoir récité une certaine ode infâme ; et Piron, l'auteur de cette ode, a depuis longtemps une pension sur la cassette du roi. C'est Montesquieu qui la lui a fait obtenir, pour le consoler de n'avoir pu, à cause de cette ode même, être admis à l'Académie.

Il n'y était entré lui-même, Montesquieu, que grâce à la faiblesse avec laquelle on se laissait imposer les idées et les hardiesses nouvelles. C'était à ses *Lettres persanes*, son seul ouvrage alors, qu'il avait dû son élection ; et ce livre choquait tout ce que l'Académie avait mission de faire respecter, la religion, la mémoire de Louis XIV, l'honneur de l'Académie elle-même.

La religion, Montesquieu lui fait avait plus de mal, par

---

[1] Monteil. *Les Français des divers états.*

ses légers sarcasmes, que d'autres ne devaient, plus tard, lui en faire par de gros livres. C'était, ne l'oublions pas, avant les plaisanteries de Voltaire. Celles de Montesquieu, plus décentes et plus douces, n'en étaient pas moins, pour le temps, d'une scandaleuse audace.

Louis XIV, il l'avait accusé de despotisme, d'orgueil de prodigalité, de faiblesse [1]; il avait dit le premier dans un livre ce qui ne s'était dit encore que dans des pamphlets et des chansons.

L'Académie, enfin, que n'en avait-il pas dit !

« J'ai ouï parler d'une espèce de tribunal qu'on appelle l'Académie française. Il n'y en a point de moins respecté dans le monde, car on dit qu'aussitôt qu'il a décidé, le peuple casse ses arrêts...

« Ceux qui le composent n'ont d'autre fonction que de jaser sans cesse. L'éloge va se placer, comme de lui-même, dans leur babil éternel...

« Ce corps a quarante têtes, toutes remplies de figures, de métaphores et d'antithèses. Tant de bouches ne parlent presque que par exclamation ; ses oreilles veulent toujours être frappées par la cadence et l'harmonie. Pour les yeux, il n'en est pas question ; il semble qu'il soit fait pour parler, et non pas pour voir... On a dit autrefois que ses mains étaient avides ; je laisse décider cela à ceux qui le savent mieux que moi.

« Voilà des bizarreries que l'on ne voit point dans notre Perse. Nous n'avons point l'esprit porté à ces établissements singuliers et bizarres...[2]. »

[1] Lettres XXVIII et CVII.
[2] Lettre LXXIII.

C'est avec ces lignes à la main que Montesquieu va frapper à la porte. L'Académie s'empresse de lui ouvrir. Comme la femme de Sganarelle, il lui plaît d'être battue. Montesquieu a été hardi contre l'ancien ordre de choses; c'en est assez pour que les défenseurs mêmes de la tradition monarchique et littéraire se croient tenus de le récompenser. A peine reçu, qu'il se mette à parcourir l'Europe, et il ne sera nulle part mieux accueilli, lui qui a bafoué les papes [1], que dans la ville des papes, par un pape, par Benoît XIII, qui n'était pourtant pas Benoît XIV, le futur *ami* de Voltaire. Puis, à son audience de congé, on lui octroie une de ces vieilles faveurs pontificales qui n'étaient déjà plus que ridicules, celle de manger gras le vendredi. Aussi dit-on que lorsqu'il fut question d'en payer le diplôme, car le pape n'avait pas ajouté qu'il l'accordât gratis, Montesquieu dit que le pape était un honnête homme, qu'il se fiait à sa parole. C'était un trait ajouté aux *Lettres persanes*. A qui la faute?

Voltaire ne les dédaignait pas, au besoin, ces faveurs surannées. En 1770, ayant eu occasion de rendre quelques services aux capucins de Gex, il reçoit du père Alamballa, général de l'ordre, la patente de *père temporel* de ce couvent, et il remercie, sans rire, avec la plus cordiale effusion. N'avait-il pas demandé, en 1761, jusqu'à des reliques? « Ma destinée est de bafouer Rome, et de la faire servir à mes petites volontés. L'aventure de *Mahomet* m'encourage. Je fais donc une belle

---

[1] Lettres XXIV et XXIX. « Le pape est le chef des chrétiens. C'est une vieille idole qu'on encense par habitude... » etc.

requête au saint-père ; je demande des reliques pour mon église, une indulgence *in articulo mortis*, et, pendant ma vie, une belle bulle pour moi tout seul, portant permission de cultiver la terre les jours de fête sans être damné[1]. » Effectivement, peu de mois après : « J'ai reçu, le même jour, des reliques du pape et le portrait de madame de Pompadour. Les reliques sont le cilice de saint François. » En 1745, lors de cette fameuse *aventure* de Mahomet, que de mouvements pour avoir une lettre du pape, et, la lettre reçue, quels transports ! « Vraiment, les grâces célestes ne peuvent trop se répandre, et la lettre du saint-père est faite pour être publique. Il est bon que les persécuteurs des gens de bien sachent que je suis couvert contre eux de l'étole du vicaire de Dieu[2]. » Et tout ce qu'il disait là en ricanant, il le disait, dans l'occasion, avec le plus grand sérieux, car ce n'était pas seulement pour s'amuser qu'il se donnait l'air d'être bien en cour de Rome. C'était une réponse comme une autre à faire à ses ennemis. Il savait bien qu'on ne le croirait pas ; mais il aurait été, au fond, très fâché qu'on le crût. « Pour vous, lui écrivait Frédéric en 1759, vous caresserez encore l'infâme d'une main, et l'égratignerez de l'autre ; vous la traiterez comme vous en usez avec moi et avec tout le monde. »

Mais comment l'*infâme* pouvait-elle se prêter à ces caresses ? En 1745, passe encore. Il ne s'agissait que d'accepter la dédicace d'une pièce dont l'auteur disait : « A

---

[1] Lettre à d'Argental.
[2] Lettre à d'Argental.

qui pourrais-je plus convenablement adresser la satire de la cruauté et des erreurs d'un faux prophète, qu'au vicaire et à l'imitateur d'un Dieu de paix et de vérité ? » Mais en 1761, mais à celui qui disait : « Je suis las de leur entendre répéter qu'il n'a fallu que douze hommes pour fonder leur religion ; je leur montrerai bien qu'il n'en faut qu'un pour la détruire ; » mais à Voltaire, enfin, car ce seul nom disait tout, — des reliques !. — Foudres du Vatican, où étiez-vous ?

Elles dormaient ; elles n'osaient plus ne pas dormir. La tolérance ecclésiastique et gouvernementale se manifestait quelquefois par de singuliers détails. Duclos, en 1766, fait un voyage à Rome, et le premier service que lui offre un cardinal, c'est de demander pour lui au pape la permission d'avoir et de lire des livres défendus. On craint que la privation ne lui en soit trop sensible ; on regarde comme un des devoirs de l'hospitalité de lui rendre au plus tôt cette nourriture de son âme, comme on s'empresserait de lui servir un mets usité dans son pays. Quand Marmontel, en 1760, fut mis à la Bastille, il se trouva que c'était un vendredi. On apporte un excellent dîner maigre, et il le mange sans même songer à se plaindre. Mais au moment que son domestique, — car on le lui avait laissé amener, — se met en devoir de dîner des restes, voici venir un dîner gras. Le premier était pour le domestique. On osait enfermer un philosophe ; on n'osait pas le forcer à faire maigre.

CHAPITRE TROISIÈME

I. Entraînement général. — Plus de foi politique et sociale. — L'inégalité sous Louis XIV. — On se rappelait l'égalité, mais sans la réclamer. — La bassesse du rang n'était ni honteuse ni pénible. — L'inégalité sous Louis XV. — Ébranlée dans ses bases, elle devenait plus sévère dans les formes. — Un cocher en 1780.

II. Les faits et les idées changent de signification suivant les temps. — Les *mystères* du moyen âge auraient été des impiétés au dix-septième siècle. — Le *Lutrin* en serait une aujourd'hui. — Au dix-huitième siècle, tout ébranlement était grave. — Importance qu'avaient des détails qui semblent futiles. — Combien l'*Encyclopédie* serait innocente aujourd'hui. — Ce qu'a eu de bon la libre multiplication des mauvais livres.

III. Causes de leur influence d'alors. — La nouveauté des idées. — Celle de la liberté. — Le lecteur allait toujours au delà de ce que l'auteur avait écrit. — L'abbé Girard et ses exemples. — Un mot devenu hérétique par contact.

IV. Le théâtre et le trône. — La *Partie de chasse d'Henri IV*. — *Ericie ou la Vestale*. — La censure à l'archevêché. — Les *Mois-*

sonneurs. — Une approbation coûtant cher à celui qui l'a donnée.

V. Les plus minces auteurs deviennent des personnages. — Comment on se donnait mutuellement de l'importance. — Quelques échantillons d'éloges. — Marmontel à Bordeaux. — Son *Bélisaire* en Russie. — Abondance des nuls. — Cruches, cloches et hommes. — Après le premier rang, il n'y a rien. — Notre siècle est, sous ce rapport, mieux partagé. — Il était trop facile de faire parler de soi. — Encore quelques exemples. — Pompignan. — L'*Interprétation de la nature*. — Grimm. — Tissot.

VI. Les querelles entre auteurs. — Hume et Rousseau. — Retentissement immense. — Une historiette racontée deux cent vingt-cinq fois. — La musique italienne et la musique française. — Rousseau. — *Panem et circenses*.

I

Ce n'était peut-être pas tant par crainte que par suite de l'entraînement général qu'on abandonnait, sans combat, des positions où la défense eût encore été possible. Le courage ne manquait pas, mais la foi, j'entends la foi politique et sociale, car nous aurons ailleurs à parler de l'autre. Avec un roi qui n'osait croire à l'autorité royale, avec une aristocratie qui trouvait de bon ton de ne plus croire à la noblesse, les niveleurs avaient nécessairement beau jeu.

Du temps de Louis XIV, au contraire, l'idée de l'inégalité nous apparaît profondément gravée dans l'esprit des petits non moins que dans celui des grands. Vous entendrez bien dire, en chaire, que les hommes sont égaux ; vous verrez la cour et la ville applaudir aux boutades de Boileau contre les nobles sans vertu ; mais de là aux conséquences pratiques, la distance était assez grande pour que nul ne songeât encore à la franchir. De tant d'hommes de lettres, aucun, pas plus Boileau qu'un autre, ne s'offensera d'être tenu à distance par ces grands « pétris, a-t-il dit, du même limon que lui ; » et si ces grands veulent bien qu'on s'approche, on en sera reconnaissant, mais pas plus hardi pour cela. Quelle reconnaissance encore, quelle effusion et quels transports quand ils daignaient donner aux littérateurs ou aux lettres quelque marque éclatante d'intérêt ! Et ce n'était pas seulement envers un Richelieu ou envers un Louis XIV que toute la littérature, les académies en tête, se confondait en remerciements éternels. Il n'y avait pas de seigneur qui ne pût être un Richelieu, un Louis XIV, un Auguste. Le duc de la Force avait fondé l'Académie de Bordeaux, et c'en était assez pour qu'il s'entendît appeler, dans une séance solennelle : « Ce protecteur, dont le puissant génie veille sur nous... » — « Nous l'avons vu, poursuivait l'orateur, quitter les délices de la cour et faire sentir sa présence jusqu'au fond de nos provinces. C'est ainsi que la fable nous représente ces dieux bienfaisants qui, du séjour du ciel, descendaient sur la terre pour polir des peuples sauvages. » Et l'auteur de ce beau compliment aux Bordelais, ce n'était pas quelque poëte affamé, mais Montesquieu, et en 1716. Même de nos jours, écoutez ce qu'a pu écrire un auteur qui se piquait, il est vrai, d'une grande fidélité aux idées du bon temps. « Nos rois ont toujours aimé la littérature, dit madame de Genlis [1]. Dès la première race, Chilpéric voulut perfectionner l'orthographe et ajouter des lettres grecques à l'alphabet. Il y eut deux savants qui aimèrent mieux se laisser couper les oreilles que d'accepter l'innovation. » Voilà un exemple bien choisi, et un protecteur, en effet, que nous serions bien ingrats d'oublier.

Mais, pour en revenir au temps de Louis XIV, on n'était généralement pas plus choqué de voir un homme au-dessus de soi dans la hiérarchie sociale, que d'en voir un doué d'une constitution plus forte, d'une taille mieux prise, d'un visage plus agréable; on pouvait regretter de n'être pas mieux partagé, comme le nain regrettera de n'avoir pas quelques pouces de plus; mais l'inégalité des rangs était devenue aussi naturelle, en quelque sorte, que les proportions des corps. Nulle honte, du reste, à vivre dans la dépendance des grands. Quand ils étaient fiers de remplir, auprès d'un roi, des fonctions serviles [2], qui se serait trouvé humilié de les remplir auprès d'eux? Une pension, et même un secours momentané, n'avait rien que d'honorable; c'était quelque chose d'analogue à nos rubans, à nos croix. Des

---

[1] *Dictionnaire des Étiquettes.*

[2] « C'est moi qui ai l'honneur de prendre la robe de chambre du roi d'Espagne quand il se met au lit, et de la lui donner, avec ses pantoufles, quand il se lève. »

Lettre de la princesse des Ursins à madame de Maintenon.

écus venant d'un Louis XIV, d'un prince de Condé, d'un simple duc, d'un financier en renom, c'étaient comme des médailles à la gloire de celui qui les recevait.

Sous Louis XV, la plupart de ces traits ont l'air de se maintenir, et n'en couvrent pas moins un tout autre état de choses; ils se renforcent même quelquefois à mesure que le fond est plus sérieusement atteint. Vers la fin de ce règne, tandis que l'égalité se prêche sur les toits, une ordonnance plus formelle qu'aucune des précédentes ferme aux roturiers, dans l'armée, l'accès des grades supérieurs. Même dans les rangs de la roture, les distinctions devenaient plus tranchées. Jamais la prééminence entre métiers n'avait été plus strictement gardée que depuis qu'on parlait d'abolir les corporations, ces vieilles aristocraties de la boutique et de l'atelier. Une dame de haut rang a besoin d'un cocher. On lui en amène un. Il lui plaît. « Mais, dit-il, avant de m'engager, je voudrais savoir de madame à qui madame cède le pas dans les rues. — A tout le monde, dit-elle. Si on me le cède, je le prends; sinon j'attends. — En ce cas, reprend l'homme, je ne saurais convenir à madame. Je ne cède jamais qu'aux princes du sang. » Notez que ce grand seigneur en livrée, qui s'appelait Girard, finit par être un ardent démocrate. En 1793, nommé accusateur public, il envoyait à l'échafaud ces mêmes aristocrates qui ne l'étaient pas assez, à son gré, en 1780.

II

Il est rare, en général, qu'un même fait ou une même idée conserve, à un siècle de distance, le même sens et la même valeur.

Ainsi, par exemple, selon que la religion sera plus ou moins enracinée dans l'esprit et le cœur des peuples, un même fait pourra être ou n'être pas une attaque contre elle.

Nous indignerons-nous des bouffonneries dont on assaisonnait l'histoire sainte, il y a quatre ou cinq cents ans, dans les *Mystères?* Il est triste, sans doute, que le christianisme fût descendu si bas ; mais ces farces étaient, par cela même, en dehors de toute pensée incrédule. C'était après la messe qu'on allait entendre Jésus-Christ plaisantant avec ses disciples, et la messe du lendemain n'en était pas moins respectée. Voyez, plus tard, les plaisanteries de Rabelais, de Machiavel, de l'Arétin, d'un archevêque La Casa d'un cardinal, Bembo, et de bien d'autres. Les accusait-on d'impiété ? Et l'Arioste ? Léon X assistait à ses peu orthodoxes comédies. Léon X n'était pas un grand croyant; mais enfin il était pape, et un pape n'eût pas autorisé par sa présence ce qui eût été regardé comme attentatoire à la foi. Mais ces mêmes comédies, supposez-les écrites au dix-septième siècle, du temps d'*Esther* et d'*Athalie*, — et elles ne peuvent déjà plus avoir pour auteurs ni pour spectateurs que des *libertins* avoués.

Bien plus : ce qui était encore innocent à cette dernière époque, supposez-le écrit cent ans plus tard, et vous avez à l'apprécier tout autrement. Croyez-vous que le *Lutrin* eût pu être, au dix-huitième siècle, l'œuvre d'un bon croyant comme Boileau ? Ces mêmes plaisanteries dont s'étaient délectés les Lamoignon, les Montausier et jusqu'aux Bourdaloue, n'auraient plus semblé que l'écho de celles de Voltaire. Aujourd'hui même, bien que la plaisanterie antichrétienne soit moins à l'ordre du jour, et que le *Lutrin* risquât moins de prendre une signification irréligieuse, un croyant ne l'écrirait pas [1].

C'était donc avec assez peu de bonne foi que nos hardis du dix-huitième siècle prétendaient s'abriter derrière ces anciennes hardiesses. Ils ne faisaient, à les entendre, que répéter ce qui avait été dit impunément à des époques où la pensée était moins libre et le pouvoir plus absolu. Louis XV serait-il donc plus chatouilleux que Louis XIV, et son clergé plus sévère que Bossuet ? — Sophisme. Les temps avaient changé. Tout ébranlement était grave, quelque modérée que fût la main. Les idées dangereuses sont comme ces maladies qui, selon la saison et l'état de l'atmosphère, restent peu de chose ou sont mortelles.

Sans cette observation, nous ne comprendrions pas l'effet que pouvait produire, à cette époque, telle atta-

---

[1] Le même fait serait à signaler dans une autre question que nous aborderons plus tard. Qui est-ce qui répèterait aujourd'hui, à moins de se déclarer communiste, les boutades de Pascal et de Boileau contre la propriété ?

que qui nous paraîtrait bien bénigne, tel écrit qu'on ne trouverait aujourd'hui ni bien mauvais ni bien fort. Qui n'a été témoin de l'étonnement profond où l'*Encyclopédie*, par exemple, jette quelquefois les lecteurs peu versés dans l'histoire de ces temps? Quoi! c'est là ce qui ébranla, au dire des prédicateurs, l'autel et le trône? C'est là cet article *Ame* qui souleva, dès le premier volume, tant de frayeurs et de colères? Mais nous avons lu dix fois pis dans des livres qui sont partout, dans des journaux qui ne passent même pas pour être des plus mauvais.

Cela est vrai. Nous avons fait comme Mithridate: nous nous sommes habitués aux poisons.

Cette triste habitude a cependant un bon côté. Les mauvais livres, aujourd'hui, font généralement moins de mal qu'on ne le croirait, à première vue, d'après les monstruosités qui s'y entassent; les journaux les plus incendiaires finissent par être lus, sauf dans certains moments de crise, comme on lirait n'importe quoi. Où nous arrêterons-nous? Nos enfants devront-ils s'habituer à pis encore? Il y a cent ans, l'athéisme était réputé l'extrême; encore ne le voyait-on jamais à nu. Eh bien, — ce que La Mettrie et Diderot n'auraient pas cru possible, — il y a des gens au-delà. On ne s'est pas contenté de nier Dieu, et à la face du soleil; on a écrit que l'idée même d'un Dieu était la source des misères et des crimes. « Le premier devoir de l'homme intelligent et libre est de chasser incessamment l'idée de Dieu de son esprit et de sa conscience. Car Dieu, s'il existe, est essentiellement hostile à notre nature, et nous ne relevons aucunement de son autorité. Nous arrivons à la science malgré lui, au bien-être malgré lui, à la société malgré lui; chacun de nos progrès est une victoire dans laquelle nous écrasons la Divinité[1]. » Quand le blasphème en est à ce délire, le remède est à côté du mal.

III

Deux causes donc, pour en revenir à l'autre siècle, donnaient du retentissement à tout ce qui sortait du cercle ancien.

C'était d'abord la nouveauté. Il y avait celle des idées; il y avait aussi, et c'était au fond la plus attrayante, celle de la liberté même avec laquelle on osait les énoncer, car la presse, en fait, était libre. Tantôt ouvertement et avec des approbations surprises, tantôt clandestinement ou hors de France, tout, en définitive, s'imprimait. Il y avait juste assez d'entraves pour que le plaisir de les vaincre se renouvelât chaque jour, juste assez de sévérités exercées pour que tout ce qui était neuf eût l'attrait du fruit défendu. Blasée sur tout le reste, cette génération ne pouvait pas ne pas trouver une vive saveur aux seuls mets dont elle ne fût pas rassasiée. Montesquieu, Voltaire lui-même, à leur arrivée en Angleterre, trouvaient presque de trop

---

Système des Contradictions économiques, ch. VIII.

haut goût les fruits de la liberté anglaise. Chaque matin, à la lecture des journaux de l'opposition, il leur semblait que non-seulement le ministère, mais la monarchie elle-même, allait sauter dans les vingt-quatre heures [1]. Qui s'étonnerait donc de l'effet produit en France par les premiers échos, même affaiblis, de ce grand bruit qui avait effrayé Voltaire à ses premiers pas sur un sol libre ?

En outre, — et c'était la seconde cause, — les écrivains laissant voir qu'ils n'osaient tout dire, on allait au-delà de leurs paroles, et ce n'était qu'après en avoir doublé la force qu'on croyait en avoir saisi le sens.

C'est le contraire aujourd'hui. Nous avons vu forcer tant de mots et tant d'idées, que nous nous tenons, pour ainsi dire, en deçà de nos lectures ; les auteurs les plus sages sont conduits à exagérer, s'ils veulent qu'on les croie un peu.

Alors donc le lecteur ne manquait jamais d'amplifier, de commenter, d'achever. La phrase la plus innocente en apparence, peut-être même en réalité, se trouvait renfermer une hardiesse énorme. Puis, tout était dans tout, c'est-à-dire que les attaques se cachaient et se laissaient voir là où, en d'autres temps, on les eût le moins cherchées. Ainsi, dans l'*Encyclopédie*, les moindres articles de physique, de chimie, d'algèbre même, portaient quelquefois très loin en philosophie, en religion, en politique. Cette bible des nouveaux temps avait,

---

[1] « Comme on voit le diable dans les papiers périodiques, on croit que le peuple va se révolter demain. »
MONTESQUIEU, *Pensées sur l'Angleterre.*

comme on l'a quelquefois cru de l'ancienne, deux sens, l'un pour le vulgaire, l'autre pour les adeptes. Mais les adeptes, au dix-huitième siècle, c'était tout le monde. Tout le monde allait au sens caché; tout le monde y arrivait plus ou moins.

L'abbé Girard, l'auteur des *Synonymes françois*, publie, en 1747, sa grammaire. On la lit d'abord comme une grammaire; puis, tout à coup, voilà quelqu'un qui remarque que les phrases citées comme exemples sont presque toutes empruntées au langage philosophique du jour. Ce quelqu'un était-il un ami ou un ennemi? L'auteur avait-il eu l'intention qu'on lui supposait, ou n'avait-il été que l'écho involontaire de la phraséologie du moment? Nous l'ignorons; mais il n'y eut plus personne en France qui ne se mît à chercher dans son ouvrage tout autre chose que des aperçus grammaticaux.

Dans l'*Encyclopédie*, tout près de ce fameux article *Ame*, une phrase insignifiante avait aussi pris tout à coup une portée immense.

« La plupart des hommes honorent les lettres comme la religion et la vertu, c'est-à-dire comme une chose qu'ils ne peuvent ni connaître, ni aimer, ni pratiquer[1]. »

Ne peuvent. Voilà qui va être attaqué comme fataliste, impie, ou, pis encore, janséniste[2]. Il est sûr que

---

[1] Article *Amour des sciences et des arts.*

[2] On sait que Racine avait eu bien des ennuis pour ces deux vers de *Phèdre* :

« Vous aimez; on ne peut vaincre sa destinée.
Par un charme fatal vous fûtes entraînée. »

ce mot, rigoureusement appliqué à la connaissance et à la pratique de la religion, touchait aux questions les plus hautes, à la prédestination, à la grâce, au libre arbitre. On répondait que l'auteur, dans cet endroit, n'y avait évidemment pas songé ; que la phrase, d'ailleurs, était prise de Vauvenargues[1], chez qui les théologiens ne l'avaient jamais condamnée ni remarquée. Mais on pouvait répliquer, non sans fondement, que le voisinage lui donnait, dans l'*Encyclopédie*, une tout autre gravité.

Beaucoup d'autres morceaux étaient dans le même cas. Fort innocents dans les auteurs où on allait les prendre, ils revêtaient, à leur nouvelle place, une allure hostile et redoutable. Rien de plus inoffensif qu'un pavé, et c'est avec des pavés que l'on fait les barricades.

IV

Les résistances du pouvoir n'étaient donc pas toujours aussi puériles qu'on serait tenté de le croire sur l'exiguité apparente des motifs. Bien des choses nous semblent des misères, qui n'en étaient alors nullement. Louis XIV avait pu laisser attaquer tout ce qui n'était pas lui ; il avait ri aux cris des victimes de Boileau, de Molière, de La Bruyère ; il avait été le premier à trouver Cotin ridicule lorsque le pauvre abbé voulait montrer des ennemis du

---

[1] *Introduction à la connaissance de l'esprit humain.*

trône dans ses ennemis à lui, Cotin. Mais les ennemis des Cotins, sous Louis XV, on ne pouvait plus ne pas voir que leurs coups portaient beaucoup plus haut, et il fallait bien tâcher de s'en garer.

Le théâtre, en particulier, occupait une large place dans les grandes affaires de l'État. Une pièce à laisser jouer ou à défendre était une question devant laquelle pâlissaient, un mois durant, tous les intérêts du jour. Ce même roi que l'on savait étranger à presque tout ce qui se faisait dans le royaume, on lui voyait peser, le sceptre en main, le sort d'une comédie ou d'un couplet. L'administration même des théâtres, jusque dans les derniers détails, émanait de lui. C'était *au nom du roi* que l'on affichait le prix des places; et tandis que ces mots n'étaient regardés, en tête des grands édits, que comme une formule, on savait, ici, que c'était *au nom du roi* tout de bon, et qu'il s'était réellement occupé de l'affaire. Même dans les provinces, quoique l'autorité centrale intervînt généralement moins qu'aujourd'hui dans les détails de l'administration, tout, en affaires de théâtre, émanait du ministre de la maison du roi. Il y avait même quelquefois, comme à Marseille en 1753, d'assez graves conflits à ce sujet entre les municipalités et la couronne.

En 1766, il s'agit de savoir si on laissera jouer la *Partie de chasse d'Henri IV*, par Collé. On s'était placé, il est vrai, dans un point de vue assez sérieux. Le roi de France pouvait-il laisser monter son aïeul sur la scène, même pour y paraître avec honneur? La question, sur l'ordre de Louis XV, est portée au conseil d'État, et les avis se trouvent partagés. Le roi évoque l'affaire à lui. On l'examine en conseil des ministres, et la pièce n'est pas autorisée. Mais tandis qu'on l'interdit à Paris, on la laisse jouer dans les provinces.

En 1768, c'est *Ericie ou la Vestale*, par un auteur aujourd'hui oublié, Fontanelle. Reçue par les acteurs, elle est refusée par la censure, vu qu'elle est pleine, à propos de vestales, d'allusions à l'adresse des couvents. Mais on réclame, on s'agite, et le lieutenant de police envoie la pièce... à qui? à l'archevêque, lui en demandant son avis. L'archevêque, grand excommunicateur des comédiens, va répondre sans doute qu'il ne pourrait, en aucun cas, approuver une pièce de théâtre? Nullement. Il nomme une commission, composée de curés et de docteurs. C'est sur leur avis que la pièce, après un long examen, est de nouveau défendue. Défense aussi de l'imprimer. — Il va sans dire qu'on l'imprimera aussitôt, que la défense servira à la faire vendre, et même à la faire trouver bonne.

Une autre fois, ce sont les *Moissonneurs*, de Favart. Le censeur royal, M. Marin, trouve ces *Moissonneurs* tellement bons, tellement innocents, qu'au lieu d'une simple formule approbatoire il écrit au bas tout un éloge. « Si l'on n'avait jamais représenté sur nos théâtres, dit-il, que des pièces de ce genre, il ne se serait jamais élevé de question sur le danger des spectacles, et les moralistes les plus sévères auraient mis autant de zèle à les recommander, qu'ils ont souvent déclamé avec chaleur pour détourner le public d'y assister. » Et ce magnifique passeport s'imprime en tête de la pièce.

Mais voilà que les jansénistes, grands ennemis du théâtre, crient au scandale. De quoi le censeur s'est-il mêlé ? Qu'il approuve les pièces, puisque c'est son métier, mais qu'il ne s'avise pas d'approuver le théâtre. On va trouver le contrôleur général, M. de l'Averdy, qui n'entend pas raillerie sur ces matières. On lui remontre l'énormité du cas, et le pauvre censeur en perd une pension de deux mille livres.

Mais nous reviendrons plus tard sur la censure officielle. C'est une piquante histoire que la sienne, à une époque où ses armes émoussées avaient à tenir en respect tant de glaives nouvellement affilés.

V

De l'importance des écrits, même innocents ou faibles, résultait naturellement l'importance des auteurs, même de ceux du second, du troisième et du quatrième rang.

Ils y contribuaient, à la vérité, de leur mieux, par celle qu'ils se donnaient mutuellement eux-mêmes. Ce n'était pas qu'ils ne sussent aussi très bien, en cas de brouille, se remettre mutuellement à leur place, et même avec des mots dont nul auteur n'oserait aujourd'hui souiller sa plume ; mais, hors de là, chacun savait respecter dans ses confrères l'autorité de la grande coterie, et le public ne pouvait qu'être docile sous des gens qui paraissaient s'écouter les uns les autres avec un si profond respect. A peine enrôlé, vous aviez droit à tous les priviléges, à tous les honneurs de la caste. Quand Marmontel, que nous avons vu lui-même si emphatiquement loué par le grand maître, écrivait sous un portrait de Rousseau :

« A ces traits, par le zèle et l'amitié tracés,
Sages, arrêtez-vous ; gens du monde, passez... »

Rousseau, car on était en 1753, n'avait encore publié que son premier discours. Mais il était l'ami des chefs, il promettait un champion vigoureux. C'était assez pour qu'on en fît un grand homme. *Sages, arrêtez-vous.*

« A ce front riant, dirait-on
Que c'est là Tacite ou Newton ?... »

écrivait encore Marmontel, la même année, sous un portrait de d'Alembert. Car il excellait, Marmontel, à encenser les chefs de file, et il y trouvait son compte. La province, au besoin, payait les dettes de Paris. Marmontel, à Bordeaux, en visitant le port de cette ville, vit tirer le canon en son honneur, et ce canon allait avoir des échos jusqu'aux extrémités de l'Europe. En 1768, *Bélisaire* était imprimé en langue russe, et une lettre de l'impératrice à l'auteur lui annonçait que la traduction était d'elle, aidée de plusieurs seigneurs de sa cour.

En général, avec tout son esprit, ce siècle ne savait pas assigner aux écrivains leur véritable place. Il y arrivait avec le temps, mais après avoir salué à l'horizon des astres innombrables qui n'avaient pas pour une heure de clarté.

Nous disions, après M. Villemain, que ce fut l'âge

d'or des littérateurs *médiocres*. A parler franchement, ce dernier mot est trop honorable encore pour la plupart des hommes que cette observation concerne. Voltaire en avait souvent exprimé son étonnement, son chagrin. « Le génie n'a qu'un siècle, disait-il[1], après quoi il faut qu'il dégénère. » Quoique ces remarques, dans sa bouche, supposassent toujours une exception en sa faveur, elles n'en étaient pas moins justes. Plus la raison lui paraissait avoir fait de conquêtes, plus il était frappé d'apercevoir, en tout le reste, plutôt décadence que progrès.

Un grand seigneur, à ce que rapporte d'Alembert[2], demandait à un homme de lettres un moyen pour se connaître en vers. « Dites toujours qu'ils sont mauvais, répondit l'homme de lettres. Il y a cent contre un à parier que vous ne vous tromperez pas. »

C'est un conseil que nous pourrions presque donner à qui voudrait une recette pour juger le dix-huitième siècle. En dehors d'une vingtaine d'ouvrages, dites toujours « *mauvais*, » et vous risquez peu de vous tromper.

Remarquez seulement que nous ne prenons pas ici *mauvais* dans le sens de dangereux, d'immoral, car il y en aurait de très mauvais, à ce compte, parmi les vingt que nous avons exceptés, comme aussi de très bons parmi les autres. Nous ne parlons que du talent. Au lieu de mauvais, si l'on veut, nous dirons nuls.

L'abbé Galiani disait qu'il y a trois sortes de *raisonnements* comme de *résonnements*, raisonnements de

---

[1] *Siècle de Louis XIV*, ch. XXXII.
[2] *Dialogue entre la poésie et la philosophie*.

cruches, raisonnements de cloches, raisonnements d'hommes. Les cruches, c'est quand il n'y a ni raison ni éloquence; les cloches, éloquence sans raison; les hommes, éloquence et raison. Galiani aurait pu ajouter que la première classe n'est jamais plus nombreuse que lorsque tout le monde se vante d'appartenir à la troisième.

Grand est donc, au dix-huitième siècle, le nombre des livres nuls. Dès que vous quittez ceux du premier rang, vous ne trouvez plus ni idées, ni style, ni fond, ni forme; vous vous demandez, à chaque pas, comment de pareilles misères ont pu ne pas mourir en naissant. Même dans les plaisanteries,— épigrammes, chansons, petites pièces de théâtre, — vous êtes confondu des platitudes que ce siècle a pu applaudir.

Quoique le nôtre ait bien aussi ses engouements, ses sottises, on ne saurait, ce nous semble, lui refuser un goût plus sûr. Il a continué, sans doute, à faire bon marché de la morale et de toute espèce de principes; mais, sur le terrain du talent, il a été plus difficile, et le niveau général des écrivains s'est notablement élevé. Les médiocrités abondent, mais il a moins de nullités. Nos plus pauvres ouvrages ont une certaine valeur. Si nos auteurs en renom ne dépassent ou même n'égalent pas les illustres du dernier siècle, le reste est incontestablement plus riche en talent, en connaissances, en esprit. Vous auriez de la peine à trouver un seul ouvrage aussi nul que cent qu'on vous nommerait parmi les produits du dernier siècle.

A quoi tenait cette faiblesse? En grande partie, évidemment, à la facilité de faire parler de soi pour peu de chose. Le public tolérait toutes les admirations intéressées que se prodiguaient les meneurs; il laissait dire des vivants ce qu'on eût à peine souffert, en d'autres temps, sur le compte des morts les plus illustres. « On ne saurait croire jusqu'où a été, dans ce siècle, la décadence de l'admiration, » disait un des plus admirés, Montesquieu [1].

Ce travers était aussi trop souvent celui du parti contraire. A des éloges à outrance on opposait des éloges à outrance. Quand le marquis de Mirabeau se mit, on ne sait trop comment, à admirer Pompignan : « J.-B. Rousseau, écrivait-il, n'avait osé toucher aux cantiques et aux prophéties; c'est ce qu'a fait M. Le Franc avec un succès qui étonne, *et qui me fait sentir un frisson comparable aux approches du néant.* » Parle-t-il des critiques dont Le Franc a été l'objet : « Il faut se défier, dit-il, de la légèreté de ces décisions, *comme d'un penchant au parricide.* » Enfin, après avoir cité quelques vers : « Quiconque ne pleurera pas à ces vers, s'écrie-t-il, *ne pleurera jamais que d'un coup de poing!* » Et Pompignan d'imprimer tout cela à la tête de ses œuvres ; et les philosophes de rire. Il y avait de quoi; mais eux, que n'avaient-ils pas écrit!

En 1753, quand paraît l'*Interprétation de la nature*, par Diderot, écoutez ce qu'en dit son ami Grimm. « Je tiens cet ouvrage si sacré, que je n'ose y toucher, ni essayer d'en ôter quelque chose, de peur de le profaner. Je n'en transcrirai donc rien ; il faut le lire et le relire.

---

[1] *Pensées diverses.*

Mais je dirai aux jeunes gens qui se disposent à l'étude de la philosophie naturelle : Voilà votre enchiridion. Apprenez-le par cœur avant que de faire un pas dans cette science, et n'en faites jamais un sans vous souvenir des leçons de votre maître. » Un chrétien ne parlerait pas autrement de l'Évangile.

En 1754, à l'occasion de quelques vers que ce même Diderot s'était avisé de faire : « L'auteur de ces vers, écrivait encore son ami, c'est un philosophe qui reçut des dieux une tête sublime et un cœur excellent, dont les talents universels sont admirables autant que ses vertus le rendent respectable à ses amis, et qui se délasse de ses travaux par les grâces, l'enjouement, etc. » Et il s'agit de six petits vers très plats, surtout très sales !

Mais comment aurait-on été sobre de louanges envers un homme qui vous les jetait à la tête avec l'impétuosité du fanatisme ? Diderot choisissait peut-être un peu mieux les objets de ses admirations ; mais, une fois lancé, c'était la foudre. Il était né fanatique, cet homme ; il l'avouait. Il lui fallait chaque matin quelque chose à brûler et quelque chose à adorer. Avec cette fièvre incessante, si nous ne savions son histoire et que l'on vînt nous demander si nous croyons qu'il ait aimé Richardson, nous dirions non. La plume qui déchirait le papier nous paraîtrait trop peu la sœur de celle qui allongeait paisiblement ces longs volumes. Eh bien, Diderot a aimé, a adoré Richardson ; il l'a loué avec enthousiasme, avec fureur. « Depuis que les romans de Richardson me sont connus, écrivait-il, ils ont été ma pierre de touche : ceux à qui ils déplaisent sont jugés par moi. Je n'en ai jamais parlé à un homme que j'estimasse, sans trembler que son jugement ne se rapportât pas au mien; je n'ai jamais rencontré personne qui partageât mon enthousiasme, que je n'aie été tenté de le serrer entre mes bras. » Et quand, ajoute-t-il, on le voyait absorbé, quand on l'interrogeait sur sa santé, sur sa famille : « O mes amis, s'écriait-il, *Paméla, Clarisse* et *Grandisson* sont trois grands drames ! » C'était burlesque, mais c'était au moins sincère; et tant d'autres admirations n'étaient qu'une audacieuse tactique !

Même en dehors de la coterie, des hommes honorables se laissaient imposer ce ton en parlant d'elle, et apportaient leur encens aux dieux du jour. Le grave et savant Tissot, dans un de ses traités d'anatomie [1], appelait Diderot « cet homme illustre, dont le génie également vaste, juste et fécond, paraît ne s'être exercé dans tous les genres que pour prouver cette proposition si satisfaisante pour l'humanité : L'universalité des talents s'est trouvée avec leur perfection. »

C'est ainsi que l'on arrivait, à force d'assurance, non-seulement à se préparer les uns aux autres, mais à se faire élever, par des mains désintéressées, un piédestal que le public n'osait plus ébranler.

VI

En descendait-on pour se battre, alors, comme dans

[1] *Essai sur le mécanisme de la voix.* 1756.

les combats des dieux d'Homère, la foule se pressait, immobile et inquiète, autour de la lice où ces demi-dieux vidaient leurs querelles. La lutte terminée, on s'en voulait d'y avoir attaché tant d'importance ; mais qu'une nouvelle s'engageât, et elle était de plus belle la grande affaire du jour.

Voyez le retentissement immense qu'eut, par exemple, la querelle de Hume avec Rousseau. « Une déclaration de guerre entre deux grandes puissances, écrivait Grimm, n'aurait pu faire, à Paris, plus de bruit que cette querelle. » Mais il ajoute pourquoi, et la raison qu'il donne est en effet la meilleure. « Je dis à Paris, car, à Londres, où il y a des acteurs plus importants à siffler, on sent à peine la rupture entre l'ex-citoyen de Genève et le philosophe écossais. » Il serait encore plus exact de dire qu'on ne s'en fût pas du tout occupé en Angleterre, n'eût été le bruit qu'elle faisait à Paris.

C'est donc surtout au manque d'intérêts plus graves qu'il faut attribuer, comme Grimm le sentait déjà, le retentissement de ces misères. « Je me souviens, dit Montesquieu[1], que j'eus autrefois la curiosité de compter combien de fois j'entendrais faire une petite histoire qui ne méritait certainement pas d'être dite ni retenue. Pendant trois semaines qu'elle occupa le monde poli, je l'entendis faire deux cent vingt-cinq fois, *dont je fus très content.* » Il pouvait l'être, en effet, car on comprend ce que l'art de conter devait gagner à ce prodigieux exercice. Combien de fois l'avait-il faite, lui, cette même

[1] *Pensées diverses.*

petite histoire ? Il ne le dit pas ; mais voyez ce que ces deux cent vingt-cinq supposent de conversations entendues, de salons visités en trois semaines.

La vie politique n'était pas, comme nous le verrons ailleurs, aussi nulle qu'on le croit ; mais, gênée dans ses développements, privée de toute action directe sur les affaires de l'État, elle se résumait en une espèce de fièvre dont il fallait bien que l'ardeur se dépensât quelque part. Faute de combats de taureaux, on s'amuse aux combats de coqs.

En 1752, quelques chanteurs italiens se font entendre à Paris, et voilà bientôt tout Paris, toute la France, divisée en deux camps. Les grands, les riches, les femmes sont pour la musique française ; les gens de lettres, pour la musique italienne. Entre ces deux camps, ni paix, ni trêve, ni concessions d'aucun genre. N'allez pas parler d'accommodement ; n'allez pas dire qu'il peut y avoir du bon, en fait de musique, à Paris comme à Milan ou à Naples, à Milan et à Naples comme à Paris. Vous vous feriez honnir des deux côtés. Il faut opter ; il faut, comme la loi de Solon l'exigeait en cas d'émeute, se jeter dans l'un des partis. Mais cette nécessité n'a rien de dur pour les hommes du temps. On aime à parler haut, à trancher net. Voici Rousseau et sa *Lettre sur la musique*, où il vous prouvera clair comme le jour, lui, l'auteur applaudi d'un joli opéra français, qu'il n'y a pas, qu'il n'y a jamais eu et qu'il n'y aura jamais une musique en France. L'excitation s'accroît ; toute autre querelle est oubliée. On laisse de côté, pour la musique, jusqu'à ces rêves d'or et de pain blanc dont les économistes commençaient à bercer la France. « Il ne fallait aux Romains, écrit Voltaire à M. Necker, que *panem et circenses*. Nous avons retranché *panem* ; il nous suffit du *circenses*, c'est-à-dire de l'opéra comique. »

CHAPITRE QUATRIÈME

I. Les idées nouvelles vont leur train. — Voltaire, centre d'action. — En quoi nous devrions profiter de son exemple. — Il maintient l'unité dans l'armée envahissante. — Les minorités toujours fortes ; les majorités toujours faibles. — C'est l'histoire de toutes les révolutions. — Audace, audace et audace. — Ce qu'on fait de sottises « pour ne pas être en arrière du siècle ».

II. Était-ce réellement aux abus qu'on faisait la guerre. — Indulgence pour les scandales de haut lieu. — Louis XV. — Louis XIV. — Nous sommes mauvais juges des habitudes monarchiques. — L'abbé de Bourbon, fils de Louis XV. — L'adulation était une langue à part. — Une reine qui daigne manger un petit pain. — L'adulation devient mensongère et ridicule en prenant des formes philosophiques. — Duclos. — Voltaire. — Louis XV foudre de guerre. — Louis XV le *Bien-Aimé*. — Un nouveau fleuve du Tendre.

III. On faisait pis que de se taire. — Les maîtresses de Louis XV. — Voltaire et madame de Pompadour. — Voltaire et madame Dubarry. — Les deux baisers. — Le cardinal Dubois. — Fontenelle et Voltaire le célèbrent. — « C'était, après tout, un homme d'esprit. »

IV. L'homme d'esprit. — Ce qu'on entendait par là. — Chemin ouvert à toutes les hypocrisies en même temps qu'à toutes les audaces. — Mourir en philosophe. — Encore Dubois. — La Mettrie.

I

Mais à l'abri de ces futilités, les idées nouvelles allaient leur train ; et tandis que les gouvernants se félicitaient sans doute de voir la France au parterre, applaudissant ou sifflant des ariettes, tandis qu'on répétait en haut lieu : *Qu'ils chantent, pourvu qu'ils payent,* — la démolition continuait. En vain on s'endormait dans les petites querelles, grossies par cette universelle oisiveté. Voltaire veillait ; c'était assez.

Il avait l'art, en effet, de rester étranger à tout ce qui n'allait pas au but, à toute question dans laquelle il aurait usé son influence sans profit réel pour son œuvre. Que lui importait que la victoire dût rester, en musique, aux Italiens ou aux Français, à Piccini ou à Gluck ? Que lui importait la liberté ou la non liberté du commerce des grains, autre question dont tout le monde avait aussi fini par se mêler ? Il n'allait pas jusqu'à n'en jamais rien dire, car il était obligé, pour sa gloire, de rester l'homme universel ; mais quelques mots, dans ces cas, lui suffisaient. Point de gages donnés aux partis extrêmes ; il savait ne se prononcer que dans ce qu'il y avait de réellement important. Bonne leçon, s'il est permis de le dire, pour tant d'hommes plus honorables qui ne savent pas ménager leurs forces, qui s'usent dans les petites questions, et s'étonnent ensuite de se trouver impuissants dans les grandes. Si nous avions aujourd'hui, pour reconstruire, la vaste habileté de Voltaire pour démolir, il n'y aurait plus tant de ruines sur ce vieux sol. Que faire quand tout ce qu'il y a d'esprits actifs se consume à montrer le salut des nations modernes dans des régénérations de détail, bonnes peut-être, mais dont chacune en particulier n'est rien, et qui ne seraient d'ailleurs réalisables qu'après la régénération du tout? Chacun s'obstine à voir dans l'exécution de son plan un remède à tous les maux, et tous ces plans échouent l'un après l'autre, sans même avoir amené le peu de bien qu'ils étaient capables de produire. Voltaire, pour tuer, allait au cœur ; n'espérez pas rendre la vie en ne réchauffant que les membres.

En quoi il excellait encore, c'était à maintenir l'unité dans cette nombreuse phalange où marchaient côte à côte, grâce à lui, tant d'hommes qui n'auraient rien eu de commun en d'autres temps. C'est là ce qui fait la force des minorités entreprenantes ; c'est ce qui a toujours manqué aux majorités honorables. Elles ont horreur d'abdiquer entre les mains d'un chef, et elles abdiquent, en fait, devant les chefs de toute minorité moins scrupuleuse. Chacun de ceux qui les composent veut, dit-il, rester libre, et il ne voit pas que c'est se mettre, lui et les siens, sous le joug. Une minorité, souvent minime, l'emporte, et elle s'accroît alors de tous ceux pour qui le succès suffit à démontrer la bonté d'une cause.

Voilà l'histoire de toutes les révolutions, anciennes et modernes, passées et à venir. Ce sont les minorités qui les font, parce que c'est là que sont les hommes qui sentent, comme nous disions, la nécessité d'obéir pour arriver à commander. Dans les majorités, on se fait gloire de ne pas suivre le torrent; dans les minorités, quiconque s'écarte est un traître. Laissez-les s'enhardir, et il y aura trahison, non-seulement à se détacher d'elles, mais même à ne pas s'y rattacher. Nous en avons vu d'imperceptibles jeter hautement l'anathème à un pays entier. Des milliers et des millions de citoyens se sont entendu appeler traîtres à la patrie par une poignée d'inconnus qui trouvaient bon de la personnifier en eux; et ce qu'il y a de plus triste, c'est que beaucoup n'ont pas même songé à protester. Étonnez-vous, après cela, de la confiance avec laquelle les révolutionnaires se répètent qu'il n'y a qu'à avoir « de l'audace, de l'audace, et encore de l'audace ! »

Souvent aussi l'on voit une majorité donner librement les mains à des choses qu'elle ne veut ni n'approuve, mais qu'on lui a dit être dans les besoins et dans l'esprit du temps. De même que telle mode a régné, dans les vêtements, sans que personne la trouvât ni commode ni élégante, de même aussi, dans les lois, dans les mœurs, tel changement s'est fait parce qu'un seul homme l'a prêché, non comme bon et peut-être même en le déclarant fâcheux, mais comme nécessaire, inévitable. Il n'a pas converti ses concitoyens à cette idée; mais il a cru et il leur a fait croire que c'était celle du temps, et ils l'ont reçue, comme lui, en courbant la tête. Ce que cet homme a fait de bonne foi, d'autres le feront, cela va sans dire, par calcul, comme les marchands font les modes. Ils demanderont au nom du siècle tout ce qu'ils n'auraient pas espéré obtenir autrement, et l'on verra individus et peuples, — *pour ne pas être en arrière du siècle*, c'est la phrase, — se dépouiller des plus précieux restes d'un passé glorieux ou sage.

La volonté d'un siècle n'est pourtant, en définitive, que celle des individus réunis en un même temps dans ce monde. Si chacun, avant de s'incliner devant ce qu'on lui a dit être celle de tous, se demandait un peu sérieusement quelle est la sienne à lui, bien des choses qui semblent universellement voulues ne le seraient plus que par quelques-uns. Mais les peuples et les siècles sont comme les individus : dès qu'on arrive à leur persuader qu'ils sont malades, les voilà malades en effet.

II

Ces observations, au premier abord, paraissent peu applicables à la France du dix-huitième siècle, laquelle assurément ne se portait guère bien. Mais était-ce sur ses véritables maux qu'on attirait le plus fortement son attention ? Était-ce bien réellement aux abus qu'en faisait la guerre ?

Il y en avait beaucoup qu'on ne songeait pas même à signaler. Plusieurs des plus scandaleux, non seulement on ne les signalait pas, mais, au besoin, on les encourageait.

A commencer par les scandales du trône, qu'on nous cite, je ne dirai pas un encyclopédiste qui se soit fait mettre à la Bastille pour les avoir généreusement flétris, mais une seule de leurs pages où la désapprobation ait été nette, énergique, où l'on sente, enfin, un cœur indigné. Il y a bien çà et là des allusions, la plupart du temps plaisantes ; mais de l'indignation, jamais.

Dira-t-on que les écrivains du temps de Louis XIV avaient gardé sur ses désordres un silence encore plus complet ? Oui ; mais ils révéraient profondément et le roi et l'autorité royale. Leur silence était celui du respect. Ils ne se posaient pas en redresseurs du genre humain ; ils subissaient de bonne foi la fascination générale. Sous Louis XV, était-on fasciné ? Et quand on ébranlait le trône, était-ce par respect qu'on se taisait sur les vices du roi ?

Il est vrai que nous sommes mauvais juges, nous, enfants de la révolution, des choses qui tenaient à l'ancien culte monarchique, même affaibli.

En 1776, plusieurs cardinaux et vingt évêques assistent, au séminaire Saint-Magloire, à un exercice public du jeune abbé de Bourbon, fils de Louis XV et d'une dame de Carcinac. Or, Louis XV n'était plus ; son successeur était de mœurs sévères, et ce ne pouvait être pour lui faire leur cour que des prélats allaient saluer un héritier bâtard du nom de Bourbon. Cette démarche ne leur paraissait donc pas scandaleuse, et nous ne pouvons la juger strictement sur ce qu'elle serait aujourd'hui.

Il est vrai encore que l'adulation était restée comme une seconde politesse, c'est-à-dire que son langage, n'étant pas pris à la lettre, ne disait pas, à beaucoup près, tout ce que nous y voyons, nous qui ne le parlons plus et ne l'entendons plus parler. On pouvait donc, sans mensonge réel, dire beaucoup de choses fausses ; on pouvait user de formules qui nous paraissent étranges, et qui, par cela même que c'étaient des formules, ne choquaient pas. En 1768, à la mort de la reine, un M. de Clairfontaine publie son panégyrique, et, rappelant son passage à La Ferté-sous-Jouarre, en 1765 : « S'étant arrêtée, dit-il, sous une allée d'arbres à l'entrée de la ville, on lui présenta, selon l'usage, du pain et du vin. La reine prit un petit pain, le rompit en deux et en mangea, ainsi que de quelques fruits de la saison. Tout le monde fut pénétré de cet acte de bonté, et la ville a consigné dans ses registres cet événement si flatteur et si honorable. » Une déesse aurait paru sur la terre, qu'il eût été impossible de dire plus.

Ne reprochons donc pas trop aux novateurs de ce temps d'avoir parlé, dans l'occasion, cette vieille langue ; mais ce qui était inexcusable et arrivait au mensonge tout de bon, c'était de la rajeunir en y mêlant celle de la philosophie, et de louer au nom de la raison ce qu'on ne louait au moins, jusqu'à eux, que par routine. Racine appelant Louis XIV « le plus parfait des hommes [1] » nous choque moins que Duclos appelant Louis XV « roi-citoyen [2]. » Boileau se démenant pour nous dire comme quoique Louis XIV n'a pas passé le Rhin et n'en est pas moins un héros, Boileau, dis-je, est certainement moins dans le faux que celui qui a peint Louis XV « arrêtant, presque seul, l'effort d'une armée. » Pourquoi le mensonge est-il ici plus grave ? Parce que Voltaire, — car c'est lui, — se donne, dans cet endroit même, pour historien, et prétend n'avoir rien dit que sur preuves. « Nos annales contemporaines et fidèles, dit-il, attestent ce prodige. » Ce qui ne l'empêchera pas d'avouer, dans son *Précis du siècle de Louis XV*, que le pont sur lequel eut lieu « ce prodige » était garni de canons, et défendu par des troupes nombreuses.

C'était en 1749, dans un éloge de saint Louis, qu'il avait donné cet étrange exemple de philosophique adulation. Un panégyrique de Louis XV, publié par lui la même année, nous en fournirait bien d'autres. La prétention philosophique s'y révèle dès le titre. L'ouvrage est dédié « à Louis XV, qui a bien mérité *du genre humain* [3]. » — « Nos acclamations, dit l'auteur, ont donné à ce prince un titre [4] qui doit rassembler en lui bien d'autres titres. » Et savez-vous ce qu'il en a dit lui-même, ailleurs, de ce titre dont il tire un si grand parti dans

---

[1] Discours à l'Académie.
[2] Discours à l'Académie.
[3] *Ludovico quinto decimo, de humano genere benè merito.*
[4] Celui de *Bien-Aimé.*

le dit panégyrique ? « Un polisson, nommé Vadé [1], imagina dans un cabaret de la Courtille le titre de *Bienaimé*, que le peuple de Paris, aussi sot que celui de Metz, donna à Louis XV, le tout pour avoir renvoyé madame de Châteauroux. » En apprenant qu'on le lui avait donné : « Qu'ai-je donc fait pour être ainsi aimé ? » s'était écrié, dit-on, le roi lui-même, et certes il se rendait justice. Mais le panégyriste n'y regarde pas de si près. « Puisqu'il était aimé, dit-il, il méritait de l'être. On peut se tromper dans l'admiration ; on peut prendre de la fortune pour du mérite; mais quand un peuple aime éperdûment, peut-il errer? Le cœur du prince sentit ce que voulait dire ce cri de la nation; la crainte universelle de perdre un bon roi lui imposait la nécessité d'être le meilleur des rois. » De ses désordres, pas un mot. On ne pouvait guère en parler dans un panégyrique; mais on n'en parlait pas plus ailleurs.

III

Mais, nous l'avons déjà remarqué, on faisait pis que de se taire. Les maîtresses de Louis XV ont eu l'Encyclopédie à leurs pieds. Ce flot qui ne respecta rien s'arrêtait, humble et courtois, devant l'adultère intronisé au foyer du roi de France. L'histoire même s'ef-

---

[1] Il paraît que ce fut plutôt Panard, mais dans un cabaret aussi, car il y passait sa vie.

frayait quand le passé pouvait déplaire au présent. En envoyant au duc de Richelieu [1] le *Siècle de Louis XIV* : « Je me flatte, écrit Voltaire, que si le roi avait le temps de lire cet ouvrage, il n'en serait pas mécontent. Je crois surtout que madame de Pompadour pourrait ne pas désapprouver la manière dont je parle de mesdames de la Vallière, de Montespan et de Maintenon. » Mais il y avait longtemps que madame de Pompadour était sûre de lui. Dès l'aurore de son pouvoir, il l'avait saluée de ses plus gracieux vers ; il s'était ouvertement honoré d'être son admirateur, son chevalier, son poëte. Peut-être lui donnera-t-il, dans sa *Pucelle*, un léger coup de patte ; mais la *Pucelle* est une œuvre anonyme, qu'il désavoue, qu'il renie, tandis que les louanges s'étalent à la face de l'Europe. En 1760, il lui dédie son *Tancrède*. Elle meurt bercée de ses hommages, et la femme, bien autrement méprisable, qui va lui succéder auprès du roi, sera à son tour la muse du patriarche de Ferney. Il retrouvera pour elle, à quatre-vingts ans, toute sa verve de jadis. Pas un mot, même dans ses lettres intimes, sur cette prostitution du sceptre aux mains d'une courtisane éhontée. Il est heureux, il est fier d'être dans ses bonnes grâces. « Madame, lui écrit-il en 1773, M. de Laborde [2] m'a dit que vous lui aviez ordonné de m'embrasser des deux côtés de votre part.

> Quoi ! deux baisers sur la fin de ma vie !
> Quel passeport vous daignez m'envoyer !

---

[1] Août 1751.
[2] Premier valet de chambre de Louis XV et auteur de plusieurs ouvrages.

Deux ! c'est trop d'un, adorable Égérie ;
Je serais mort de plaisir au premier.

M. de Laborde m'a montré, poursuit-il, votre portrait. Ne vous fâchez pas, madame, si j'ai pris la liberté de lui rendre les deux baisers.

> Vous ne pouvez empêcher cet hommage,
> Faible tribut de quiconque a des yeux.
> C'est aux mortels d'adorer votre image ;
> L'original était fait pour les dieux. »

Elle était belle, en effet, et la beauté a toujours fait pardonner bien des choses ; mais s'il y a là quelque excuse aux adulations du temps, était-on au moins plus sévère envers le vice dépouillé de tout attrait de ce genre ? Indulgents pour une Du Barry, que seront nos sages pour d'autres, et, par exemple, pour un cardinal Dubois ?

Nous n'irons pas chercher les flatteries qu'on lui prodigua de son vivant, bien qu'il n'y eût rien de plus notoire, non-seulement que les turpitudes de sa vie, mais que les intrigues effrénées de son infernale ambition. Ne rappelons ni les hommages de Fontenelle, ni les vers où Voltaire, en 1719, l'appelait le Richelieu de son siècle et le génie de la France, car il faudrait citer aussi des lignes déplorables tracées à cette époque par de tout autres mains[1]. Mais ce même Voltaire, plus

---

[1] « Mes vers seront bientôt oubliés, lui écrivait Louis Racine. Ceux qui ont le talent d'en faire de beaux ont présentement assez de sujets que Votre Éminence leur procure, et votre ministère

de cinquante ans après, s'il a cessé de le louer, ne croyez pas qu'il s'indignera davantage. Dans son *Précis du siècle de Louis XV*, après avoir raconté en se jouant ce qu'a été et ce qu'a fait Dubois : « Si ce cardinal premier ministre, dit-il, avait été un homme grave, cette fortune aurait excité l'indignation ; mais elle ne fut que ridicule. Nous rîmes de sa mort comme on avait ri de son ministère. Tel était le goût des Français, accoutumés à rire de tout. » On avait ri, c'est vrai, et encore pas partout, témoin plus d'une page des Mémoires de Saint-Simon ; mais parce qu'on avait ri en 1723, fallait-il rire en 1770 ? Fallait-il populariser cette idée que le pis qui puisse arriver à un homme infâme, c'est qu'on rie de lui ? Mais Dubois avait deux grands titres à l'indulgence des moralistes du jour, et c'est encore Voltaire, dans son *Histoire du parlement de Paris*, qui nous a dit le dernier mot. « Dubois mourut en philosophe, et c'était, après tout, un homme d'esprit. »

IV

Voilà donc les deux points sur lesquels toute vie était jugée. Mais l'*homme d'esprit*, dans ce sens, ce

---

causera sans doute bien des veilles aux poëtes. » En effet, les recueils du temps sont pleins de vers sur son élévation au rang de premier ministre, au cardinalat, etc. Ceux que le fils du grand Racine se résignait si humblement à laisser oublier pour les panégyriques du ministre athée et crapuleux, c'était son poëme de *la Grâce*.

n'était pas l'homme spirituel. Spirituel! Vous pouviez l'être fort peu, et passer triomphalement au rang des sages ; vous pouviez l'être beaucoup, et rester, aux yeux de la coterie, un sot.

L'homme d'esprit, c'était essentiellement celui qui secouait le joug des idées vulgaires, des bonnes, s'entend, bien plus que des mauvaises. L'homme d'esprit, par exemple, ce n'était pas seulement tout incrédule, mais celui qui, bien qu'incrédule, savait se soumettre, au besoin, à ce dont il riait tout bas, comme Voltaire quand il allait à la messe ou qu'il faisait ses Pâques [1]. L'homme d'esprit, c'était celui qu'on voyait en même temps bien en cour et bien avec les frondeurs ; c'était le magistrat qui dépouillait l'ancienne austérité parlementaire, le docteur de Sorbonne qui plaisantait des disputes théologiques, le prédicateur qui savait faire un sermon sans y mettre un mot de christianisme, le mari qui savait ne pas s'apercevoir des désordres de sa femme, ou, mieux encore, en profiter. Le chemin était large, comme on voit. Tous ces gens-là, quelle qu'eût été leur vie, une même oraison funèbre les attendait

---

[1] « Si j'avais cent mille hommes, je sais bien ce que je ferais ; mais comme je ne les ai pas, je communierai à Pâques, et vous m'appellerez hypocrite tant que vous voudrez. »
Lettre à d'Argental. 1761.

« Que doivent faire les sages quand ils sont environnés d'insensés barbares? Il y a des temps où il faut imiter leurs contorsions... Ce que j'ai fait cette année, je l'ai déjà fait plusieurs fois... Il y a des gens qui craignent de manier les araignées ; il y en a d'autres qui les avalent. »
Lettre à d'Alembert. 1768.

dans ces complaisantes annales. « C'était, après tout, un homme d'esprit ! »

Mais j'oubliais. Il faut encore qu'ils soient morts « en philosophes, » et ce mot a aussi un sens nouveau. Vous croyez que cela veut dire mourir incrédule, mais calme et résigné? Point du tout. Dubois est mort en jurant, je ne dirai pas comme un païen, car les païens ne juraient pas, mais comme un furieux, et il est mort, dit Voltaire, en philosophe. Quand La Mettrie, à Berlin, expire d'une indigestion : « Le roi, — c'est encore Voltaire qui parle, — s'est fait informer très exactement de la manière dont il était mort, et il a été bien éclairci que ce gourmand était mort en philosophe [1]. » Les voilà tranquilles sur son compte. Il aura sa place en leur panthéon.

[1] Lettre à madame Denis. 1751.

CHAPITRE CINQUIÈME

I. Mêmes principes dans les travaux historiques. — Erreurs propagées en haine du christianisme et du judaïsme. — Cruautés excusées ou conseillées. — Impitoyable explication de la haine dont les juifs ont été l'objet. — Voltaire absout et loue, dans le passé, ce qui le révolterait dans le présent. — II. Il refait à sa manière l'histoire des persécutions des premiers siècles. — Elle était à refaire, mais il aurait fallu de la science et de la bonne foi. — Les païens, selon lui, n'ont jamais persécuté les croyances. — Néron. — Dioclétien et son édit. — Théodose. — Le jésuite Malagrida. — Joie d'abord et horreur ensuite. — Constantin. — Clovis. — Charlemagne. — III. Julien. — Culte que Voltaire lui voue. — Exagérations ridicules. — Voltaire finit par y croire. — Ce qu'était réellement Julien. — Aveux de Voltaire.

IV. Éloges donnés au paganisme lui-même. — Efforts de Voltaire pour le disculper de ses absurdités. — Ses contradictions au sujet des Mahométans, des Indous et des Persans. — V. Les Chinois. — *A beau mentir qui vient de loin.* — L'art des redites. — L'abbé de Saint-Pierre. — Voltaire. — Comment ses assertions et ses plaisanteries devenaient des raisons. — Histoire de son admiration pour les Chinois. — Les relations des jésuites. — Détails fabuleux. — L'empereur de la Chine. — Confucius et Zoroastre. — Aveux et nouvelles menteries.

VI. L'art de mentir. — Dans quel but, selon Voltaire, il faut l'exercer. — Grimm. — Catherine II. — On rit tout bas des mensonges de Voltaire, mais on les répète. — Les mensonges d'alors et les mensonges d'aujourd'hui. — L'objet et la forme ont changé ; le fond est souvent pire.

I

Ces principes que nous les voyons apporter, avec une si naïve audace, dans l'appréciation des faits et des hommes de leur temps, nous les retrouvons en grand dans tous les travaux historiques de l'école voltairienne. Hommes et faits, tout y est jugé au point de vue des services rendus ou des embarras causés à la *philosophie*, toujours dans le nouveau sens de ce mot.

Ainsi, en haine du christianisme, on excusera, on amoindrira, on niera, au besoin, les cruautés dont le paganisme a usé pour en arrêter les progrès.

En haine du judaïsme, où le christianisme a ses racines, non-seulement on applaudira aux anciens malheurs du peuple juif, mais on ne craindra pas de réchauffer ces antiques haines populaires dont il a tant de fois été victime. On rejettera les faits les mieux avérés de son histoire, et on reproduira tout ce qui a été inventé contre lui de plus odieux ou de plus absurde. Selon Voltaire [1], ils ont massacré, sous Trajan, dans la Cyrénaïque et l'île de Chypre, *plus de deux cent mille personnes*. « Ils furent punis, ajoute-t-il, mais moins qu'ils ne méritaient, *puisqu'ils subsistent encore*. » Le voilà presque regrettant que le crime de quelques-uns, dans un coin de l'empire, n'ait pas été suivi de leur extermination à tous. Ailleurs [2], en racontant les épouvantables cruautés exercées contre eux en Espagne, au quinzième siècle : « On ne pouvait, dit-il, les plaindre, » car ils s'étaient trop enrichis ; ils avaient ruiné le pays. Le voilà excusant des auto-da-fé, des massacres, l'anéantissement de tout un peuple, parce que ce peuple a eu des usuriers. Mais ce peuple, ce sont les juifs. Est-il même besoin, dès lors, de leur imputer des crimes ? Leur législation, selon lui, explique et justifie assez toutes les persécutions qu'ils ont subies. « Vous êtes frappés, dit-il [3], de cette haine et de ce mépris que toutes les nations ont toujours eus contre les juifs. C'est la suite inévitable de leur législation. Il fallait ou qu'ils subjuguassent tout, ou qu'ils fussent écrasés. » Où avait-il vu cela ? Leur législation, il est vrai, les isolait des autres peuples ; mais cela même empêchait qu'une fois établis en Palestine ils ne fussent un peuple conquérant, et si les Babyloniens les asservirent, si les Romains les écrasèrent, nous ne voyons pas que ce fût, le moins du monde, par crainte

---

[1] *Conspirations contre les peuples.*
[2] *Essai sur les mœurs et l'esprit des nations.*
[3] Ibid.

de ce prétendu esprit envahissant. N'importe ! « Ils furent *avec raison* traités comme une nation opposée en tout aux autres. » Voilà qui est clair et net. Quand un peuple se trouvera, par sa religion et ses mœurs, en opposition avec les autres, c'est *avec raison* que les autres le haïront et l'extermineront.

Voltaire n'entendait pas, je le sais bien, ériger la chose en principe. Cette extermination qu'il semble trouver légitime, il s'y serait opposé, le cas échéant, avec plus d'indignation que personne; mais tout lui est bon pour salir, au moins sur le papier, les origines d'une religion qu'il déteste. Ce qui lui ferait horreur dans le présent, il l'absout et même le loue, dans le passé, chez quiconque la détesta comme lui.

II

C'est ainsi qu'il arrive à refaire à sa manière l'histoire des persécutions que le christianisme a traversées.

Il y avait à retrancher, c'est vrai. Les historiens chrétiens ont souvent manqué de critique. Ils nous ont raconté les premiers temps de l'Église comme Tite-Live ceux de Rome, enregistrant des traditions, arrangeant et amplifiant au besoin. Puis, l'Église persécutant elle-même, il fallait bien, pour prévenir des rapprochements inquiétants, qu'elle se trouvât avoir souffert plus qu'elle ne faisait souffrir.

Mais Voltaire s'inquiète peu des détails. Il lui faudrait, pour les analyser, pour séparer rigoureusement le vrai du faux, une érudition qu'il n'a pas, une conscience et un soin auxquels il ne nous a guère habitués. Il restera dans les généralités. Il posera en axiomes un ou deux faits avec lesquels il se débarrassera de tout le reste.

Ainsi, selon lui, les païens n'ont jamais persécuté les croyances. Ne lui demandez pas de distinguer entre les croyances païennes, qui se toléraient mutuellement, en effet, avec une complaisance extrême, et les croyances chrétiennes, qu'elles ne pouvaient tolérer. Non. Les païens n'en voulaient pas au christianisme en tant que dogme. S'ils ont persécuté les chrétiens, c'est que les chrétiens étaient des séditieux et des rebelles.

Mais les ont-ils véritablement persécutés? — Il n'ose dire non, mais il ne dit jamais oui. Ce sont les juifs qui, sous Néron, accusèrent les chrétiens de l'incendie de Rome, et « on abandonna quelques infortunés à la vengeance publique [1]. » Il a toujours quelque raison pour montrer que les païens ne voulaient pas persécuter, que ce sont les chrétiens qui ont rendu la persécution indispensable. « Il est évident, dira-t-il [2], que si les clercs de Nicomédie n'avaient pas pris querelle avec les valets de pied du César Galérius, et que si un enthousiaste insolent n'avait pas déchiré l'édit de Dioclétien, jamais cet empereur, jusque-là si bon, et mari d'une chrétienne,

---

[1] *Essai sur les mœurs.*
[2] *Lettres chinoises, indiennes et tartares.*

n'aurait permis la persécution qui éclata les deux dernières années de son règne. » Il n'y a là qu'une difficulté : c'est que la persécution, selon Voltaire, vint de ce qu'un chrétien avait déchiré l'édit, tandis que l'édit déchiré, selon l'histoire, était précisément l'édit de persécution. Puis, quand la cause serait vraie, quelle logique et quelle humanité dans l'appréciation des résultats ! Des millions de chrétiens vont être persécutés. Tant pis pour eux. Pourquoi s'en est-il trouvé un qui déchirât un édit ? Pourquoi y en a-t-il eu une douzaine qui se sont pris de querelle avec les valets de Galérius ? Dioclétien était bon ; mais après de pareils forfaits, commis à Nicomédie, il ne pouvait raisonnablement plus empêcher qu'on ne persécutât les chrétiens de tout l'empire. Bien entendu que Théodose, qui pourtant n'a été cruel qu'envers la ville où on l'avait insulté, n'en sera pas moins un monstre indigne du nom d'homme. Mais Théodose était chrétien.

Il pourra même arriver qu'un même fait lui paraisse innocent ou exécrable, selon que les auteurs en seront ou non ses amis. En 1759 et 1761, il parle avec ravissement des cruautés exercées, en Portugal, contre quelques jésuites. « On dit qu'on a roué le révérend père Malagrida. Dieu soit béni[1] ! » — « On m'écrit qu'on a enfin brûlé trois jésuites à Lisbonne. Ce sont là des nouvelles bien consolantes[2]. » Puis, tout à coup, le voilà qui s'indigne. Des bûchers au dix-huitième siècle !

---

[1] Lettre à la comtesse de Lutzelbourg.
[2] Lettre à M. Vernes.

Il est près de pleurer sur ce pauvre Malagrida[1]. Que s'est-il donc passé? Il a appris que Malagrida avait été condamné par l'Inquisition. Que Pombal en brûle tant qu'il voudra, car il est philosophe, et il a fait traduire en portugais plusieurs des ouvrages de Voltaire ; chrétien, il ne serait, comme Théodose, qu'un monstre.

C'est là, du reste, l'invariable opinion de Voltaire sur les premiers princes chrétiens, et sur tous ceux qui ont contribué aux progrès du christianisme. Constantin, Clovis, Charlemagne, tous ont été des misérables, stupidement loués par les chrétiens. Jusque dans une note du *Siècle de Louis XIV*, où il est ordinairement plus réservé, il vous dira : « Constantin, Théodose, *et quelques autres scélérats du Bas-Empire.* »

III

Mais toute la gloire qu'il ôte à ces hommes que les chrétiens ont en effet trop loués, il la reporte obstinément sur les ennemis du christianisme. Celui que l'Église a eu le plus en horreur, Julien, c'est celui-là surtout qu'il adoptera pour son héros. Il en fera le meilleur, le plus sage, le plus grand, le plus juste, le plus vaillant, le plus étonnant des monarques. Il croira avoir tout dit sur un prince quand il l'aura appelé un Julien, et c'est le premier des noms qu'il donnera à son autre héros, à

---

[1] Lettre au duc de Richelieu. Décembre 1761.

Frédéric. Dans ses ouvrages sérieux, dans ses pamphlets, dans ses lettres, en vers, en prose, Julien, toujours Julien. Il est à genoux devant sa mémoire ; il pleurera, si vous le voulez, de reconnaissance et d'admiration. « On verse des larmes de tendresse, écrira-t-il [1], quand on songe à tout le bien qu'il nous fit. » Vous allez demander, ingrats, quel bien Julien vous a donc fait. M. de Voltaire a découvert qu'il avait gouverné les Gaules, qu'il s'y était peut-être passablement conduit ; et le voilà montant sa lyre sur les merveilles du gouvernement de Julien. « Il vécut parmi nous en citoyen, en héros, en philosophe, en père. Il rendit la justice comme Lamoignon ; il combattit pour nous comme Turenne ; il administra les finances comme un Rosni [2]. » Plus tard, nous voyons Voltaire s'applaudir de ce qu'on commence à croire à ces belles choses ; lui-même, à force de les répéter, il a fini par y croire quelque peu. La réhabilitation de l'apostat est devenue un des grands buts de sa vie. Il s'indigne, il tonne au moindre doute exprimé sur les vertus de l'incomparable empereur ; il bondit à ce seul mot d'*apostat* [3], comme si c'était autre chose que l'énoncé de ce dont il le loue. Moins de deux mois avant sa mort, en se réjouissant des destructions dont la France lui fait hommage : « Je ne désespèrerais pas, écrit-il dans une lettre au roi de Prusse, de faire

---

[1] *Fragments sur l'histoire.*
[2] Ibid.
[3] « Et voilà ce qu'un polisson ose appeler Julien l'apostat ! » Ibid.

prononcer dans un mois le panégyrique de l'empereur Julien. »

Bien s'en fallait pourtant que Julien, en quittant le christianisme, se fût voué au culte de la raison. C'était le paganisme qu'il prétendait remettre sur le trône, non le paganisme des Socrate, mais celui des ignorants et des fourbes, le paganisme, enfin, avec toutes ses folies et toutes ses turpitudes de jadis. Quand nous ne le saurions pas, nous l'apprendrions de Voltaire lui-même, car il ne craignait pas d'être quelquefois sincère, sûr qu'il était de recommencer à mentir avec la même aisance, et d'être écouté tout autant. « Julien, écrivait-il donc en 1764, était livré à tout le fanatisme de la philosophie éclectique. Il donna dans tous les excès de la superstition. S'il fût revenu vainqueur de son expédition contre les Parthes, les victimes, disait-on, lui auraient manqué, tant il en avait égorgé, soit pour lire dans leurs entrailles, soit pour se rendre les dieux propices. Comme Plotin, Porphyre et Jamblique, il se vantait d'avoir un commerce immédiat avec les natures célestes. » Ajoutons, ce que Voltaire avoue aussi à demi, que ce modèle des sages avait organisé contre le christianisme une persécution où le sang, il est vrai, ne coulait pas, mais la plus générale et la plus opiniâtre qu'il y eût encore eu.

Ailleurs [1], pour l'excuser, Voltaire arguë des nécessités politiques. « S'il n'avait pas montré un grand zèle pour son parti, ce parti l'eût abandonné. » Ailleurs en-

---

[1] *Fragments sur l'histoire.*

core¹ : « Julien le philosophe daigna se soumettre à cette expiation, pour se concilier les prêtres des gentils. » Ce n'est donc, en définitive, qu'en le déclarant convaincu d'hypocrisie, de mensonge, qu'on peut le disculper d'avoir cru aux folies qu'il pratiquait. Après les aveux de son panégyriste, Julien reste ou le plus bigot, ou le plus hypocrite des païens. Mais il a haï le christianisme; cela suffit. Hypocrite ou bigot, il n'en continuera pas moins à être le plus grand des princes et le modèle de toutes les vertus. « Il n'y a point eu, après lui, de prince plus digne de gouverner les hommes, » avait dit aussi Montesquieu ; tant le mensonge était aisé et en quelque sorte obligatoire, dans ce siècle, même pour les hommes les plus graves ou cherchant le plus à l'être !

IV.

Souvent d'ailleurs ce n'est pas seulement à des païens, mais au paganisme lui-même, que Voltaire adresse ses flatteries. Il va sans dire que vous l'entendrez aussi, dans l'occasion, se moquer des superstitions païennes ; mais dès qu'il est question du christianisme et des chrétiens, tout est bon, tout est beau en comparaison de leurs croyances.

Quel soin, d'abord, à disculper les païens du repro-

¹ *Dictionnaire philosophique*, article *Taurobole*.

che d'avoir cru à des divinités absurdes! Il ne s'en tiendra pas à montrer, ce qui est vrai, que leurs sages n'y croyaient pas ; il veut que le vulgaire même ait eu, au fond, ces sentiments raisonnables et purs. Anathème à qui osera prétendre que le peuple égyptien, ce peuple si savant, si sage, si méritant, ne fût-ce que pour avoir haï et persécuté les juifs, ait adoré un bœuf, un crocodile, un oignon! C'était à Dieu, selon Voltaire [1], à Dieu seul, que s'adressaient leurs hommages. Ne dites pas, sur la foi des historiens, que les Germains aient eu, dans leurs forêts, des religions atroces. « Ils adoraient Dieu sous d'autres noms, d'autres emblèmes, d'autres rites. [2] » Le christianisme ne leur a donc rien donné de bon qu'ils ne l'eussent, et il leur a apporté mille maux qu'ils n'avaient pas.

Avec les mahométans, Voltaire est un peu moins à son aise. Comme ennemis du christianisme, ils ont toute son affection ; comme sectateurs d'une loi qui a beaucoup emprunté à Moïse et à l'Évangile, ce ne sont plus que des fanatiques et des sots. Mahomet II, qui a abattu la croix dans Constantinople, c'est « le prince le plus éclairé de son temps, le rémunérateur le plus magnifique des arts [3]. » Mais tandis que les livres sacrés des Indous et des Persans sont, à l'en croire, des chefs-d'œuvre, l'Alcoran, qui se rapproche davantage de la Bible, n'est qu'un tissu de mensonges et de folies.

---

[1] *Le pyrrhonisme de l'histoire.*
[2] *Fragments de l'histoire.*
[3] Ibid.

V

Mais le peuple le plus décidément en faveur auprès de lui et de toute son école, ce sont les Chinois.

A beau mentir qui vient de loin, dit-on. Voltaire ne vient pas de la Chine ; mais il sait bien que ses lecteurs ne feront pas le voyage pour vérifier ses assertions. Dût-on le convaincre de mensonge, il fera ce qu'il fait toujours en pareil cas : il mentira de plus belle. Trop de gens ont intérêt à le croire pour que ses assertions ne finissent pas par entrer, au moins en partie, dans le bagage historique de son siècle.

L'art des redites est une arme infaillible en certains temps. « Vous nous avez déja dit tout cela quatre ou cinq fois, disait quelqu'un à l'abbé de Saint-Pierre. — J'ai donc bien fait, disait-il, puisque vous vous en souvenez. » Mais il était, lui, calme, impartial, nuageux. Il avait beau forcer les gens à retenir telle ou telle de ses idées ; il n'en était pas plus puissant pour cela. Voltaire, c'était toujours sur quelque fibre irritable qu'il faisait passer et repasser ses invariables assertions. L'art même ne lui était pas nécessaire. Il en a mis sans doute infiniment dans ces innombrables pamphlets où l'uniformité du fond disparaît, au premier abord, sous le piquant des titres, l'inattendu des formes, la mobilité du style ; mais que de fois aussi les mêmes idées reviennent avec les mêmes tournures, les mêmes mots peut-être et les mêmes plaisanteries ! Eh bien, tout cela portait coup. Ces assertions aventurées, chaque répétition leur tenait lieu d'une preuve ; ces plaisanteries, contrairement à ce qui a lieu d'ordinaire, elles produisaient plus d'effet une seconde fois qu'une première, une troisième qu'une seconde. On eût dit qu'à mesure qu'elles s'usaient comme plaisanteries, elles devenaient des raisons. Voltaire savait bien qu'il se donnait l'air d'un radoteur, et que ses ennemis allaient se moquer de lui ; mais que lui importait ? Il était sûr de rire le dernier. Les événements ont prouvé que si ces redites obstinées n'étaient pas d'un homme fort soigneux de sa dignité de philosophe, elles étaient au moins d'un très habile politique.

La Chine est donc, selon lui, un pays admirable où se sont faits, sans le christianisme ou plutôt grâce à son absence, tous les progrès qu'on lui attribue ailleurs, et bien d'autres encore qu'il est incapable d'opérer. Lois, mœurs, administration, tout y est sage et fait honte aux gouvernements chrétiens. Sa religion, pur déisme, est celle qui mettrait fin à tous les maux et à toutes les querelles de l'Europe. Cette religion, d'ailleurs, — et c'est là surtout son grand mérite, — est d'une antiquité à renverser toute la chronologie de Moïse, tout l'Ancien Testament par conséquent, et le Nouveau avec.

Ce qui est plaisant, c'est que c'était dans les relations des jésuites que Voltaire allait recueillant la plupart des traits de ce tableau ; et il faut convenir que les bons pères, dans de tout autres vues, avaient rendu la tâche assez facile. Seuls admis dans l'intérieur de la Chine, ils avaient amplifié à plaisir les merveilles d'un pays dont ils s'étaient crus sur le point de devenir les maîtres, et Voltaire, le grand douteur, les croyait cette fois avec une docilité désespérante.

Ainsi, lui qui ne tarissait pas en railleries sur les richesses attribuées à Salomon, il donne sans sourciller à l'empereur de la Chine un revenu de plus de deux milliards d'aujourd'hui, une cavalerie de cinq cent mille chevaux, un total, enfin, de cinquante à soixante millions d'hommes en état de porter les armes [1]. Souverain du peuple le plus nombreux qui ait jamais été réuni sous un même sceptre, ce prince n'en règne pas moins en père, accessible, humain, pénétré de l'égalité des hommes, un philosophe, un sage, un Julien ! Voltaire ne semble pas même soupçonner qu'on puisse, sur ce trône, se suivre et ne se ressembler pas. L'empereur de la Chine est un être invariable, toujours bon, toujours sage. Il ne se gâterait que s'il devenait chrétien.

Confucius et Zoroastre, en effet, toujours selon Voltaire, sont de bien autres personnages que Moïse et que les apôtres. Il les appellera bien quelquefois des charlatans, comme dans certain endroit où il ajoute « qu'ils ne vendraient pas aujourd'hui leurs drogues sur le Pont-Neuf [2]. » Il dira même qu' « on ne peut lire deux pages de l'abominable fatras attribué à Zoroastre, sans avoir pitié de la nature humaine, » et que « Nostradamus est raisonnable en comparaison » de lui. Mais vienne la question anti-chrétienne, et ces « charlatans »

---

[1] *Dialogues entre A. B. C.* XXVII.
[2] *Dictionnaire philosophique.*

se trouveront tout à coup avoir repris leurs droits à son respect.

VI

C'est de lui-même encore que nous apprendrons, si nous voulons, le secret de cette tactique, secret, du reste assez clair.

« On nous raconte, dit-il [1], des atrocités de plusieurs princes asiatiques. Les voyageurs se donnent un libre cours sur tout ce qu'ils ont entendu dire en Turquie et en Perse. J'aurais voulu, à leur place, mentir d'une façon toute contraire. Je n'aurais jamais vu que des princes justes et cléments, des juges sans passion, des financiers désintéressés, et j'aurais présenté ces modèles aux gouvernements de l'Europe. » Ainsi, ce qu'il fait pour les Chinois, c'est simplement ce qu'il aurait voulu faire, dit-il, s'il avait voyagé avec Tavernier et d'Anville.

Écoutez encore Grimm [2] : « Les philosophes se sont emparés de la matière, et en ont tiré, suivant leur usage, un parti étonnant, pour s'élever avec force contre des abus qu'ils trouvaient bon de détruire dans leur pays. Ensuite les bavards ont imité le ramage des philosophes. » Entre philosophes et bavards, la distinction était, dans ce cas, un peu subtile.

---

[1] *Le Pyrrhonisme de l'histoire.*
[2] *Correspondance.* 1766.

« Par les affaires que j'ai avec le gouvernement chinois, écrivait à Voltaire l'impératrice Catherine, je pourrais fournir des notions qui détruiraient beaucoup de l'opinion qu'on a de leur savoir-vivre, et qui les feraient passer pour des rustres ignorants. Mais il ne faut pas nuire à son prochain, » ajoute-t-elle; et elle n'a garde, en effet, de publier ces documents dont leur patron se trouverait plus mal qu'eux.

On riait bien un peu, entre initiés, des redites du patriarche sur ses bons amis de Pékin. « Ne voyez-vous donc pas, ai-je dit à l'abbé Pauw, que M. de Voltaire suit l'exemple de Tacite? Ce Romain, pour animer ses compatriotes à la vertu, leur proposait pour modèles de candeur et de frugalité nos anciens Germains, qui certainement ne méritaient alors d'être imités de personne. De même, M. de Voltaire se tue de dire à ses Welches : Apprenez des Chinois à récompenser les actions vertueuses. Encouragez comme eux l'agriculture, et vous verrez vos landes de Bordeaux et votre Champagne pouilleuse produire d'abondantes moissons. Faites de vos encyclopédistes des mandarins, et vous serez bien gouvernés. »

Ainsi disait le roi de Prusse, dans une lettre à Voltaire lui-même; et après avoir rapporté, moitié plaisamment, moitié sérieusement, les objections à faire à cette tactique : « Il me semble donc, poursuit-il, que votre dispute se réduit à ceci : Est-il permis d'employer des mensonges pour parvenir à de bonnes fins?... Sur cette question, les avis ne se réuniront jamais. »

Est-ce vrai? Aurons-nous à jamais des gens qui mentiront sans scrupule, dès que l'intérêt de leur cause leur paraîtra l'exiger? Ce qui est trop sûr, c'est que le nombre n'en a pas diminué depuis Voltaire. On est de meilleure foi dans les travaux historiques; on ne l'est pas dans les débats journaliers. La seule différence, et elle n'est guère à notre éloge, c'est que si on ment un peu moins pour des théories, pour des idées, l'intérêt personnel est habituellement bien plus en jeu dans toutes les faussetés qu'on se permet.

Au reste, tous les traits que nous avons eu à noter dans cet épisode des luttes du dix-huitième siècle, vous les retrouveriez dans nos luttes d'aujourd'hui. Comme alors, des hommes longtemps flétris prennent place sur les autels que l'esprit de parti leur dresse; comme alors, après avoir commencé par pure mauvaise foi à relever leurs noms pour s'en faire une arme contre d'autres, on arrive à être presque sincère dans l'hommage qu'on leur rend; comme alors, on les honore en dépit de ce qu'on entend dire contre eux, en dépit de ce que l'on dit contre eux soi-même dans l'intimité. On a besoin d'eux; c'est assez pour qu'on les adopte. Toute idée veut s'incarner dans un nom, et il n'y a pas de nom tellement vil que certains hommes ne soient prêts, si leur intérêt l'exige, à en faire un symbole ou un drapeau.

CHAPITRE SIXIEME

I. Catherine II. — Son incrédulité, seul motif des éloges qu'on lui donnait. — Un de ses défauts. — Scrupules et indignation de Voltaire. — Prompt changement et idolâtrie ensuite. — L'incrédulité pensionnée. — La nouvelle sainte et les anciennes. — Sémiramis. — *Feu monsieur son mari.* — Zèle de Voltaire. — Les vingt-cinq perruques de Genève. — Un *Te Deum*. — Le Christ aura menti. — Combien tout cela était misérable.

II. Les philosophes et la guerre. — Bonnes idées et bons sentiments en théorie. — Formes originales dont Voltaire les revêt. — Ce que cela devient dans la pratique. — Tout est mot quand le cœur n'y est pas. — L'amour de l'humanité était rare. — On ne parlait que lorsqu'il y avait du bruit à faire. — Les protestants. — Calas. — Lally. — Les quolibets d'abord et l'indignation ensuite.

II. La guerre et les conquêtes. — Un ami des philosophes ne pouvait avoir tort. — Nulle honte à changer de ton. — La Silésie. — Aveux du roi de Prusse. — L'*Anti-Machiavel*. — Voltaire ne sait que plaisanter sur les maux de la guerre. — Une excuse à l'usage de tous les conquérants. — L'humanité en rimes. —

« Votre Majesté se moque du monde. » — Le brigand et son chapelet. — IV. Voltaire tueur d'hommes. — Sa machine de guerre. — Il la propose au duc de Richelieu et à l'impératrice de Russie. — La guerre alternativement anathématisée et conseillée. — Point de principes ni de sentiments sérieux. — V. Étourderie et fatalisme. — Point de pitié pour les vaincus. — Montesquieu et Rousseau d'accord, sur ce point, avec Voltaire. — Quelques exemples. — VI. Voltaire et Genève ; éloges et trahison. — La Pologne. — « La figure ronde est la plus parfaite. » — Voltaire conseille et célèbre le partage. — Sarcasmes odieux.

VII. Qu'était-ce que la patrie pour les penseurs de ce temps? — Rousseau n'a pas fait exception. — Ce qu'était, en réalité, son amour pour Genève. — Les *Lettres de la Montagne*. — Amour par système et haine après.

I

Cette même impératrice qui ne voulait pas divulguer, par égard pour Voltaire, le mal qu'elle savait des Chinois, nous la voyons partager avec eux et avec le roi de Prusse l'admiration des premiers écrivains du temps. Buffon l'appelle « une tête céleste, digne de régir le monde entier [1]. » — « C'est l'âme de l'univers, qui sait tout animer à la fois, » écrivait Grimm [2] ; et

---

[1] Lettre à elle-même.
[2] *Correspondance.* 1768.

cela, parce qu'elle avait envoyé quelques fourrures aux principaux acteurs de la Comédie-Française.

Qu'avait-elle donc fait pour qu'à propos de ses actions les plus simples on la célébrât sur ce ton? — Une seule chose, mais celle qui tenait lieu de toutes les vertus : elle s'était déclarée incrédule [1]; elle avait pris sous son patronage lointain tous les hommes et tous les livres qui combattaient pour l'incrédulité. Étrangère, d'ailleurs, et dans sa conduite privée et dans les affaires publiques, aux sentiments de vertu et d'honneur, elle portait sans remords une couronne acquise par un crime. « Je conviens, disait d'Alembert [2], que la philosophie ne doit pas trop se vanter de pareils élèves; mais que voulez-vous? Il faut aimer ses amis avec leurs défauts. » — Un de ces *défauts*, ce n'était que d'avoir assassiné son mari.

Voltaire avait commencé, il faut le dire, par en être profondément indigné. « Mon cher frère, écrivait-il à Damilaville [3], je reçois votre lettre dans laquelle vous trouvez le procédé de la philosophe du Nord bien peu philosophe, et en même temps un de nos frères me demande un *Dictionnaire philosophique* pour elle. Je ne l'enverrai certainement pas, à moins que je n'y mette un chapitre contre des actions si cruelles. »

---

[1] On trouverait difficilement une autre cause à l'estime que le dix-huitième siècle professait (voir les *Lettres persanes*, CXXXIX) pour une autre reine philosophe, Christine.

[2] Lettre à Voltaire. Octobre 1764.

[3] Septembre 1764. Ces lignes sont supprimées dans l'édition de Kehl, publiée par Beaumarchais.

Mais, peu à peu, voilà cette indignation qui s'en va. Peu à peu? Non; jamais conversion plus rapide. C'est en 1764, à la fin de septembre, qu'il se croirait déshonoré d'envoyer à l'impératrice un exemplaire de son livre, et c'est l'année suivante, au commencement de mars, qu'il lui envoie sa *Philosophie de l'Histoire*, non un exemplaire, notez bien, mais dédiée à elle, et dans les formes ! Vers le même temps, apprenant qu'elle fait une pension à Diderot : « Par ma foi, écrit-il à ce même Damilaville, j'embrasse aussi l'impératrice de toutes les Russies ! Qui aurait soupçonné qu'un jour les Scythes récompenseraient si noblement la vertu, la science, la philosophie, si indignement traitées parmi nous? » Ces hommes que l'on poursuivait, en France, comme ennemis de la religion et des lois, c'était chose reçue que des souverains étrangers leur payassent publiquement des pensions. Le gouvernement laissait faire, et ne paraissait même pas regarder cela comme un affront. Tant il y avait de relâchement, même dans les ressorts de l'amour-propre politique et du plus simple point d'honneur !

La nouvelle sainte avait donc décidément une place dans le calendrier anti-chrétien, et Voltaire s'était établi son prêtre. « C'est comme les prédicateurs, écrivait Bachaumont[1]; le saint du jour est toujours le plus grand chez lui. » Le voilà donc à genoux devant l'impératrice. Il va jusqu'à lui dire, un beau jour, qu'il regrette qu'elle ait un nom inscrit dans le calendrier vulgaire. Elle n'est

---

[1] *Mémoires secrets.*

pas faite, ajoute-t-il, pour s'appeler comme une de ces vieilles saintes ; et il ne s'aperçoit pas, dans sa ferveur, qu'il vient de faire une épigramme sanglante. S'apercevra-t-il davantage de celle qu'il va faire en l'appelant la *Sémiramis* du Nord, quand tout le monde sait que la Sémiramis antique a tué comme elle son mari ? Peut-être ; mais il aura l'air d'y aller de si bonne foi, qu'elle sera obligée d'accepter avec reconnaissance l'hommage d'un nom si haut sonnant. Elle lui écrit donc, peu après l'envoi du livre, une lettre qu'il dit *charmante* ; et aussitôt : « Vous voyez, écrit-il à son ami d'Argental, comme elle en use avec les Français, et vous sentez bien que feu monsieur son mari aura tort dans la postérité. »

A peine converti au culte de l'impératrice, il ne peut plus comprendre qu'on s'avise de ne pas l'être ; Rousseau lui paraîtra plus criminel et plus fou, pour ce seul fait [1], que pour toutes les fautes dont on l'accusait jusque-là. Genève aussi a péché contre la sainte du Nord ; Genève aura sa part de sarcasmes. « Sa Majesté daignait, écrit-il la même année, faire venir quelques femmes de Genève pour montrer à lire et à coudre à de jeunes filles de Pétersbourg. Le conseil de Genève a été assez tyrannique et assez fou pour empêcher des citoyennes libres d'aller où il leur plaît, et enfin assez insolent pour faire sortir de la ville un seigneur envoyé par cette souveraine. Cette aventure m'a été fort sensible, car je ne balance assurément pas entre Catherine II et les vingt-cinq perruques de Genève. » Ces vingt-cinq perruques

---

[1] Voir *Dictionnaire philosophique*, article *Pierre le Grand*.

étaient pourtant les seules en Europe qui ne s'inclinassent pas, en ce moment, devant l'assassinat couronné ; mais il ne voyait là, lui, qu'insolence et ineptie. « Il y a dans ce conseil, ajoutait-il, trois ou quatre coquins qui ne sont bons qu'à jeter dans le lac. » Puis, comme en expiation de leur crime, il va redoublant de ferveur, de protestations, d'amour. « Je suis avec idolâtrie, madame, mieux qu'avec un profond respect, le prêtre de votre temple [1]. » Fait-elle la guerre aux Turcs, ses troupes ne prennent pas un village qu'il ne se mette à la chanter comme la déesse des batailles. Mourant, dit-il, — car il y a tantôt soixante et dix ans qu'il meurt, — il a sauté à bas de son lit pour recevoir une lettre où elle lui annonçait une victoire. Il a entonné un *Te Deum*, « ou plutôt un *Te Deam*. » Ce n'était pas un transport au cerveau, ajoute-t-il, mais un transport au cœur. Mais que ce soit au cœur ou au cerveau, l'anti-chrétien est toujours là. Savez-vous pourquoi il se réjouit des succès de Catherine ? Ce n'est pas, vous pouvez l'en croire, pour que le Christ rentre à Constantinople. Mais Catherine, victorieuse au Bosphore, poussera, il l'espère, jusqu'à Jérusalem, rappellera les juifs, rebâtira l'ancien temple... Et le Christ aura menti.

C'était là, du reste, le dernier mot, tantôt voilé, tantôt parfaitement clair, de toutes ses joies comme de tous ses chagrins. Quand un pareil acharnement ne nous attristerait pas comme chrétiens, pourrions-nous ne pas faire observer combien tout cela était petit, mesquin, peu

[1] Décembre 1767.

philosophique et peu digne ? — Mais nous aurons plus tard assez d'occasions de le dire, là même où il ne s'agira pas du christianisme.

II

Il lui tardait donc de les voir rétablis à Jérusalem, pour faire pièce aux prophéties, ces juifs qu'il détestait d'ailleurs. Mais il n'avait pas même besoin d'une aussi attrayante perspective pour tolérer et pour encourager toutes les horreurs de la guerre. Il suffisait que le souverain guerroyant fût son ami.

Cette observation s'étendrait, si nous voulions, non-seulement à la plupart des écrivains du temps, mais à leurs sentiments sur les sujets liés à celui de la guerre, usurpations, conquêtes, règne de la force, enfin, sous toutes ses formes.

Au premier abord, il est vrai, vous les voyez remplis d'une indignation généreuse contre quiconque a versé ou fait verser le sang humain. La vie de l'homme, disent-ils, est inviolable ; quelques-uns même arrivent à la conséquence extrême, l'abolition de la peine de mort. Tout individu, tout peuple est essentiellement libre. Le droit de conquête est un mot ; il n'y a nul droit dans la conquête, pas plus que dans le vol.

Ces principes, Voltaire excellait à les revêtir de ces formes originales qui, mieux que les raisonnements, établissent et fixent une idée. « Nous n'avons pu encore découvrir, disait-il par exemple [1], quel droit avait Charlemagne sur les États de son frère, ni quel droit son frère et lui, et Pépin leur père, avaient sur les États de la race de Clovis, ni quel droit avait Clovis sur les Gaules, province de l'empire romain, ni même quel droit l'empire romain avait sur ces provinces. » Il est vrai qu'en établissant si bien, dans cet endroit, la liberté originelle des peuples, Voltaire avait, comme toujours, certain but. Ce n'était pas aux Romains qu'il en voulait, mais bien à Charlemagne, coupable d'avoir conquis pour convertir, et à Clovis, coupable de s'être converti lui-même. Mais le principe n'en était pas moins posé, et il n'y avait, dans toute l'école, que des applaudissements pour les vérités de ce genre.

Mais de la théorie à la pratique, il y a loin, surtout dans un siècle parleur, et c'est ce qu'était, avant tout, le dix-huitième. Nées d'un besoin d'opposition plutôt que d'un sentiment profond et vrai, ces grandes nouveautés avaient beau être, la plupart, fondées sur des vérités éternelles ; elles restaient une affaire d'esprit, c'est-à-dire de mots, car tout est mot, la liberté, la foi, Dieu même, quand le cœur n'y est pas.

L'amour de l'humanité était donc rare, surtout chez ceux qui en faisaient publiquement profession. Toujours quelque intérêt caché ; toujours de la polémique et de l'aigreur sous ces conseils de tolérance et d'amour, car ce ne sont pas *les hommes* qu'on aime, mais tantôt ceux-ci, tantôt ceux-là, et toujours en haine de quelques

---

[1] *Fragments sur l'histoire.*

autres. A-t-on à relever quelque injustice ou quelque cruauté saillante, on est, au fond, infiniment moins touché du malheur des victimes que ravi d'écraser leurs oppresseurs. C'est de la haine encore ou de la colère tout au plus ; ce n'est pas de l'indignation. Ne s'indigne pas qui veut. L'indignation, la bonne indignation, celle du vrai poëte et de l'orateur éloquent, c'est une effervescence de sentiments vrais, généreux ; c'est le cri de l'honneur avec le cri de la nature. Non ; le dix-huitième siècle n'était pas en état de s'indigner. Aussi, quand il n'y a pas grand bruit à faire, on se tait; on attend, dans le plus grand calme, une meilleure occasion de s'emporter. Les protestants pourront souffrir et gémir jusqu'aux trois quarts du règne de Louis XV, sans qu'aucune de ces généreuses voix daigne s'élever en leur faveur; elles avaient plutôt fourni, comme nous le verrons ailleurs, des armes contre eux. Calas expire, et les voilà hautement patronés, parce qu'on a entrevu un grand parti à tirer de cet échafaud. Même alors, il faut que la question protestante ait son côté léger, plaisant. « Nous avons pendu depuis 1745, dira Voltaire[1], huit personnages de ceux qu'on appelle *prédicants* ou *ministres de l'Evangile*, qui n'avaient d'autre crime que d'avoir prié Dieu pour le roi en patois, et d'avoir donné une goutte de vin et un morceau de pain levé à quelques paysans imbéciles. » Les protestants devaient être bien flattés, assurément, de se voir défendus sur ce ton.

Le ton n'était pas toujours celui-là ; mais quand la

---

[1] *Traité de la tolérance.* 1763.

même absence de sentiments sérieux ne serait pas visible ailleurs sous la véhémence des paroles, nous en aurions encore assez de preuves. C'est dans la correspondance de Voltaire qu'il faut voir naître et grossir tous les orages du temps. Comme il choisit les sujets ! Comme il discute s'il faudra crier ou non ! Comme il s'échauffe peu à peu, et juste ce qu'il faut pour que son ardeur ne se communique ni trop lentement ni trop vite ! Ce pauvre général Lally, dont la réhabilitation devait lui faire tant d'honneur, il avait commencé par le plaindre infiniment peu. « Vous souciez-vous beaucoup, écrivait-il à d'Alembert quelques jours après l'exécution [1], du bâillon de Lally et de son gros cou, que le fils aîné de monsieur l'exécuteur a coupé fort maladroitement pour son coup d'essai ? » Il ajoute, toujours raillant, que Lally était un sot personnage, un vilain sire ; tout ce qu'on peut accorder, selon lui, c'est qu'il n'était pas un traître, et ne devait pas mourir sur l'échafaud. D'Alembert est du même avis. « Ce Lally était un homme odieux, lui répond-il, un méchant homme, qui méritait d'être tué par tout le monde, excepté par le bourreau. Quoi qu'il en soit, qu'il repose en paix, et que ses respectables juges nous y laissent ! » Mais bientôt, on change de ton. L'opinion publique a tourné ; la mode a pris de croire Lally innocent. Innocent ou non, car Voltaire continue à s'inquiéter assez peu du fond de la question, il y a du bruit à faire autour de sa tombe. On en fera ; on en fera même tellement qu'on finira par s'étourdir soi-

---

[1] Juin 1766.

même et par prendre la chose au sérieux. Voltaire écrira de belles pages sur cette mort dont il a si grossièrement plaisanté. Cinq jours avant d'expirer lui-même, apprenant la réhabilitation du général, il enverra au fils ces quatre lignes, les dernières qu'il ait tracées[1] : « Le mourant ressuscite en apprenant cette grande nouvelle. Il embrasse bien tendrement M. de Lally. Il voit que le roi est le défenseur de la justice ; il mourra content. » On aime à se laisser émouvoir, près du lit de mort de Voltaire, par ces paroles évidemment sincères et senties ; mais l'affaire n'en avait pas moins commencé, comme tant d'autres, par l'affiche d'une grande indignation qu'on n'avait pas.

III

Ce n'était donc pas sérieusement, pour en revenir à la guerre et aux conquêtes, qu'on s'élevait contre le droit du sabre. Il n'y avait encore là que matière à opposition. Un souverain ami des philosophes ne pouvait avoir tort, nous l'avons dit, en arrondissant ses États.

Il n'y avait, d'ailleurs, nulle honte à changer de ton pour lui. Dans un même chapitre, dans une même page, Alexandre était un brigand et Frédéric un héros ; tout au plus effaçait-on quelquefois ce qui aurait rendu le contraste par trop saillant. « Les vers qui regardent

[1] 26 mai 1778.

le roi de Prusse, écrivait Voltaire à Thiriot [1], et qui sont en manuscrit à quelques exemplaires de la *Henriade*, ne sont plus convenables. Ils n'étaient faits que pour un prince philosophe et pacifique, non pour un roi philosophe et conquérant. Il ne me siérait plus de blâmer la guerre en m'adressant à un jeune monarque qui la fait avec tant de gloire. » *Il ne me siérait plus!* Voilà comme on était convaincu, et comme on tenait aux principes. Aussi les appelait-il, au besoin, des préjugés. On connaît ce remerciement au roi, qui lui avait envoyé des pilules :

> « J'aurai l'honneur d'être purgé
> De la main royale et chérie
> Qu'on vit, *bravant le préjugé*,
> Saigner l'Autriche et la Hongrie. »

Et quelle était-elle, cette guerre qu'on lui pardonnait si lestement? Il en a lui-même écrit l'histoire, et, dans un premier manuscrit, il la jugeait avec la plus grande sévérité. Après avoir parlé de ses droits douteux sur la Silésie : « Que l'on joigne à ces considérations, ajoutait-il, des troupes toujours prêtes, une épargne bien remplie, et la vivacité de mon caractère; c'étaient les raisons que j'avais de faire la guerre à Marie-Thérèse. » Il hésita cependant, disait-il encore dans cette histoire; mais « l'ambition, l'intérêt, le désir de faire parler de moi l'emportèrent, et la guerre fut résolue. »

Cet aveu, qui ne manquait pas de noblesse, il l'effaça,

[1] Juin 1741.

mais sur le conseil de Voltaire. C'était déjà Voltaire qui avait arrêté, en apprenant son avénement au trône, l'impression de son *Anti-Machiavel*, afin de lui épargner la gêne qui résulterait pour le roi des élucubrations libérales du jeune prince. Les philosophes sont comme les confesseurs. Dès qu'ils n'ont pas, — et ils l'ont rarement, — la force d'imposer aux rois les règles de la justice, ils ne sont bons qu'à légaliser leurs écarts.

Ainsi, dans toute la correspondance de Voltaire avec Frédéric pendant cette première guerre, pas un mot sérieux contre cette ardeur belliqueuse qui a succédé tout à coup à tant de phrases pacifiques, contre ce machiavélisme qui éclate au moment même où l'*Anti-Machiavel* s'imprime, — car Frédéric, par un machiavélisme nouveau, a persisté à le faire imprimer. — C'est dans les lettres du roi que vous trouvez çà et là quelques retours, bien secs et bien brefs, il est vrai, mais quelques retours, cependant, sur les horreurs de la guerre; dans celles du philosophe, aucun. S'il en parle, c'est en riant. Au sortir d'une de ses innombrables maladies : « Je n'ai mis qu'un pied sur le bord du Styx, écrit-il[1]; mais je suis très fâché, sire, du nombre des pauvres malheureux que j'ai vus passer. Les uns arrivaient de Scharding, les autres de Prague ou d'Iglau. Ne cesserez-vous point, vous et les rois vos confrères, de ravager cette terre que vous avez, dites-vous, tant d'envie de voir heureuse? » Voilà qui serait presque une leçon; mais il se hâte de passer à quelques plaisanteries réchauffées sur

[1] Avril 1742.

l'abbé de Saint-Pierre et sur ses rêves. Ailleurs, s'il est conduit à s'appesantir un peu plus sur ces désastres, il fait ce que n'ont jamais manqué de faire les courtisans des rois guerriers : il suppose que Frédéric en gémit. « Je vous aime, lui dira-t-il,

> ....Malgré tout ce ravage,
> Malgré tous ces guerriers que vos vaillantes mains
> Font passer au sombre rivage.
> Votre raison maudit les exploits inhumains
> Où vous força votre courage...

Grande consolation, assurément, pour ceux qu'il envoyait méditer aux bords du Styx sur cette belle union d'un cœur sensible et d'une impitoyable ardeur ! Mais l'idée plaisait au roi ; il était presque arrivé à se croire sincèrement affligé des maux qu'il ordonnait, sincèrement indigné contre les princes qui en ordonnaient comme lui.

Rien de plus curieux, sur ce chapitre, que certaines odes qu'il rimait quand ces maux ne s'arrangeaient pas selon ses vues, et qu'il se trouvait avoir affaire à plus fort ou à plus fin que lui.

> L'ardeur de dominer, la soif de la vengeance
> Ont infecté les rois de leurs poisons mortels.
> La loi, c'est leur pouvoir ; leur droit, la violence,
> Et la terre est en proie à ces tyrans cruels...

> Oppresseurs des humains, sanguinaires monarques,
> D'esclaves prosternés souverains odieux...

> Dans sa fausse éloquence un flatteur vous compare

Aux dieux, de nos destins arbitres éternels,
Vous qui semblez vomis des gouffres du Ténare...

Oui, les traits de ces dieux que vous chargez d'outrages
Ont perdu leur empreinte en vos cœurs malfaisants...

Où tendent ces complots, que des ressorts iniques
Ont tramés pour remplir vos projets inhumains?...

Quelle époque a produit des mœurs plus détestables ?
Vit-on, comme à présent, des rois impitoyables
Envers leurs ennemis comme envers leurs sujets?

Vous cimentez d'un sang à vos regards servile
Votre gloire abhorrée, atroces conquérants...

Ainsi avait chanté Frédéric, ou à peu près, dans une ode de 1749, qui n'a pas été conservée. Pour le coup, les paroles juraient si plaisamment avec les actes, que Voltaire ne peut s'empêcher d'en rire un peu. « Je croirais volontiers, lui écrit-il, que l'ode sur la guerre est de quelque pauvre citoyen, bon poëte d'ailleurs, lassé de payer le dixième et de voir ravager sa terre pour les querelles des rois. Point du tout. Elle est du roi qui a commencé la noise ; elle est de celui qui a gagné une province et cinq batailles. Sire, Votre Majesté fait de beaux vers, mais elle se moque du monde. »

Encore un commencement de leçon ; mais attendez. « Toutefois, poursuit Voltaire, qui sait si vous ne pensez pas réellement tout cela quand vous l'écrivez? Il se peut très bien faire que l'humanité vous parle dans le même cabinet où la politique et la gloire ont signé des ordres pour assembler des armées. » Et Frédéric de trouve encore une fois l'explication excellente. « Ne vous étonnez point de mon ode sur la guerre, répond-il ; ce sont, je vous assure, mes sentiments. Distinguez l'homme d'État du philosophe, et sachez qu'on peut faire la guerre par raison, qu'on peut être politique par devoir et philosophe par inclination. » Ainsi, encore une fois, de quoi se plaindraient ceux qu'il écrase ? Sa philosophie est toujours là, comme le chapelet dans la poche du brigand italien ou espagnol.

IV

Mais Voltaire n'est pas content d'avoir excusé la guerre ; il voudrait achever, ce semble, en se faisant lui-même tueur d'hommes, de rassurer ceux qui en font métier.

En 1757, il invente une nouvelle machine, une espèce de char armé de faux, au moyen duquel, écrit-il au maréchal de Richelieu, « avec six cents hommes et six cents chevaux, on détruirait en plaine une armée de dix mille hommes. » — « Je sais très bien, ajoute-t-il, que ce n'est pas à moi de me mêler de la manière la plus commode de tuer ses semblables. Je me confesse ridicule ; mais enfin, si un moine, avec du charbon, du soufre et du salpêtre, a changé l'art de la guerre dans tout ce vilain globe, pourquoi un barbouilleur de papier comme moi ne pourrait-il pas rendre quelque petit service *incognito?* » Et il ne tarit pas sur cette « nouvelle cuisine, » sur cette « petite drôlerie, » dont on aperçoit clairement, malgré ce ton léger, qu'il attend bien quelque gloire. Richelieu se moque de lui. Il en parle alors au roi de Prusse, et le roi de Prusse en rit. Mais ne croyez pas qu'il y renonce. En 1770, il veut absolument que Catherine en fasse l'essai contre les Turcs. Elle objecte qu'il faudrait n'avoir à combattre que des ennemis bien serrés, dans une plaine bien unie, etc., etc. Il persiste. « Nous sommes dans la plus belle saison du monde ; voilà un temps charmant pour battre les Turcs. Est-ce que ces barbares-là attaqueront toujours comme des hussards ? Ne se présenteront-ils jamais bien serrés, pour être enfilés par quelques-uns de mes chars babyloniques ? Je voudrais au moins avoir contribué à vous tuer quelques Turcs ; on dit que, pour un chrétien, c'est une œuvre agréable à Dieu. Cela ne va pas à mes maximes de tolérance ; mais les hommes sont pétris de contradictions, et d'ailleurs Votre Majesté me tourne la tête. »

Celui qui les relevait le mieux, ces contradictions, quand il n'y tombait pas lui-même, c'était encore le roi de Prusse.

En 1773, quand Voltaire l'engage à se joindre aux Autrichiens pour chasser les Turcs de Constantinople, il répond par un persifflage qui ne manque pas de verdeur. « Qui donc serait assez osé pour encourir l'excommunication majeure du patriarche de Ferney et de toute la séquelle encyclopédique ? Qui voudra gagner le beau titre de conducteur de brigands et de brigand lui-même?... Ces messieurs vont gouverner l'Europe, comme les papes l'assujettissaient autrefois... Il faut qu'ils aient des missionnaires pour augmenter le nombre des conversions... Il ne restera plus personne pour se battre. Je regrette bien que mon âge me prive d'un aussi beau spectacle. On plaindra mes contemporains d'être nés dans un siècle de ténèbres, sur la fin duquel a commencé le crépuscule de la raison perfectionnée. »

En 1774, Voltaire écrit sa *Tactique*, avec force tirades contre la guerre et les guerriers. Cette fois, Frédéric se fâche un peu. « Je vous avoue que j'aimerais autant déclamer contre la fièvre quarte que contre la guerre. C'est du temps perdu. Les gouvernements laissent brailler les cyniques, et vont leur train. »

Peu après, le roi ne se fâche ni ne raille; il se borne à faire une question. « Tandis que vous décriez l'art de la guerre, que vous nommez infernal, vingt de vos lettres m'encouragent à me mêler des troubles de l'Orient. Conciliez, si vous pouvez, ces contraires, et ayez la bonté de m'en envoyer la concordance. »

La concordance, hélas! c'est qu'il n'y avait, dans tout cela, ni conviction réelle ni humanité véritable; c'est que la philosophie du jour parlait à chacun sa langue, aux peuples celle de l'humanité, aux rois celle de l'ambition. Toute la séquelle encyclopédique, — pour dire comme Frédéric, — était tombée et tombait tous les jours dans la même contradiction, déblatérant contre la guerre en France et ne voyant rien de plus beau en Prusse.

V

Voltaire n'était donc, au fond, que très médiocrement ému des horreurs de la guerre, aussi longtemps qu'elles n'approcheraient pas de son château. Ce sera pour lui, dans l'occasion, un thème à vers et même à fort beaux vers; mais, dans toute sa prose intime, il en parlera légèrement, et plus que légèrement. « Il faut que je vous dise que je viens de crier : Vive le roi ! en apprenant que les Français ont tué quatre mille Anglais à coups de baïonnette. Cela n'est pas humain, mais cela était fort nécessaire[1]. » *Nécessaire !* Encore un de ces mots qui peignent l'homme et l'époque. Le fatalisme, résumé de toute philosophie incrédule, était au fond de tout cela, et le fatalisme est essentiellement insensible. Vers le même temps : « On parle encore de deux ou trois petits massacres, » écrit Voltaire à son ami d'Argental; puis : « Que faire donc ? Donner *Tancrède* en décembre, l'imprimer en janvier, et rire. » Et c'était au milieu de la guerre de sept ans ! Enfin, quant à ce roi qu'il encense : « S'il est toujours heureux et plein de gloire, je serai justifié de mon ancien goût pour lui ; s'il est battu, je serai vengé. » Et voilà à quoi se réduit, pour lui, la moralité de ces grands drames. Les battus ont nécessairement tort.

Ne lui demandez donc point de pitié pour un peuple

---

[1] Lettre à madame Du Deffant. Octobre 1760.

qui se sera laissé battre et conquérir, fût-ce après d'héroïques efforts pour rester libre.

Point de pitié, par exemple, pour ceux que les Romains ont subjugués. Cette vieille et inexorable opinion d'après laquelle on se croyait, à Rome, les dominateurs-nés de l'univers, il a beau s'en moquer une ou deux fois, comme nous l'avons vu ; il l'admet en fait, et non pas lui seulement, mais Montesquieu, mais Rousseau, mais l'école entière. « Le seul talent digne de Rome est de conquérir le monde, » s'écrie Fabricius ; et la phrase encyclopédique qu'il ajoute[1] montre assez clairement les sympathies de celui qui l'a mise dans sa bouche. Montesquieu, avec ses raisonnements impitoyables sur le droit de conservation, étendu à la prévoyance de tout danger futur[2], légalise dans le passé et semble signer pour l'avenir la condamnation de tout peuple qui fera ombrage à un peuple ou à un roi plus puissant. Voltaire, que nous avons déjà vu applaudir, mais pour des raisons spéciales, à l'écrasement des Juifs, n'est guère plus sensible à celui d'autres nations ; souvent même il n'a pas l'air de penser qu'une nationalité soit quelque chose.

Ainsi, dans son *Siècle de Louis XIV* : « Le grand homme d'État, dit-il, est celui dont il reste de grands monuments utiles à la patrie. Le monument qui immor-

---

[1] « ..... et d'y faire régner la vertu. »

[2] « Entre les sociétés, le droit de la défense naturelle entraîne quelquefois la nécessité d'attaquer, lorsqu'un peuple voit qu'un peuple voisin prospère, et qu'une plus longue paix mettrait ce peuple voisin en état de le détruire. » (Livre X, ch. XI.)

talisa le cardinal Mazarin est l'acquisition de l'Alsace. Il donna cette province à la France. » Vous l'entendez : *il donna*. Elle était à lui, apparemment. L'historien ne fera pas même remarquer qu'elle n'était française ni de mœurs, ni de religion, ni de langue, et qu'elle ne pouvait pas désirer de le devenir. Non. C'est autant de pris, absolument comme s'il s'agissait d'un terrain inhabité, que Mazarin aurait gagné sur la mer ou sur un fleuve. Et quand Louis XIV, en 1681, complètera par la prise de Strasbourg l'œuvre inique de son ministre, il ne fera, comme celui-ci, que s'immortaliser par un monument « utile à la patrie. » Le bombardement de Gênes, la dévastation de la Hollande, l'incendie du Palatinat, ne sont, dans ce même livre, que d'imperceptibles taches sur un fond rayonnant d'éloges.

VI

Avec tant d'indulgence pour les iniquités passées, il ne peut qu'en avoir pour les iniquités présentes ; il devancera même les puissants dans leurs projets d'oppression.

Cette vieille cité près de laquelle il avait fixé sa demeure, ce n'était pas assez pour lui de la démoraliser de son mieux ; il travaillait encore à lui faire ôter sa liberté.

Et cependant, en 1765, dans ses *Idées républicaines*, il avait donné les plus grands éloges aux mœurs, aux lois, au gouvernement de Genève. Il l'avait présentée comme le type d'un État libre et sage, comme une heureuse oasis au milieu des misères et des folies de l'Europe. C'était une exagération à la Jean-Jacques, car Genève, État libre, n'échappait pas aux agitations de la liberté ; mais l'erreur semblait celle d'un admirateur et d'un ami.

Eh bien, en 1766, à la suite de quelques troubles apaisés par la médiation de la France, c'est lui qui écrit au duc de Choiseul : « Si j'osais, je vous supplierais d'engager M. de Beauteville à demeurer, en vertu de la garantie, le maître de juger toutes les contestations qui s'élèveront toujours à Genève. Vous seriez en droit d'envoyer un jour, à l'amiable, une bonne garnison pour maintenir la paix, et de faire de Genève, à l'amiable, une bonne place d'armes quand vous aurez la guerre en Italie. Genève dépendrait de vous, à l'amiable; mais... » Il s'arrête. C'est au ministre à lever les difficultés. Il lui suffit, à lui, d'avoir émis cette généreuse idée.

Peu d'années après, c'est la Pologne qui attire sa bienveillante attention. On sait comment elle a péri ; on ne sait pas ou on ne veut pas savoir que celui qui a le premier conseillé de la détruire, c'est Voltaire.

En 1770, il s'étonne de ne pas voir intervenir le roi de Prusse dans les agitations de ce pays. Le roi répond qu'il se fait vieux, et qu'il est devenu sage. Voltaire insiste. Pourquoi perdre une si belle occasion? Il se contentera pourtant, dit-il, « si, dans ce charivari, le roi arrondit sa Prusse. » Et la justice? Et la philosophie? « En philosophie, répond-il, la figure ronde est la plus parfaite. »

Le roi va donc s'arrondir, et l'affaire est bientôt conclue. « On prétend, lui écrit alors Voltaire, que c'est vous qui avez imaginé le partage de la Pologne. Je le crois, parce qu'il y a là du génie. » Le roi en est, en effet, assez fier. « Notez, lui répond-il, que cette affaire s'est passée sans effusion de sang, et que les encyclopédistes ne pourront déclamer contre les *brigands mercenaires*, comme ils appellent nos soldats. Un peu d'encre, à l'aide d'une plume, a tout fait. » Et Voltaire de s'égayer sur ce que les Polonais, par leurs querelles, ont rendu la chose si facile.

> « La paix a bien raison de dire aux palatins :
> Ouvrez les yeux ; le diable vous attrape,
> Car vous avez à vos puissants voisins
> Sans y penser longtemps servi la nappe.
> Vous voudrez donc bien trouver bel et beau
> Que ces voisins partagent le gâteau. »

Voilà le seul *De Profundis* qu'il y ait, selon lui, à chanter sur la Pologne. Le roi se met à l'unisson, et, dans un poëme en six chants [1], il se moque à outrance des malheureux auxquels il vient d'ôter une patrie.

VII

Mais qu'était-ce que la patrie pour les hommes du dix-huitième siècle? La patrie n'est pas le sol, mais

---
[1] *Les Confédérés.*

l'ensemble des traditions qui y tiennent, et leur métier était de mépriser, de déraciner les traditions. Ils n'avaient donc point de patrie; ils ne pouvaient point en avoir.

Rousseau a-t-il fait exception? On le dit, et même on le croit; mais il serait difficile, ce nous semble, de le soutenir preuves en main.

Autre chose est de prôner ou d'aimer; et la Genève qu'il prôna ne ressemblait guère, d'ailleurs, à celle qu'il avait connue. C'était une patrie d'invention, un idéal imaginé, de bonne foi peut-être, pour les besoins de sa polémique ardente, et qu'il désavoua lui-même dès que la vraie Genève refusa de s'y reconnaître. Il la calomnia, dès lors, avec autant d'ardeur qu'il en avait mis à la vanter; il y attisa obstinément, au risque d'appeler sur elle la domination étrangère, les querelles dont sa condamnation était le sujet ou le prétexte. Cette patrie à laquelle il avait fait de si magnifiques compliments [1], il la bouleverse de fond en comble, en 1764, par ses *Lettres de la Montagne*, où il invite à peu près ouvertement les citoyens, c'est-à-dire une certaine minorité de citoyens, à prendre les armes contre le gouvernement, et cela, parce qu'on a brûlé son *Emile*, déjà brûlé à Paris. Il brouille à plaisir le fait et le droit. Tantôt c'est son ouvrage qui ne méritait pas le feu, et, pour prouver qu'il n'a pas attaqué le christianisme, il l'attaque de plus en plus nettement; tantôt ce sont les droits de tous qui ont été violés en sa personne, et, tout en

---

[1] Voir la préface du *Discours sur l'inégalité*.

protestant qu'il ne veut pas être vengé, il prépare et assure sa vengeance. Non! Il n'aimait pas sa patrie. Il l'avait aimée par système et à l'appui d'un système; le système échouant, il ne sut plus que la haïr.

CHAPITRE SEPTIÈME

I. Encore l'amour de la patrie. — Appréciations variables. — L'égoïsme et le cosmopolitisme.

II. Les plumes françaises et les canons prussiens. — Combien la France était peu une patrie. — Avilissement du pays dans la personne du roi. — Réveils factices de l'ancienne foi monarchique. — Le *Siège de Calais*. — Ce que la royauté perdait à ces retours d'affection. — Comment le roi de Prusse détrônait le roi de France. — Potsdam et Versailles. — Pourquoi on ne s'indignait pas de cet enthousiasme anti-français.

III. Compensations intéressées. — Le culte d'Henri IV. — Histoire de sa réputation. — Éclat sous Louis XIII. — Oubli sous Louis XIV. — Résurrection sous Louis XV, mais en dehors de la vérité historique. — La *Henriade*. — Comment l'auteur et le public en élargissent graduellement la portée. — A combien de questions elle touchait. — Dédicace à la reine d'Angleterre. — Ce que devient Henri IV. — L'aumône sur le Pont-Neuf. — Le calomniait-on en faisant de lui un incrédule? — Voltaire se défend d'avoir chanté un croyant.

IV. Ce qui manque à la *Henriade*. — L'épopée, œuvre d'enthousiasme ou de foi. — Pourquoi Virgile a été un vrai poëte, quoique dans un siècle anti-poétique. — Pourquoi Voltaire ne l'est pas. — La *Henriade* n'a de neuf que ce qui n'est pas épique. — Le merveilleux y est froid et stérile. — Ce que c'est que la foi poétique, et combien elle est nécessaire. — La *Discordiade*. — Danger de personnifier des abstractions. — Leur rôle dans la mythologie ancienne. — Voltaire semble avoir eu peur de produire aucune illusion.

I

Il est difficile, sans doute, de déterminer un point précis où l'amour des innovations devienne incompatible avec l'amour de la patrie. Les jugements vulgaires ne pourraient, dans cette question, que nous mal diriger. Tantôt l'État s'immobilise, et, au moindre élan vers l'avenir, au moindre vœu dans le sens du progrès, vous n'êtes plus qu'un mauvais citoyen; tantôt on croit ne pouvoir aller trop vite, et celui-là est le meilleur qui aura entassé le plus de ruines. Qui écouter? Ni les enthousiastes du passé, ni surtout ceux de l'avenir. Les uns veulent conserver la maison, même mauvaise; les autres veulent la jeter à bas, même bonne, et sans savoir comment on en bâtira une autre.

Mais comme c'est surtout la diversité des traditions qui constitue la diversité des peuples, la destruction des traits individuels tend à rendre ces derniers de plus en plus semblables. Tout ennemi du passé peut se croire fondé à entrevoir dans l'avenir un moment où ils ne seront plus qu'un, et il cesse, dès lors, d'appartenir moralement à celui au sein duquel il est né.

Encore ici, par conséquent, il y a une limite difficile à déterminer. Nul ne regrettera l'époque où les peuples mettaient leur gloire à se tenir séparés, à se haïr ; mais il y a loin de là à cette fusion universelle que quelques hommes ont rêvée, les uns par philanthropie, les autres, malheureusement en bien plus grand nombre aujourd'hui, pour trôner à leur aise et plus au large.

Les niveleurs du dix-huitième siècle ne portaient pas si loin leurs vues. Ils songeaient peu à se demander, en théorie, à quoi aboutiraient leurs travaux. Ils labouraient pour labourer; d'autres viendraient, et sèmeraient. Ils ne s'élevaient pas à cette idée d'une fusion des peuples, d'une vaste fraternité intellectuelle et politique. Ils n'étaient ni assez chrétiens en morale pour la vouloir par humanité chrétienne, ni assez aguerris en politique pour embrasser du regard une aussi immense transformation. Leur cosmopolitisme, en somme, se réduisait à vanter, d'après Montesquieu, la constitution anglaise, et à se réjouir avec Voltaire des triomphes du roi de Prusse, en qui ils personnifiaient tant bien que mal la raison allant à la conquête du monde.

II

Tout a été dit depuis longtemps sur cette alliance étrange entre les plumes françaises et les canons prussiens. Mais si nous voulons être justes, n'oublions pas de remarquer aussi combien la France était peu une patrie, peu en état d'être aimée comme telle par quiconque ne voyait pas la patrie dans l'ombre d'un clocher. Ce n'était pas, quoiqu'on l'ait beaucoup dit, parce que la vie politique y était nulle. On en sentait peu la privation ; il y avait d'ailleurs, dans les dignités municipales et parlementaires, accessibles à tous, un débouché pour beaucoup d'ambitions. Mais, personnifiée dans le roi, la patrie avait déchu avec lui dans l'esprit et dans le cœur des Français. Louis XIV avait dit : « L'État, c'est moi. » Louis XV avait beau ne pas le dire ; le fait n'en subsistait pas moins. Grande avec son prédécesseur, la patrie était tombée, avec lui, dans le mépris ; et comme on ne pouvait encore parler de l'amour de la patrie qu'en le liant à l'amour du souverain, devenu presque impossible, tous les réveils tentés dans ce sens avaient quelque chose de faux et de forcé. Quels remuements, par exemple, en 1765, autour du *Siége de Calais*, par Dubelloy ! La France s'est effrayée, dirait-on, de se sentir si peu monarchique ; elle a saisi avec empressement l'occasion de l'être une bonne fois bien fort, comme ferait un incrédule qui deviendrait dévot pour un carême. La pièce ne vaut pas grand'chose, il est vrai. On le sait, on le dit tout bas ; mais malheur à qui le dirait tout haut ! On l'appellerait mauvais citoyen, mauvais Français ; et il aurait beau dire, comme le duc de Gesvres : « Plût à Dieu que les vers fussent aussi français que moi ! » — il y aura hérésie et trahison à ne pas battre des mains aux tirades de Dubelloy. *Le Siége de Calais* sera joué et rejoué à la cour, à Paris, dans toutes les villes et dans tous les bourgs de province, dans les garnisons, dans les colléges, et jusque dans les rares colonies que la guerre de sept ans a laissées aux Français. Tous les rimeurs célèbreront ce retour de la France au culte de la monarchie, et M. Basset de la Marelle, avocat général au parlement de Dijon, prétendra prouver comme quoi il n'y a de patriotisme qu'en France, et que les Anglais eux-mêmes ne savent ce que c'est.

La royauté ne pouvait que perdre à ces exagérations maladroites. En célébrant avec tant de bruit la réconciliation de la couronne et du peuple, on constatait et la rupture et ce qu'il y avait de factice dans l'accord. Ce n'était donc que grâce à un mauvais drame que la France s'était souvenue de son antique amour pour ses souverains ! Les admirateurs du roi de Prusse n'allaient-ils pas être d'autant mieux à leur aise pour célébrer un homme qui se suffisait à lui-même, qui n'avait pas besoin, pour être roi, de se montrer dans ces nuages d'encens ? Un jour, — c'était pendant la guerre de sept ans, — le bruit se répand qu'il est pris et qu'on va l'amener en France. « Tant mieux, dit la duchesse d'Orléans. Je serai bien aise de voir un roi. »

La singularité de ses manières contribuait presque autant que sa gloire à captiver une nation légère, blasée sur les pompes monarchiques comme sur les raffinements sociaux. Entre lui et Rousseau, il y aurait, dans ce point de vue, plus d'un trait commun à noter. Rousseau est Diogène entre les encyclopédistes ; Frédéric, entre les souverains. L'un oppose aux délicatesses du jour le tableau de la vie sauvage, et, à la mondanité des gens de lettres, sa propre sauvagerie ; l'autre oppose au faste des rois cette simplicité qu'il a héritée de son père, lequel, avec cent millions dans ses coffres, ne se faisait pas un habit neuf sans faire servir les boutons du vieux. « Le roi, nous dit Voltaire dans ses souvenirs de Potsdam, se levait à cinq heures du matin en été, et à six en hiver. Si vous voulez savoir les cérémonies royales de ce lever, quelles étaient les grandes et les petites entrées, les fonctions de son grand aumônier, de son grand chambellan, de son premier gentilhomme de la chambre, je vous répondrai qu'un laquais venait allumer son feu, l'habiller et le raser, encore s'habillait-il presque tout seul. Sa chambre était assez belle. Une riche balustrade d'argent, ornée de petits amours très bien sculptés, semblait fermer l'estrade d'un lit dont on voyait les rideaux ; mais derrière les rideaux était, au lieu de lit, une bibliothèque. Le lit du roi, c'était un grabat de sangles, caché par un paravent. » Voilà ce qu'on se racontait au milieu des magnificences de Versailles, et l'homme grandissait de tout l'appareil qu'il n'avait pas.

Mais sans prétendre approuver ce patriotisme étroit

qui ne reconnaît qu'aux siens la grandeur et le génie, on ne saurait nier que Voltaire et toute l'école n'aient scandaleusement dépassé pour Frédéric, en guerre contre leur patrie, ce que la justice exigeait ; on se demande comment une indignation profonde n'accueillait pas, en France, les témoignages publics de leur joie dans ses succès et de leur chagrin dans ses revers. Cette brave noblesse qui s'allait faire tuer en Allemagne, tandis que l'Encyclopédie en bas de soie se prélassait dans les salons de Paris, comment ne faisait-elle pas bâtonner par ses valets, selon l'antique usage dont Voltaire avait su un jour quelque chose, ceux qui faisaient des vœux pour le conquérant de la Silésie et le vainqueur de Rosbach ? Hélas ! c'est que la noblesse elle-même était séduite. Il était de bon ton de trouver bien que la France apprît à ses dépens à faire un peu mieux la guerre. Si Frédéric a deux fois trahi la France, il n'en est pas moins un bon soldat, et, qui plus est, un philosophe. On sait que M. de Voltaire, le dictateur, est à ses pieds ; et il n'y aura que les jésuites, très peu Français eux-mêmes quand leur intérêt l'exige, qui accuseront Voltaire de n'être pas Français.

III

Il est vrai que Voltaire savait aussi quelquefois l'être très fort, et même plus que n'auraient voulu ceux qui l'accusaient de ne pas l'être.

Le culte de Henri IV lui servait merveilleusement, à lui et à ses amis, pour réfuter les reproches de ce genre. N'étaient-ils donc pas Français ceux qui adoraient le souvenir d'un roi si éminemment français, si aimé des Français? N'étaient-ils pas royalistes ceux qui le chantaient régnant

> Et par droit de conquête, et par droit de naissance?

Tous ces reproches, enfin, ne pouvaient-ils pas les renvoyer à ce clergé qui avait anathématisé Henri IV, à ces jésuites qui armaient les assassins contre lui, à cette noblesse catholique qui avait marché sous les Guises?

Il n'y avait à cela qu'une objection : c'est que le Henri IV de Voltaire et des siens n'était pas celui de l'histoire.

La réputation de ce prince est aujourd'hui passablement en baisse. Des recherches impartiales ont réduit à leur véritable valeur les témoignages d'amour que sa mort fit éclater [1]. Sans l'effacer encore du nombre des bons rois, il a fallu reconnaître qu'il ne se montra, sur le trône, ni aussi dévoué, ni aussi grand, ni aussi sage

---

[1] Voir, entre autres ouvrages, l'*Histoire des Français*, de M. de Sismondi, au commencement du XXIIe volume. L'auteur des *Essais sur Paris*, Saint-Foix, mort en 1776, avait recueilli beaucoup de matériaux par lesquels il se faisait fort de démolir la réputation d'Henri IV. La mort ne lui permit pas de les employer, et ils se sont perdus. Voir aussi Châteaubriand, *Analyse raisonnée de l'histoire de France*.

que la mode était de le penser. Sully a moins perdu, mais est aussi en train de perdre.

Ce fut surtout pendant la minorité de Louis XIII qu'on apprit à regretter Henri IV. Un roi enfant, une régente faible, des conseillers inhabiles et avides, des désordres sans fin, tout concourait à faire ressortir ce qu'il y avait eu de bon en lui et autour de lui. Il l'avait dit lui-même : « C'est après moi qu'on verra ce que je vaux. »

Une fois l'ordre rétabli, on pensa moins à lui, et, sous Louis XIV, nous le voyons presque oublié. Peut-être l'était-il moins qu'il ne semble ; peut-être commençait-on à opposer aux misères du temps et aux abus de la monarchie absolue le souvenir déjà idéalisé des années du Béarnais. Mais ce fut, en tout cas, fort en secret, et il y avait d'ailleurs bien des raisons pour ne pas parler de lui. Il ne fallait pas trop rappeler à Louis XIV que son aïeul avait failli ne pas monter sur le trône, et que le droit divin avait eu, comme disait encore Henri IV, grand besoin du droit *canon*. Il ne fallait pas trop lui dire, à lui, le révocateur de l'édit de Nantes, que son aïeul était né huguenot, avait gagné, huguenot, tous ses lauriers, et avait dû sa couronne aux huguenots. Leur grand adversaire, Bossuet, était le seul homme qui pût parler de Henri IV sans se compromettre auprès de Louis XIV ; encore ne lui en parla-t-il que dans une lettre intime, publiée longtemps après.

Telle était donc, au commencement du dix-huitième siècle, la réputation de Henri IV. C'est alors que nous la voyons tout à coup se développer hardiment, mais de plus en plus en dehors de la vérité historique. On dirait une eau longtemps contenue, et qui s'échappe enfin dans une direction tout autre que celle qu'elle aurait prise librement.

Il est assez probable qu'on ne vit pas du premier coup tout le parti qu'on allait tirer de ce nom. Voltaire lui-même, à l'époque où il écrivit la *Henriade*, ne faisait pas de son héros ce qu'il en a fait plus tard, et la *Henriade* n'eut pas, à sa première apparition, toute la portée que le siècle allait bientôt lui donner. Le public n'était pas encore habitué à chercher et à voir de l'opposition partout ; l'auteur était encore un peu dans les voies de l'autre siècle. Il voulait, avant tout, faire de beaux vers ; et il en fit.

Mais ces vers avaient été ébauchés à la Bastille. Ils y avaient pris cette teinte, ce fumet, si j'ose ainsi dire, qui commençait à être si fort apprécié, et qu'on leur eût probablement trouvé, quand même ils ne l'auraient pas eu, par cela seul qu'ils étaient éclos sous les verroux.

Que de questions, d'ailleurs, qu'on n'osait encore aborder en prose, et que l'on trouvait là, grâce aux libertés poétiques, soit tranchées, soit, ce qui était déjà beaucoup, indiquées et posées ! On pouvait, rien qu'en commentant la *Henriade*, se faire à petit bruit toute une encyclopédie. Les droits des souverains, ceux des sujets, la souveraineté du peuple, la tolérance, la lutte anti-cléricale, la lutte anti-chrétienne, tout y était. Ce fut comme le programme du siècle, et l'auteur le donnait déjà à entendre quand il dédia son poëme à la reine d'Angleterre. « Votre Majesté y trouvera des vérités impartiales. Morale sans superstition, libéralisme également ennemi de la révolte et de la tyrannie, droits des rois toujours reconnus, droits des nations jamais abandonnés. » Il n'avait donc été, disait-il, qu'impartial ; mais cela même était un pas immense.

Aussi, à mesure que Voltaire avance dans sa carrière et que ses opinions se dessinent plus nettement, la *Henriade*, comme une prophétie commentée par les faits, prend une signification de plus en plus claire et agressive. Ce même Henri IV qui avait pu ne sembler primitivement, comme l'Énée de Virgile, qu'un bon soldat dans les batailles et un bon homme ailleurs, vous le voyez devenir peu à peu un esprit fort, un incrédule. Ce vers :

Je ne décide pas entre Genève et Rome...

avait bien pu n'exprimer, dans l'origine, que l'incertitude d'un guerrier peu versé dans les distinctions théologiques ; mais ce qui est sûr, c'est qu'il arriva bientôt à signifier que la vérité n'est pas plus à Rome qu'à Genève, pas plus à Genève qu'à Rome. En 1766, dans un morceau sur la mort du dauphin, Voltaire nous peint Henri IV

..... de Genève et de Rome
Dans le fond de son cœur riant également...

et *saint* Henri, comme *sainte* Catherine, était un des mots d'ordre de l'armée encyclopédique.

Un ami de Voltaire est accosté, sur le Pont-Neuf, par un pauvre qui lui demande l'aumône. « Au nom de Dieu ! » dit le pauvre. L'autre n'écoute pas. « Au nom de la sainte Vierge ! Au nom des saints ! » Rien. On arrive devant la statue. « Au nom de Henri IV ! » dit l'homme. L'autre s'arrête, et lui donne un écu.

Il est possible, au reste, qu'en faisant de ce prince un incrédule, Voltaire et ses amis ne l'aient pas trop calomnié. Son fameux : « Paris vaut bien une messe » n'annonçait guère un catholique ; sa conversion, juste au moment où il la crut nécessaire, n'était guère non plus d'un protestant attaché à sa foi. Quoi qu'il en fût, ce qui ressort le plus clairement des éloges que le dix-huitième siècle lui a donnés, c'est qu'il les a reçus au moins autant pour son incrédulité, réelle ou non, que pour toutes ses vertus ensemble. Voltaire l'avoue en maint endroit. Il tient à bien prouver qu'il n'a pas chanté un croyant ; il laisse ouvertement entrevoir qu'il se serait peu soucié de bâtir un temple à un homme dont il eût fallu faire un chrétien. Tout fier qu'il est d'avoir fait la *Henriade*, il éprouve, sur ses vieux jours, comme un besoin de s'en excuser devant le siècle, en montrant que s'il a été réservé en apparence, il n'en était pas moins hardi au fond.

IV

Mais c'était faire en même temps l'aveu de tous les défauts de son poëme. L'épopée est essentiellement une œuvre d'enthousiasme et de foi, d'enthousiasme *ou* de foi, si l'on veut, car l'un des deux peut suffire. Virgile n'avait assurément pas plus foi aux divinités païennes que Voltaire aux dogmes chrétiens ; mais il avait l'amour de son sujet, l'enthousiasme des vieux temps, le sentiment de cette antique nature où il encadrait ses tableaux. Il savait bien qu'il ne relèverait pas l'édifice usé du paganisme ; mais il laissait à d'autres la tâche de l'abattre, et il recueillait pieusement, pour un édifice inconnu, tous ces matériaux éternellement bons et solides, amour des champs, culte sacré des aïeux, antiques traditions de patriotisme et de gloire. Voilà comment il prolongea, jusqu'au milieu d'un siècle corrompu et incrédule, les émotions de la poésie primitive ; voilà pourquoi il arrache encore des larmes. Mais Voltaire, qui est-ce que sa *Henriade* a fait pleurer ? Qui l'a relue avec amour ? Qui même l'a lue avec un autre plaisir que celui de rencontrer de beaux vers, encore est-ce un maigre plaisir quand les beaux vers ne sont que beaux ? Ce ne sont pourtant pas les tableaux touchants qui y manquent ; mais ce sont des tableaux et rien de plus, ou, disons mieux, des groupes de statues. Tout y est, moins la vie, et, ce qui est pis, vous sentez qu'elle ne doit pas y venir, car ce n'est pas le marbre de Pygmalion, s'animant sous un regard amoureux, mais une chair devenue marbre sous un vent de scepticisme et de mort.

Nous laissons de côté, car elles sont moins de notre sujet et on peut les voir partout, les critiques plus spécialement littéraires auxquelles la *Henriade* a donné lieu.

Il serait facile, d'ailleurs, de les montrer revenant toutes à celle que nous venons d'indiquer. La *Henriade* n'a de neuf que ce qui n'est pas épique, les allusions, les sentences, le scepticisme. Cela ôté, c'est Virgile et Lucain, Virgile sans son élégante candeur, Lucain sans son enflure, mais sans sa patriotique émotion, sans son énergie et sa sève. Tableaux, récits, scènes de carnage ou d'amour, tout, à bien peu d'exceptions près, est pris ici ou là. L'originalité que d'autres auteurs ont donnée à des emprunts de ce genre, Voltaire n'en avait pas le secret. Il ne la cherchait pas, d'ailleurs; il n'en sentait pas le besoin. La nouveauté philosophique suffisait à son amour-propre; la nouveauté poétique l'aurait plutôt effrayé. Peu importait que le vase fût de vieille forme, pourvu que la liqueur, poison ou parfum, comme on voudra, fût nouvelle et bien reçue. Tout le reste, comme a dit M. Villemain, n'est pour Voltaire qu' « une sorte de cérémonial épique, dont il s'ennuie, et qu'il abrége le plus qu'il peut. »

De là encore la froideur du merveilleux qu'il s'est cru obligé de semer dans son poëme.

Nous ne saurions exiger que le poëte croie sérieusement à ses fictions et se prosterne tout de bon devant les dieux qu'il crée; mais nous avons besoin de lui sentir un peu d'amour pour les produits de son imagination. Là où la foi religieuse est impossible, nous voulons au moins ce je ne sais quoi qu'on pourrait appeler la foi poétique. La première, Voltaire ne l'eut jamais; la seconde, elle n'était pas possible avec un merveilleux de ce genre. On a dit que la *Henriade* pourrait s'appeler la *Discordiade*. C'est presque vrai, car il y a maint endroit où la Discorde est le premier personnage du poëme. Mais qu'est-ce que la Discorde ? Une abstraction. Les païens l'avaient personnifiée ; mais ils personnifiaient tout, les païens, jusqu'à la fièvre. C'était un système complet, et la poésie de l'ensemble se reflétait sur ceux des détails qui, isolés, n'en auraient pas eu suffisamment. Ces abstractions, d'ailleurs, les anciens poëtes n'avaient garde, en les personnifiant, de leur donner les premiers rôles ; ils en faisaient des divinités de troisième ou de quatrième rang, perdues dans la *populace* des dieux, comme dit Juvénal. Mais la discorde est le Jupiter de la *Henriade*, et un Jupiter, ce qui est pis, perpétuellement mis en présence, non pas de quelque autre dieu forgé, mais de Dieu, du Dieu unique et réel. Nous voilà donc perpétuellement ballottés du vrai au faux, des choses de foi aux inventions d'une rhétorique païenne. Toute illusion est impossible. On dirait même que le poëte a eu peur de nous en donner quelque peu, car il a soin de nous prévenir, dans son prologue, qu'il va mêler le faux au vrai [1], et cet avertissement singulier revient indirectement plusieurs fois dans le cours du poëme. Ce qui est, du reste, encore plus clair, c'est que les choses de foi et les fictions sont,

---

[1] « Descends du haut des cieux, auguste vérité...
Viens, parle ; et s'il est vrai que la fable autrefois
Sut à tes fiers accents mêler sa douce voix,
Si sa main délicate orna ta tête altière,
Si son ombre embellit les traits de ta lumière,
Avec moi sur tes pas permets-lui de marcher... »

pour l'auteur, à peu près sur la même ligne. Or, ce n'est pas là un vice dont les gens religieux puissent être seuls frappés. Fussiez-vous aussi incrédule que Voltaire, vous avez besoin de trouver, dans un poëme épique, autre chose que des négations; vous ne pouvez admirer véritablement, vous ne pouvez aimer que celui qui a été fait avec amour.

CHAPITRE HUITIÈME

I. Voltaire se défend d'avoir plaidé en faveur de la Réforme. — Pourquoi les philosophes sympathisaient si peu avec les protestants. — Persistance de la foi au sein du protestantisme. — L'Allemagne. — L'Angleterre. — La Hollande. — Genève. — Abauzit. — Bonnet. — Tissot. — Tronchin. — Haller. — Herder. — Court de Gébelin. — Necker. — Rabaut-Saint-Étienne. — Guénée. — Lambert. — Euler. — Frédéric isolé dans son royaume. — Locke. — L'incrédulité née en Angleterre sous l'influence française et catholique. — Pourquoi elle n'y a jamais tenu le sceptre. — II. Voltaire et les siens s'étonnent de voir les protestants rester chrétiens. — Dépit et injustices. — Accusations de fanatisme. — Les camisards. — Jurieu et Bayle. — Malheur à quiconque a péché contre la philosophie ! — III. Voltaire et Calvin. — Servet. — Pourquoi sa mort excitait tant d'indignation. — Calvin en enfer de par Voltaire.

IV. Appréciations historiques de Voltaire. — Il aime à effleurer le vrai et à s'enfoncer dans le faux. — En quel sens son intelligence était vaste. — Rectitude apparente. — Qualités de son style. — Vices cachés. — Mobilité. — Toujours l'esprit plutôt que le bon sens. — V. Il aime à rapetisser les choses et les hommes. — Appréciation puérile des causes de la Réformation. — Il ne voit pas ou ne veut pas voir qu'elle a été une des phases de l'émancipation de la pensée. — Il n'admet pas non plus qu'elle ait procédé de besoins et de sentiments religieux. — La chicane et l'avidité ont tout fait.

VI. Système des petites causes. — Ce qu'elles sont pour le croyant, et ce qu'elles sont pour l'incrédule. — Fontenelle et ses *Dialogues des morts*. — Voltaire reprend et poursuit la même thèse. — *Zadig*. — *Candide*. — L'*Essai sur les mœurs et l'esprit des nations*. — Exagérations de Bossuet dans le *Discours sur l'histoire universelle*. — Exagérations et mensonges de Voltaire en sens inverse.

I

Autant Voltaire se complaisait dans la pensée d'avoir fait de la *Henriade* un manifeste anti-chrétien, autant il se défendait d'en avoir fait une œuvre anti-catholique, un plaidoyer en faveur de la Réforme.

Il était cependant incontestable que la Réforme y avait le beau rôle, puisque tous les beaux rôles y étaient donnés aux protestants. Historiquement, c'était justice; mais il y avait en France trop de gens à qui cette justice déplaisait, pour que l'auteur ne se crût pas obligé d'en amoindrir la trop fâcheuse impression.

Ce n'est pourtant pas là qu'il faut chercher la véritable raison des jugements plus que sévères auxquels il a donné cours sur la Réforme et ses principaux chefs.

On s'étonne, au premier abord, que la plupart des libres penseurs de ce temps aient sympathisé si peu avec les partisans du libre examen en religion. Si l'incrédulité voltairienne est, comme on l'a tant dit, une fille de la Réforme, pourquoi si peu d'intimité entre la fille et la mère ?

C'est que la mère avait gardé, malgré l'énervement général, assez de force et de foi pour répudier la fille; c'est que, pour parler sans figure, ceux qui avaient *protesté* contre Rome étaient encore ceux qui protestaient avec le plus de courage contre les envahissements de l'incrédulité.

Voyez l'Allemagne protestante. Quand Frédéric veut s'entourer d'incrédules, il faut qu'il les fasse venir de France. Ni leur influence ni la sienne ne créeront un parti voltairien allemand.

Voyez l'Angleterre. C'est elle, ce sont du moins quelques-uns de ses enfants qui ont donné le signal de la lutte anti-chrétienne. Mais Voltaire a beau lui faire hommage de tous les succès destructeurs qu'il obtient sur le continent : il ne réussit pas à rien ébranler chez elle, et c'est de chez elle que partent toutes les attaques sérieuses contre son scepticisme et contre lui. Elle a de grands incrédules, mais isolés, et elle reste, en masse, profondément croyante. De même qu'il avait pris d'abord pour des révolutionnaires tous ceux qu'il entendait parler librement en politique, il vit des incrédules dans tous ceux qui examinaient librement en religion. Cette erreur lui convenait trop pour qu'il n'y persistât pas ; mais les faits n'y étaient pas moins contraires.

Voyez la Hollande. C'est là que Bayle a vécu ; c'est là que s'impriment tous les mauvais livres de l'Europe. Sa foi en est-elle ébranlée ? Non. C'est à peine si elle paraît s'apercevoir du mouvement. Sans ces quelques libraires, qui même ne sont pas tous du pays, elle ne serait pas nommée dans l'histoire des luttes de ce temps. « Nous vous imprimons, mais nous ne vous lisons pas, » disait un Hollandais à un incrédule de Paris. Ce n'était pas rigoureusement vrai. Beaucoup de Hollandais lisaient Voltaire ; mais peu devenaient voltairiens.

Voyez Genève. Voltaire a beau être là, l'éblouissant de son esprit, l'étourdissant de ses rires ; le christianisme continue à y être en honneur. Elle cède au torrent ; mais elle ne se laisse emporter, en quelque sorte, qu'avec l'antique bagage de ses mœurs, de ses lois, de ses traditions vénérées, et elle les garde au plus fort du tourbillon. Ses écrivains restent chrétiens, non à la façon de Rousseau, qui n'est pas plus chrétien que Genevois, mais sincèrement et tout de bon. Est-ce en se bouchant les oreilles ? En s'isolant au milieu du mouvement ? Non. Ils y prennent part en tout le reste ; ils figurent, dans quelques questions, parmi les plus hardis. Abauzit, que Rousseau n'appellerait pas *Socrate* [1] s'il ne le savait fort avant dans les idées du jour, Abauzit écrit la *Connaissance du Christ* et l'*Honneur dû au Christ,* deux des meilleurs traités qui se soient faits

---

[1] Dans une note de la *Nouvelle Héloïss.*

sur ces matières. Bonnet, en philosophie, est sensualiste et plus que sensualiste, car sa doctrine est quelquefois au-delà de celle de Locke, le maître de Voltaire ; eh bien, Bonnet est chrétien. Où prenait-il, avec un pied dans l'abîme, la force de n'y pas glisser et de rester les yeux au ciel ? Nous citera-t-on, à cette époque, un seul catholique arrivé si près du matérialisme, et cependant resté chrétien ? C'était une inconséquence, si l'on veut ; mais plus l'inconséquence est grande, plus elle est à l'honneur des sentiments et des principes qui ont été assez forts pour la produire. Il était chrétien, ce Tissot que nous avons vu donner tant d'éloges à Diderot. Il était chrétien, ce Tronchin à qui Voltaire en donnait tant, et qu'il aurait été si heureux de *convertir*. Il était chrétien, ce Haller, l'homme le plus savant peut-être et le plus véritablement universel du dix-huitième siècle. Il était chrétien, ce Herder dont le roi de Prusse disait qu'il savait tout. Il était chrétien, ce Court de Gébelin qui eut tous les encyclopédistes pour amis. Voyez Necker. Il est lié, lui aussi, avec tous les incrédules du temps ; il préside, en 1770, la réunion où l'on vote une statue à Voltaire ; et, jusqu'à son dernier soupir, il parlera, il écrira en faveur du christianisme. En 1793, seul peut-être parmi les révolutionnaires avancés, Rabaut-Saint-Etienne est chrétien, et Rabaut-Saint-Etienne est protestant.

Comment donc se fait-il que tant d'historiens et de critiques, même impartiaux en général, se taisent, ou à peu près, sur les obstacles que l'incrédulité rencontra chez les protestants ? On parle de l'abbé Guénée, le seul qui ait sérieusement et savamment tenu tête à Voltaire sur le terrain de l'Ancien Testament; mais on oublie d'ajouter qu'il s'était formé à l'école des apologètes anglais, et qu'il avait débuté par traduire l'ouvrage de Littleton sur saint Paul, les discours de Leed sur la Bible, les réponses de Wert aux objections de Woolston. On cite les *Lettres Cosmologiques* de Lambert, les *Lettres à une princesse d'Allemagne,* par Euler; on ne dit pas qu'ils étaient protestants. Haller, qui suivait Voltaire pas à pas dans ses luttes contre la Bible, et qui contribua si puissamment au maintien de la foi en Allemagne, on ne le nomme même pas parmi les apologètes. On peint en traits hideux l'incrédulité du roi de Prusse; on oublie de remarquer qu'il resta isolé dans son royaume. On cite quelques incrédules anglais, toujours les mêmes; on ne dit pas que ce sont des noms de chefs, qui ont eu peu de soldats dans leur pays. Locke lui-même, que toute l'école française affectait d'appeler son chef, son père, Locke était resté, en pratique, bien loin des conséquences qu'on allait donner à ses idées. Shaftesbury, en l'attaquant[1], déclarait l'avoir toujours vu chrétien. En Angleterre, beaucoup de ses disciples le furent comme lui; en France, aucun.

A quelle époque, d'ailleurs, une école incrédule s'était-elle formée en Angleterre? A la mort de Charles Ier? Au milieu du débordement républicain? Non, mais sous Charles II et Jacques II, sous l'influence française et catholique. La réaction chrétienne commença au ren-

---

[1] Dans ses *Lettres à un membre de l'Université.*

versement des Stuarts, et, ce qui montre bien la part que leur règne avait eue dans les progrès de l'incrédulité, la plupart des incrédules connus, en particulier Bolingbroke, étaient et restèrent jacobites. Leur influence en diminua d'autant, et quand Voltaire, en 1727, croyait saluer une aurore, il saluait plutôt un crépuscule. Celui des poëtes anglais qu'il a le plus admiré, le plus loué, l'ami de ce même Bolingbroke, l'auteur de cet *Essai sur l'homme* où les philosophes français devaient puiser, à l'exemple de Voltaire, tant d'inspirations dangereuses, Pope, enfin, était catholique.

M. Villemain avoue bien, au commencement de son cours, que l'incrédulité n'a jamais tenu le sceptre en Angleterre comme en France ; mais il ne voit d'autre cause à ce fait que la liberté même avec laquelle toutes les opinions se produisaient chez les Anglais. La gêne et les tracasseries contribuaient, sans aucun doute, à populariser l'incrédulité en France ; mais que la liberté seule ait suffi, où que ce fût, pour neutraliser des efforts aussi puissants que ceux qui réussissaient dans ce pays, nous ne pouvons l'admettre. Il y avait, derrière la liberté, des barrières de spiritualisme et de foi que le catholicisme, en France, n'avait pas su maintenir, même sous la protection du despotisme.

II

Voyez, du reste, comme Voltaire et les siens s'en étonnent, s'en plaignent, s'en indignent. Les protestants, déjà traités en rebelles par le gouvernement français, sont presque encore des rebelles aux yeux de ces hommes devant qui tout commence à plier.

De là le peu de bienveillance qu'ils trouvaient, malgré leurs malheurs, chez des écrivains qui n'avaient ni ne pouvaient avoir aucun intérêt dogmatique à les haïr ; de là, pour en revenir à la *Henriade*, les calomnies par lesquelles Voltaire leur fit payer le bien qu'il avait dit d'eux dans son poëme. En les voyant rester chrétiens, il craignait, en quelque sorte, que les éloges qu'il leur avait donnés ne parussent donnés au christianisme, et il faisait de son mieux, en conséquence, pour en atténuer l'effet.

Avait-il, par exemple, à parler du fanatisme, il aimait à citer des fanatiques protestants. Il y en a eu, c'est vrai ; mais on conviendra qu'en présence de ce qu'ils avaient souffert, de ce qu'ils souffraient encore, ce n'était guère chez eux qu'il convenait d'aller chercher des faits odieux ou ridicules.

Ainsi, dans une lettre au sujet de son *Mahomet* : « Ceux qui disent, écrit-il, que les temps de ces crimes sont passés, font, ce me semble, trop d'honneur à la nature humaine. » Il a raison ; mais que va-t-il amener à l'appui ? Les camisards, « les prophètes des Cévennes, » dit-il, ces gens tuant au nom de Dieu « ceux de leur secte qui n'étaient pas assez soumis. »

Il y avait eu, en effet, dans les Cévennes, des meurtres de ce genre ; mais combien ? Quelques-uns, énergiquement flétris par la presque totalité des protestants, même sur les lieux. Voilà ce que Voltaire osait appeler, en présence des assassinats juridiques qui se commettaient encore tous les ans sur leurs ministres, à Montpellier, à Nîmes, à Toulouse, à Grenoble, partout où l'on pouvait saisir quelqu'un de ces hommes intrépides.

Quelques lignes plus loin, il s'agit des persécutions que la raison a essuyées. Quel exemple va-t-il citer? Galilée en prison pour avoir dit que la terre se meut? Les protestants brûlés pour avoir voulu raisonner sur ce qu'on leur ordonnait de croire? Ce sont eux, au contraire, qu'il va montrer persécutant. « La superstition, dit-il, ne donne pas toujours la ciguë à Socrate; mais elle donne à Jurieu, qui faisait le prophète, assez de crédit pour réduire Bayle à la pauvreté. »

Jurieu, sans faire le prophète, avait en effet dénoncé les tendances de Bayle, comme c'était son droit et son devoir puisqu'il les trouvait dangereuses, et lui avait fait ôter sa chaire de Rotterdam. Voilà une simple destitution mise en balance avec tout ce que l'Inquisition a opposé de plus atroce aux progrès de la raison et de la liberté. Ailleurs encore[1] :

> « Par le fougueux Jurieu Bayle persécuté
> Sera des bons esprits à jamais respecté,
> Et le nom de Jurieu, son rival fanatique,
> N'est aujourd'hui connu que par l'horreur publique. »

C'est ainsi que le moindre crime de lèse-philosophie, ou plutôt de lèse-incrédulité, prenait place parmi les objets d'horreur, parmi les souvenirs que toute l'école

---

[1] *Discours sur l'homme.*

affectait de ne rappeler qu'en frémissant. Au risque de légitimer les rigueurs encore exercées contre les protestants de France, on aimait, par dépit de les voir encore chrétiens, à faire entendre que s'ils ne persécutaient pas, c'était uniquement parce qu'ils n'en avaient pas le pouvoir. Et ce que Voltaire en avait dit avec plus de légèreté peut-être que de véritable haine, Montesquieu allait le répéter gravement.

III

Mais un des hommes que Voltaire a le plus véritablement haïs, c'était encore un protestant; c'était Calvin.

Dans son *Essai sur les Mœurs*, où l'histoire d'un siècle est quelquefois condensée en quatre pages, la mort de Servet tient un chapitre, juste autant que l'histoire entière de l'Inquisition et de son règne. Pourquoi tant d'intérêt pour Servet, tant d'horreur pour celui à qui on est convenu, quoique fort inexactement, d'attribuer son supplice? Pourquoi ce bûcher occupant, dans une histoire universelle, autant de place que dix mille et que cent mille autres? C'est qu'ils n'étaient que des chrétiens imbéciles, ceux qui ont expiré dans les flammes de l'Inquisition; mais Servet, c'était un libre penseur, un incrédule. Ceci est-il au moins vrai? Voltaire était-il de bonne foi quand il tendait à l'Espagnol une main fraternelle à travers les flammes de Calvin? Nous ne pouvons savoir jusqu'à quel point il se le figurait confrère des incrédules postérieurs ; mais ce que nous savons bien, c'est que Servet ne l'était pas, et que, hardi pour son époque, il était croyant et très croyant en comparaison des amis que Voltaire lui a faits.

Mais on s'inquiétait peu de ce qu'il avait pu être ; l'essentiel était que le vulgaire vît en lui un précurseur des hardiesses modernes, et, en Calvin, à qui on ne pouvait refuser d'avoir été le plus indomptable croyant de son époque, un persécuteur atroce. Voilà pourquoi Voltaire est impitoyable envers Calvin. Il le poursuit jusque dans l'autre monde ; il le dévoue à ces châtiments éternels, auxquels, à la vérité, il ne croit pas, mais auxquels il a presque l'air de vouloir croire afin d'y envoyer Calvin. Dans une des fictions moitié sérieuses, moitié bouffonnes, de son *Dictionnaire philosophique*, il introduit Calvin et le cardinal de Lorraine se disputant une place dans le ciel. « Vis-à-vis du cardinal de Lorraine était Jean Chauvin, qui se vantait, dans son patois grossier [1], d'avoir donné des coups de pied à l'idole papale, après que d'autres l'avaient abattue. J'ai écrit contre la peinture et la sculpture, disait-il ; j'ai fait voir évidemment que les bonnes œuvres ne servent à rien du tout, et j'ai prouvé qu'il est diabolique de danser le menuet [2]. Chassez vite d'ici ce cardinal de

---

[1] Bossuet a été plus juste. Il met Calvin au premier rang parmi les fondateurs de notre langue.

[2] Dans les *Lettres philosophiques*, Voltaire paraît trouver très bien qu'on ait coupé les oreilles, sous Charles Ier, à un auteur qui avait écrit contre les spectacles.

Lorraine, et placez-moi à côté de saint Paul. Comme il parlait, on vit auprès de lui un bûcher enflammé. Un spectre épouvantable, portant au cou une fraise espagnole à moitié brûlée, sortait du milieu des flammes avec des cris affreux. Monstre, s'écriait-il, monstre exécrable, reconnais ce Servet….. etc. » — Alors les juges — les juges, c'est Confucius, c'est Solon, c'est Épictète, tous les saints de Voltaire, enfin, moins pourtant son éternel Julien, — les juges, disons-nous, ordonnent que le cardinal de Lorraine soit précipité dans l'abîme, mais qu'un supplice encore plus cruel (Voltaire ne dit pas en quoi il consistera) soit préparé pour Calvin. Le voilà donc plus puni, pour une mort, qu'un cardinal qui en a ordonné ou approuvé des milliers.

IV

Non-seulement on prétendait écraser tout homme, vivant ou mort, dont on ne pouvait faire un des soldats de la phalange, mais il n'y avait nulle honte à juger les plus grandes choses au point de vue des plus petites rancunes, à se montrer ouvertement partial, à mettre ouvertement les intérêts du parti au-dessus de la justice, au-dessus de l'honneur, au-dessus de la philosophie elle-même.

Rien de moins philosophique, en effet, même lorsqu'il n'a pas directement intérêt à être injuste, que les appréciations historiques de Voltaire. Il n'est pas toujours dans le faux ; mais on dirait qu'une fois qu'il y est, il tient à s'y enfoncer le plus possible, tandis que, dans le vrai, il reste toujours à la surface. Une idée entièrement juste et bonne, il se contentera de l'énoncer, et peut-être ne la retrouverez-vous pas une seconde fois dans tout le cours de ses ouvrages ; une idée fausse ou dangereuse, il ne l'abandonnera pas sans l'épuiser, et il la reprendra dans vingt endroits, dans vingt ouvrages différents, à vingt ans et à quarante ans de distance. Les conséquences d'un fait vrai, important, fécond en enseignements, il les a bientôt tirées ; celles d'un fait mesquin, inexact, inventé peut-être ou au moins arrangé par lui, il les étudie avec amour, il n'en sort pas. Les petits faits, du reste, lui plaisent toujours mieux que les grands, et, là où il n'y en a que de grands, il n'est content que lorsqu'il les a rapetissés. Son intelligence n'était vaste que par la rapidité de ses mouvements, puissante que par son impétuosité et ses audaces. Il n'embrassait point mille choses ; il avait l'art d'en voir successivement mille dans le même temps qu'un autre eût mis à en voir quelques-unes. Capable de courir en un instant sur toute la circonférence du monde intellectuel, il pouvait bien, de temps en temps, se rapprocher du centre, et même, par quelque heureuse boutade, y arriver ; mais s'y tenir, mais dominer de là les horizons de l'histoire ou de l'âme, il n'en avait ni le pouvoir, ni le sérieux désir. Jamais ses yeux perçants n'ont eu ce regard calme et large, apanage et signe distinctif des véritables rois de l'intelligence humaine.

A défaut d'étendue, son jugement avait-il au moins la rectitude ? — Peu d'hommes, il faut le reconnaître, ont paru doués d'un sens pratique plus délicat et plus sûr. Si la clarté, la précision et l'incisif de la parole, sont des signes certains de la bonté du jugement, quelle parole fut jamais et plus précise, et plus claire, et plus incisive que la sienne? Qui n'admirerait « ce style ferme, transparent et solide, élégant et précis, exact et facile ; abondant, court, dégagé, imprévu, brisé, saccadé, sautillant, impétueux ; négligeant toutes les ligatures, brusquant toutes les transitions, se suivant cependant et s'enchaînant par des liaisons inattendues qui naissent on ne sait comme, qui viennent on ne sait d'où ; suivant toujours la pensée pas à pas, observant toutes ses fantaisies et tous ses caprices, se pliant à tous ses mouvements, s'élançant aussitôt qu'elle, s'arrêtant quand elle s'arrête, sans jamais aller au-delà ni rester en deçà [1]. » Jamais homme n'a eu plus constamment l'air, non-seulement d'avoir raison, mais d'être incapable d'avoir tort. Et cependant, sans même aller jusqu'à ses erreurs les plus grossières, que de raisonnements inexacts ou incomplets ! Que de faits vus d'un seul côté ! Il a passé sa vie à argumenter des exceptions contre la règle, des abus contre l'usage, du mal contre le bien. Nous le voyons s'abandonner sans combat, non-seulement à des passions qui ne lui permettaient plus d'être juste, mais à cette mobilité prodigieuse qui plaçait sa raison sous l'influence des mille accidents de chaque jour. L'esprit

---

[1] Romain-Cornut. *Discours sur Voltaire.*

et le bon sens se rencontreront souvent chez lui ; mais, s'il faut opter, son choix est fait : il sera toujours spirituel plutôt qu'exact, piquant plutôt que sage.

V.

Il aime, disions-nous, à rapetisser les grandes choses. C'est ce qu'il fait aussi volontiers pour les grands hommes, et peut-être est-ce une preuve de plus qu'il n'en fut pas un lui-même. Nous avons observé qu'il menait son siècle en le suivant; nous pourrions ajouter qu'il ne comprenait même pas une autre manière de mener, et que c'est pour cela qu'il a quelquefois si mal jugé les meneurs providentiels des autres siècles. Chacun d'eux, à ses yeux, est tout entier dans un fait, dans une anecdote, dans un mot; fait, anecdote et mot toujours choisis, cela va sans dire, dans ce qui est ou dans ce qui n'est pas glorieux pour le personnage en question, selon que ce personnage est bien ou mal noté dans les papiers de l'école. Calvin, qu'il déteste, est tout entier dans la mort de Servet. Luther, qu'il ne déteste pas, mais qu'il ne voudrait pas louer, est tout entier dans les grosses plaisanteries que Bossuet lui avait déjà reprochées. Il ne sait pas, il ne veut pas savoir ce que cette plume bouffonne a pu écrire aussi de beau, de poétique et de grand ; il se croirait perdu aux yeux du siècle s'il avouait qu'un moine a pu être un profond penseur, un grand écrivain, un grand homme. D'ailleurs, en lui refusant ce titre, il ne croit pas être injuste, car la grandeur du rôle et du caractère de Luther lui échappent totalement. Il en est de même pour Calvin. On sent que, ne le détestât-il pas, il n'en ferait encore qu'un assez mince personnage. Évidemment, il n'entend rien à ce grand mouvement du seizième siècle. Les hommes qui l'ont fait ne sont pour lui que des enfants se trémoussant dans un certain crépuscule, entre les ténèbres du passé et les lueurs du soleil à venir. Calvin, c'est le Picard adroit qui a croqué les marrons, après que d'autres les eurent tirés du feu. Luther, c'est le moine augustin qui a crié contre les indulgences parce que les dominicains allaient en avoir le profit. Voltaire ne sort pas de là. « Vous n'ignorez pas, dira-t-il [1], que cette grande révolution dans l'esprit humain et dans le système politique de l'Europe commença par Martin Luther, moine augustin, que ses supérieurs chargèrent de prêcher contre la marchandise qu'ils n'avaient pu vendre. » Une erreur de plus, cette fois. Où a-t-il vu que Luther eût reçu l'ordre de faire ce qu'il fit ? Mais tenons-nous en à notre remarque sur cet oubli complet des grandes causes. Dans ses *Pensées sur l'administration publique*, il est encore plus tranchant : « Si Léon X avait donné les indulgences à vendre aux moines augustins, qui étaient en possession du débit de cette marchandise, il n'y aurait point de protestants. »

Il ne va donc même pas jusqu'à comprendre que la Réformation ait été liée à l'émancipation de l'esprit et

---

[1] *Essai sur les Mœurs*, CXXVIII.

des sciences. Il n'en voit que le côté dogmatique, c'est-à-dire, à son point de vue, ridicule et absurde. Il ne dit pas que les protestants aient mal fait de se révolter contre l'Église, ni que l'Église ait mal fait de les combattre ; il enveloppe et les uns et les autres, en leur qualité de chrétiens, dans un immense mépris. « On va parler de ces dissensions qui font la honte de la raison humaine. » Voilà en quels termes il commence, dans son *Siècle de Louis XIV*, l'histoire du calvinisme. Ne reprochons pas à l'incrédule de n'avoir vu que des misères dans les sujets débattus entre le catholicisme et la Réforme ; mais comment pardonner à l'historien et au philosophe de n'avoir pas au moins entrevu les questions de tout genre qui s'agitaient sous celles-là ? Philosophie, morale, politique, sciences, tout, au seizième siècle, était dans la théologie, et c'est ne rien comprendre à ces temps que de juger comme purs théologiens ceux qui y ont joué un rôle.

Il n'admet pas, d'ailleurs, ou plutôt il ne comprend pas que cette révolution ait procédé nulle part d'un besoin réel et sincère, qu'elle se soit propagée autrement que par une « fureur épidémique » de controverse et d'ergotages ; il vient ouvertement en aide à ceux des historiens catholiques qui ne veulent voir dans la Réforme qu'hypocrisie et rébellion.

Il est vrai que ses jugements, au fond, ne sont pas plus favorables à l'un des partis qu'à l'autre, car il se refuse absolument à reconnaître aux besoins religieux une influence légitime sur les affaires humaines. C'est à tous les chrétiens sans exception qu'il reprochera d'avoir fait rougir la raison par leurs querelles ; c'est toute querelle religieuse, quelque haut qu'en soit le sujet, qu'il déclarera « indigne des honnêtes gens. » Seulement, comme il est en pays catholique, il trouve plus prudent de ne s'attaquer qu'aux protestants. La fureur de la controverse a seule animé leurs premiers chefs ; l'espoir de piller les biens d'église a été la seule cause de leurs premiers succès. « Les anciens dogmes embrassés par les Vaudois, les Albigeois, les Hussites, renouvelés et différemment expliqués par Luther et Zwingle, furent reçus avec avidité dans l'Allemagne comme un prétexte pour s'emparer de tant de terres dont les évêques et les abbés s'étaient mis en possession [1]. » Ces motifs ont eu leur influence ; mais ne vouloir pas en voir d'autres, c'est se jouer du bon sens et de l'histoire. Même en niant les motifs religieux, restaient au moins les motifs philosophiques, l'élan, bon ou mauvais, qui emporta tous les penseurs de ces temps.

VI

Nous n'avons pas, du reste, à faire ici l'apologie de la Réformation ; nous ne voulions que montrer combien on se contentait à bon marché dans l'étude des causes, hors de laquelle, cependant, il n'y a pas de philosophie

---

[1] *Siècle de Louis XIV.*

de l'histoire. Nous aurons plus loin à examiner si Montesquieu faisait réellement exception à cet égard.

Chez Voltaire, il est vrai, ce n'était pas une erreur seulement, mais un système. Là même où les grandes causes apparaissent sans qu'il y ait aucunement à creuser pour les voir, il préfère encore les petites, et il les invente, au besoin, pour le plaisir de les opposer aux grands effets. Les contrastes l'amusent, et il espère en amuser ses lecteurs ; puis, c'est une manière comme une autre de décréditer la Providence, et de la nier tout doucement. Tandis que le croyant admire qu'il faille si peu à Dieu pour changer un peuple, un siècle, un monde, l'incrédule a retourné la question : c'est le petit fait, au contraire, c'est l'imperceptible cause qui a déjoué les plans de Dieu ; c'est le hasard qui a bouleversé, par un de ses plus légers caprices, ce que les bonnes gens attribuaient à l'action d'un Dieu infiniment grand et sage.

Fontenelle avait inauguré, dans ses *Dialogues des Morts*, cette lutte indirecte contre la foi en un Dieu agissant et dirigeant. Ses morts ne sont guère occupés qu'à montrer le dessous de cartes de tous les grands événements. Ils se moquent avec esprit de ceux qui ont cru les causes grandes parce que les effets l'étaient ; ils se donnent de bonne foi pour avoir fait avec des riens la destinée du monde, et ils ne s'aperçoivent pas que quand des riens ont ce pouvoir, c'est qu'ils se lient à des causes bien autrement profondes et réelles. Est-ce qu'il y a des riens pour Dieu ? L'incrédule vous montre un grain de sable dont la chute, dit-il, a déterminé l'éboulement d'une montagne. Oui, répond le croyant ; mais ce grain de sable est tombé parce que Dieu a voulu qu'il tombât.

Fontenelle, avec sa réserve ordinaire, se gardait bien de conclure ; Voltaire, plus hardi, conclut. Dieu, selon lui, a abandonné le monde aux caprices des hommes et des choses ; peu s'en faut que, faisant Dieu à son image, il ne le représente se divertissant au haut du ciel de nos embarras et de nos folies. Insidieuse et fine dans *Zadig*, grossière ailleurs, l'accusation contre la Providence est perpétuellement au fond de la pensée de Voltaire ; pas un de ses plus légers pamphlets, pas un de ses plus jolis contes qui ne vous en laisse un arrière-goût. Ne dites pas que c'est un parti pris. C'est plus que cela : c'est sa nature. Il est né en révolte ; il vit et il mourra en révolte. *Candide*, l'infernal *Candide*, n'est qu'un des épisodes de cette incessante guerre. *Candide* est le tableau le plus effroyablement gai de toutes les misères de la vie. « C'est, a-t-on dit, le rire de Satan lui-même, ce rire qu'il fit éclater lorsqu'il se replongea, triomphant, dans l'abîme, après avoir souillé l'enfance virginale du monde, et jeté la douleur et la mort dans les entrailles de l'humanité flétrie [1]. » Nous n'aimons pas, en général, qu'on fasse d'un homme un diable ; mais nous comprenons qu'après avoir lu *Candide*, on ne trouve que cela pour exprimer ce qu'on a éprouvé.

Son *Essai sur les Mœurs* n'est qu'une longue diatribe à l'appui de la même thèse. Il n'a voulu, dirait-

---

[1] Romain-Cornut. *Discours sur Voltaire.*

on, que continuer en sens inverse le *Discours sur l'histoire universelle*. Là, Dieu est partout et en tout ; ici, nulle part.

Il est vrai que Bossuet va souvent un peu loin. Il ne se borne pas à montrer Dieu tenant les fils de toutes les choses humaines ; il veut que tout ce que Dieu a fait ou laissé faire, depuis la création du premier homme, ait été combiné en vue d'un seul événement, l'établissement du christianisme. L'idée est grande et belle ; est-elle juste ? Elle pourra l'être un jour. Quand l'univers, comme nous l'espérons sur la foi de hautes promesses, sera devenu chrétien, alors peut-être apparaîtra cette magnifique unité du plan de Dieu ; mais que nous puissions déjà la voir dans le passé, qu'elle y soit, comme le prétend Bossuet, évidente et incontestable, c'est ce que nous n'admettons pas. Il lui a fallu, pour la voir, laisser dans l'ombre une multitude de peuples qu'aucun lien visible n'y a encore rattachés, et appeler histoire *universelle* l'histoire d'un tiers du genre humain. Tout n'est pas éloge peut-être dans ce beau nom de *Prophète du passé* qu'on lui a donné quelquefois. Un prophète affirme et ne prouve pas. Il expose les plans de Dieu ; mais il ne peut actuellement démontrer qu'il ait raison, et l'avenir seul le pourra. Bossuet, dans ce sens, n'est que trop souvent prophète.

Mais Voltaire est à l'extrême opposé. Ces peuples demeurés en dehors du christianisme, ce sont ceux qu'il aime à mettre en lumière, à louer et à exalter à tout propos. Non-seulement il accepte et répète leurs plus incroyables traditions, dès qu'elles sont en désaccord avec celles de la Bible, mais il veut que ces peuples aient été plus éclairés, plus sages, plus savants même, que ceux du monde chrétien. La conclusion, c'est naturellement ou que Dieu a bien mal placé ses faveurs, ou qu'elles n'ont guère fait de bien à ceux qui en étaient honorés, ou plutôt, car c'est là, comme nous venons de le voir, sa grande thèse, que Dieu n'est pas plus occupé des uns que des autres, et qu'il y a stupidité ou mensonge à se dire éclairé par lui.

CHAPITRE NEUVIÈME

I. Règles suivies, au dix-huitième siècle, dans l'appréciation des philosophes anciens. — Platon. — Socrate. — Qui on adorait en lui. — II. Utilité qu'aurait une bonne histoire critique de sa réputation. — Tout le monde a eu intérêt à le vanter. — Erreurs répandues sur son compte. — Aristophane. — La condamnation de Socrate. — Était-il ce qu'on en a fait ? — *Érasme et Socrate*, par Palissot. — Son démon familier. — L'oracle. — Sophisme ou scepticisme. — Opinion de Caton. — Il ne faut pas qu'une belle mort nous éblouisse.

I

Nous avons vu l'admiration de Voltaire pour les Chinois ; nous avons dit aussi son indulgence pour les absurdités religieuses des païens. Quant à leurs philosophes, bien préférables, selon lui, à tous ceux que le christianisme a guidés, il était cependant bien loin de les admirer tous en proportion de la hauteur à laquelle chacun s'est élevé au-dessus des idées du vulgaire. Ceux qui n'ont été qu'incrédules étaient infiniment mieux notés, dans toute l'école française, que ceux qui ont tenté de substituer quelque chose aux grossières croyances dont ils secouaient le joug. Platon n'était qu'un rêveur, un idéologue, presque un chrétien, c'est tout dire ; Socrate était le penseur par excellence, l'idéal du philosophe, le dieu de la raison. Pourquoi cette distance entre deux hommes dont l'un n'a fait que développer les opinions de l'autre? C'est qu'on voyait avant tout en Socrate l'homme puni de mort pour avoir attaqué la religion de son pays, et il était, par cela seul, le héros, le saint de la secte. Le Socrate qu'on adorait, ce n'était pas l'apôtre de l'immortalité de l'âme, mais le Diderot ou le Voltaire des dogmes de l'antiquité.

Nous l'avons déjà dit : il ne faut pas se contenter de savoir qui est en réputation à telle ou telle époque, mais chercher encore pourquoi et de quelle façon. Rappelons-nous cet enfant, cité par Rousseau, qui admirait beaucoup le fameux trait d'Alexandre malade, et qui, interrogé enfin sur ce qu'il y voyait de beau, se trouva n'avoir admiré que le courage d'avaler une médecine. Les siècles, sur ce point, ne sont trop souvent que des enfants, moins la bonne foi, et, fussent-ils sincères, trop de gens sont intéressés à les tromper. Dès qu'un homme n'est plus, nous ne savons pas l'honorer sans le faire un peu à notre image ; et de même que, chez les païens, un même dieu était quelquefois tout autre au nord qu'au sud, un même homme a souvent aussi été tout autre chez deux peuples voisins ou à deux époques différentes. Les morts seraient quelquefois bien étonnés s'ils pouvaient voir ce que leurs réputations deviennent, suivant les temps et les lieux, sous la plume de leurs admirateurs.

II

Nous aimerions beaucoup, nous l'avouons, une bonne histoire critique de celle de Socrate. Divinisé par les chrétiens comme ayant le plus approché par la raison des vérités révélées, divinisé par les incrédules de tous les temps pour sa hardiesse à saper les dogmes de la multitude, à peine a-t-il entendu de loin en loin, dans le cours de vingt siècles, quelques mots de doute sur ses droits à cette universelle admiration. Les historiens les plus graves vont répétant, à son sujet, des inexactitudes inouïes. Sa condamnation, à les croire, serait due aux *Nuées* d'Aristophane, antérieures de vingt ans [1], d'Aristophane, dont nous voyons que Platon resta l'ami. Cette condamnation, en outre, avant de tant la représenter comme injuste, avant de tant maudire ceux qui la provoquèrent, on ferait bien de se demander une fois ce

---

[1] Brumoy, dans son *Théâtre des Grecs*, avait relevé cette erreur; mais on y a persisté.

qu'elle fut. Qu'on dise que personne ne doit être mis à mort pour opinions, à la bonne heure; mais c'est une idée moderne, qui n'est pas même encore universellement admise, et comment s'étonner qu'elle ne vînt pas à des païens, quand les chrétiens ont été si longtemps à s'y ranger? Tel a pleuré sur le sort de Socrate et a énergiquement flétri ses juges, qui trouvait beau et bon de brûler un de ses semblables pour lui apprendre à n'être pas trop hardi en religion. Socrate l'avait été, et beaucoup. Il l'avait été même de la pire manière, s'amusant, s'il faut croire ce que quelques auteurs ont rapporté, à jurer par une pierre, par un chien; et quand ces faits ne seraient pas authentiques, assez d'autres nous montrent combien il s'inquiétait peu de blesser, non-seulement des idées fausses, mais encore des sentiments respectables. Qui pourrait sérieusement soutenir que, là où la mort était le châtiment des irrévérences de ce genre, Socrate ne la méritât pas?

Était-il, d'autre part, comme homme, à la hauteur où l'on s'est plu à le voir? Les désordres de sa jeunesse ont été niés par quelques historiens, admis par d'autres; ils peuvent donc ne pas avoir été une invention de ses ennemis, et, s'il nous répugne d'y croire, ce doit être au moins une raison pour ne pas nous livrer aveuglément à une admiration traditionnelle.

Un des rares auteurs qui ne pliaient pas devant Voltaire, Palissot, a imaginé un dialogue entre Socrate lui-même et un de ses plus grands admirateurs, Érasme, qui était tenté, disait-il, d'ajouter aux litanies des saints: *Sancte Socrates, ora pro nobis.* Dans ce dialogue curieux, où l'auteur n'a cependant fait que rapprocher des détails très connus, Socrate conseille surtout de ne pas trop se fier à Platon, qui l'exploitait déjà de son vivant et qui l'a surtout exploité mort. Un mort qui n'avait plus d'ennemis, dit-il, l'a emporté sans peine sur des vivants qui en avaient. La preuve que ce fut une réaction factice, c'est que les Athéniens gardèrent la religion qu'il avait attaquée, et au nom de laquelle on l'avait condamné à mort. Il a accepté sa condamnation comme conforme aux lois du pays; pourquoi veut-on en être meilleur juge que lui-même?—Ainsi parle, et avec beaucoup de sens, le Socrate de Palissot.

Mais si nous retournons au véritable, que dire encore de ce démon familier dont il n'était, disait-il, que l'élève et l'interprète? S'il y croyait, que penser de sa raison? S'il n'y croyait pas, que penser de sa bonne foi? Voltaire, qui aimait à jeter de temps en temps quelque pavé à ses meilleurs amis, ne pouvait oublier ce point. Dans un morceau sur Locke[1], après avoir énuméré des questions insolubles : « Le démon de Socrate, ajoute-t-il, lui aurait sans doute appris ce qui en est. Il y a des gens, à la vérité, qui prétendent qu'un homme qui se vantait d'avoir un génie familier était indubitablement un peu fou ou un peu fripon; mais ces gens-là sont trop difficiles. »

Devons-nous croire qu'un oracle l'eût déclaré le plus sage des Grecs? Il est curieux que tant de gens, qui ne croient guère, sans doute, à l'autorité des oracles, veuil-

---

[1] *Mélanges de littérature, d'histoire et de philosophie,* ch. XXXIV.

lent s'appuyer sur celui-là; et s'ils n'entendent le citer que comme une manifestation de ce qu'on pensait sur Socrate, on peut répondre encore que ce n'était pas, à beaucoup près, l'opinion générale, puisqu'il fut, en définitive, condamné. Était-il donc si difficile de faire parler les oracles? Croit-on que, s'il y en avait eu en France, les hommes qui se proclamaient sages n'eussent pas trouvé moyen d'en faire parler quelqu'un en leur faveur?

« Tout ce que je sais, disait-il, c'est que je ne sais rien. » On l'a loué de cette modestie; mais c'est là un de ces mots qu'on répète sans bien savoir ce qu'ils veulent dire, et qui disent, au fond, tout ce qu'on veut. Socrate avait raison de se moquer des sophistes, qui prétendaient savoir tout; mais dire : « Je ne sais rien, » c'est un sophisme aussi, ou tout au moins un jeu de mots. Si ce n'est pas cela, c'est pis encore, car nous serons forcés d'y voir l'opinion d'un sceptique, qui ne veut pas que la certitude soit possible, et qui renonce à la trouver en rien. N'oublions pas que l'austère Caton, qui en jugeait probablement sur de meilleurs souvenirs que nous, appelait Socrate un grand parleur, et que sa conduite à Athènes ne lui paraissait rien moins que celle d'un homme violent et dangereux. Caton, il est vrai, n'aimait guère les philosophes; mais nous les jugeons un peu trop, en général, sur les attestations de leurs amis. Quand on voit ce que l'esprit de parti a pu faire, chez les modernes, pour des hommes à peine descendus dans la tombe, il serait temps de nous défier un peu des réputations plus anciennes que les mêmes circonstances ont pu concourir à élever. Si Voltaire avait bu la ciguë et que l'éclat d'une mort héroïque eût achevé d'enhardir ses disciples, il y aurait aussi, aux yeux de beaucoup de gens, une espèce de sacrilége à l'attaquer. Socrate valait mieux que Voltaire ; mais il ne faut pas qu'une belle mort, qui est l'affaire d'un moment et dont beaucoup d'hommes sont capables, nous fasse fermer les yeux sur les imperfections d'une longue vie, nous condamne à nous taire devant ceux qui l'exploitent.

CHAPITRE DIXIÈME

I. L'histoire au dix-huitième siècle. — Ce que c'était qu'un historien philosophe. — Montesquieu. — Histoire de sa réputation. — Les *Lettres persanes.* — Dans quelles dispositions on attendait l'*Esprit des Lois.* — Éloges publics; jugements secrets. — Voltaire. — Grimm. — Collé. — Dupin. — Rousseau. — Helvétius. — Saurin.

II. *De l'Esprit sur les Lois.*—Ce que c'est que l'esprit, selon Voltaire. — L'*Esprit des Lois* répond à cette définition. — Morcellements; bizarreries. — La rigueur dans les formes et l'inexactitude au fond. — Tiraillements entre le génie et l'esprit. — L'auteur ne s'arrête jamais à temps. — Exact jusqu'à la pesanteur, ou léger jusqu'au caprice. — Beaucoup de faits apocryphes et d'erreurs. — Quelques exemples. — L'auteur a donc manqué de philosophie dans les détails. — III. Il n'en a pas moins manqué dans l'ensemble. — Toute science commence par l'empirisme. — Fausse marche suivie par Montesquieu. — La géométrie dans l'histoire. — *Vertu, honneur, crainte.* — Tout ramener à un problème unique. — Fatalité. — La phrénologie en histoire.

IV. Nature des éloges donnés à l'*Esprit des Lois.* — Chacun y a vu ce qu'il a voulu. — Lacretelle. — Aveux indirects. — Il vaudrait mieux être franc.

V. Résumé des critiques. — L'ouvrage ne conclut pas. — Peu de gens le lisent jusqu'au bout. — Illusions de l'auteur. — Une invocation aux muses. — La *Défense de l'Esprit des Lois*. — Toujours les *Lettres persanes*.

I.

Donc, pour en revenir au dix-huitième siècle et à ce qui lui manquait en saine critique historique, l'histoire était un champ où la plupart des écrivains allaient, non défricher les coins incultes, car on avait peu de goût pour ce travail, ni même moissonner tel ou tel coin déjà mis en culture, mais ramasser un peu partout, prenant, laissant, mélangeant à leur gré. C'était cette liberté là, cette licence, pour mieux dire, et ce dévergondage, qu'on appelait la philosophie de l'histoire. L'historien philosophe était celui qui savait faire dire aux faits tout ce dont la philosophie du jour avait besoin.

« Voltaire n'écrira jamais une bonne histoire. Il est comme les moines, qui n'écrivent pas pour le sujet qu'ils traitent, mais pour la gloire de leur ordre. Voltaire écrit pour son couvent. »

Ainsi disait Montesquieu[1], et il n'a rien dit de plus vrai.

[1] *Pensées diverses.*

Mais Montesquieu lui-même, avons-nous dit, ne faisait pas exception.

Il est temps de justifier une assertion qui a paru sans doute téméraire, et qui peut-être ne le paraîtra guère moins après ce que nous aurons dit pour l'établir. La réputation de Montesquieu est comme celle de Socrate : on perd sa peine à vouloir l'ébranler. Conclurez-vous de là qu'elle repose sur des bases inébranlables? Cela peut prouver également qu'elle repose on ne sait pas bien sur quoi, et que, si elle défie la critique, c'est qu'elle subsiste en dehors des règles de la critique, en dehors d'une appréciation saine et grave. « Autrefois, dit M. Villemain, j'avais cru voir dans l'ouvrage de Montesquieu une composition savante, complète dans toutes ses parties. Tout m'y paraissait méthodique et lumineux. *En l'étudiant davantage, je l'ai moins compris.* » C'est ce que nous dirons aussi du livre ; c'est ce que nous disons, en attendant, de la réputation même de l'auteur. Si vous l'analysez, vous cessez de vous l'expliquer.

Quant à ses fondements, d'abord, qu'on veuille bien nous permettre une ou deux questions.

Sans les *Lettres persanes*, l'*Esprit des Lois* aurait-il réussi? — Peut-être ; mais certainement bien moins.

Sans les quelques chapitres où Montesquieu apporta son tribut aux hardis besoins du temps, l'*Esprit des Lois*, même après les *Lettres persanes*, aurait-il été goûté? — Peu, très peu. Les cinq sixièmes du livre, les neuf dixièmes peut-être, n'avaient rien qui fût de nature à captiver le vulgaire des lecteurs. Sans ces quelques chapitres, l'*Esprit des Lois* pouvait rester à jamais côte à côte avec les recherches d'un Dubos, le *grand homme*, et Montesquieu restait grand homme... à la façon de Dubos.

Mais les *Lettres persanes* avaient donné la mesure de ce que l'auteur pouvait oser. On attendait l'*Esprit des Lois* comme le complément sérieux de ses boutades ; on s'était préparé vingt ans à saluer son livre comme l'évangile du libéralisme moderne. Il fallait que l'ouvrage, quel qu'il fût, eût un retentissement immense. Toutes les trompettes étaient prêtes. Elles sonnèrent avec un étourdissant ensemble, et le bruit s'est prolongé jusqu'à nous. « Le genre humain avait perdu ses titres, s'écria le maître des renommées, Voltaire ; Montesquieu les a retrouvés, et les lui a rendus. »

Mais tout cela, c'était pour le public. Il faut voir comme on le traitait en secret, comme on le traita ouvertement une fois qu'on en eut tiré le parti qu'on voulait, ce livre qu'on avait mis sur l'autel. Bien plus : il est constant que les principaux meneurs hésitèrent d'abord à l'adopter. Ils le trouvaient long, ennuyeux, trop tranchant dans beaucoup d'endroits, trop coulant dans d'autres ; ils ne pouvaient surtout digérer les éloges que l'auteur avait donnés, quoique assez sèchement, à la religion chrétienne. Mais ces quelques éloges, avidement recueillis par le clergé aux abois, menaçaient de faire au livre une réputation d'orthodoxie qui n'eût plus guère permis de l'exploiter. On s'en empara donc, et, une fois adopté, il fallut bien le proclamer chef-d'œuvre.

Nous ne disons pas, remarquez-le, que ce n'en soit

pas un, au moins à quelques égards ; nous ne faisons que chercher ce qu'en pensaient, au fond, ceux qui le proclamaient tel. Nous sommes ici dans les coulisses ; nous ne pouvons pas ne pas voir ce qui s'y passe.

Eh bien, la correspondance de Voltaire, de d'Alembert, de Grimm, d'Helvétius, le *Journal Historique* de Collé, mille détails épars dans les mémoires du temps, tout est d'accord avec ce que nous venons de dire sur la manière dont l'*Esprit des Lois* fut jugé par ceux qui allaient l'imposer à l'admiration de l'Europe.

Voltaire était jaloux, a-t-on dit. C'est fort possible ; mais si plusieurs de ses remarques sont plus malignes que justes, il en est un grand nombre, et nous le verrons bientôt, où il a très évidemment raison.

Grimm, comme toute la coterie, admire en gros, crie anathème à qui n'admirera pas, et, dès qu'il a à s'expliquer en détail, adieu l'admiration.

Collé, dont le *Journal* mal écrit se recommande par une indépendance assez rare, en ce temps-là, chez les littérateurs de second ordre, Collé nous raconte naïvement toute l'affaire. Après avoir dit que le premier volume l'a *amusé* et que le second l'a ennuyé : « Voilà ce que j'ai senti, ajoute-t-il ; voici ce qu'en disent les auteurs, les métaphysiciens, les gens qui ont un peu de philosophie dans la tête. Ils prétendent que c'est un ouvrage sans ordre, sans liaison, sans enchaînement d'idées, sans principes ; c'est, disent-ils, le portefeuille d'un homme d'esprit, et voilà tout. »

Dupin, le fermier général, ayant recueilli les critiques des hommes de lettres et autres qui se réunissaient chez lui, en forma trois volumes. Ces volumes étaient déjà imprimés, lorsque, par l'entremise de madame de Pompadour, on obtint de l'auteur qu'ils ne fussent pas mis en vente. Dupin poussa la complaisance jusqu'à détruire l'édition ; il n'en resta que vingt ou trente exemplaires, tous entre des mains dévouées. Mais le secret était connu. Voltaire parle de ce travail avec éloge, et avoue en avoir tiré la plupart de ses critiques ; ce qui ne l'empêche pas, selon l'usage, d'anathématiser quiconque osera s'en servir pour attaquer franchement la réputation de Montesquieu. Crévier, pour avoir fait à peu près comme Dupin, est un monstre et un sot.

Rousseau parut d'abord plus sincère dans son admiration pour l'*Esprit des Lois*. Un jour qu'il entendait disputer à Montesquieu la propriété réelle de l'ouvrage : « Si ce livre n'est pas de lui, dit-il, quel est donc le dieu qui l'a fait ? » Et cependant, d'après l'ensemble de ses propres écrits, nous pouvons dire hardiment que l'*Esprit des Lois* ne lui plaisait pas et ne pouvait lui paraître un bon livre. Il eut l'art de ne pas l'attaquer ouvertement, car il était plus fin, sous ses grands dehors de franchise, que Voltaire avec toute son aisance à dissimuler et à mentir ; mais il y a trop loin de ses idées à celles de Montesquieu pour qu'il ait pu, sauf dans les premiers temps peut-être et avant d'écrire lui-même, admirer sérieusement l'*Esprit des Lois*. En 1748, Rousseau était un membre dévoué de la coterie intéressée à diviniser Montesquieu.

Helvétius, à qui l'*Esprit des Lois* fut communiqué avant de paraître, « le trouvait, dit M. Villemain, faible, arriéré, et, tremblant pour la gloire de son ami, le détournait de le publier. » Helvétius n'avait pas osé dire de son chef à l'auteur ce qu'il pensait du livre. Il l'avait communiqué à Saurin, ami aussi de Montesquieu ; et les deux juges s'étaient longtemps renvoyé la pénible charge de lui dire combien son livre était peu ce qu'on attendait de lui.

II

Mais peut-être qu'ils n'étaient pas, ces hommes, à la hauteur de l'ouvrage ; peut-être que leurs éloges publics, quoique peu sincères, étaient plus justes que leurs critiques intimes.

Deux mots donc sur les principales.

« L'*Esprit des Lois*, c'est de l'esprit sur les lois, » avait dit madame du Deffand ; et grande a été, là dessus, l'indignation des admirateurs de Montesquieu.

Qu'est-ce que l'esprit ? « L'esprit, dit Voltaire [1], c'est tantôt une comparaison nouvelle, tantôt une allusion fine ; ici l'abus d'un mot qu'on présente dans un sens et qu'on laisse entendre dans un autre, là un rapport délicat entre deux idées peu communes. C'est une métaphore singulière ; c'est une recherche de ce qu'un objet ne présente pas d'abord, mais de ce qui est en effet dans

---

[1] *Dictionnaire philosophique*.

lui ; c'est l'art ou de réunir deux choses éloignées, ou de diviser deux choses qui paraissent se joindre, ou de les opposer l'une à l'autre ; c'est celui de ne dire qu'à moitié sa pensée, pour la laisser deviner. Enfin, je vous parlerais de toutes les différentes façons de montrer de l'esprit, si j'en avais davantage. »

Voilà, ce nous semble, une des meilleures définitions qui en aient été données. On la cite partout, et c'est justice.

Qu'on la prenne donc, et qu'on nous dise si le livre de Montesquieu n'y répond pas beaucoup trop pour un ouvrage de ce genre.

Partout des traits ; partout des difficultés éludées ; partout, même dans les endroits où il y a réellement profondeur, des arguments à facettes, des phrases à effet, des chutes inattendues, des plaisanteries même, quelquefois excellentes, quelquefois aussi assez fades, et peut-être, en deux ou trois occasions, assez grossières ; partout de l'esprit, enfin, bon ou mauvais, sauf en cet endroit de la préface où l'auteur essaye assez maladroitement de prévenir le reproche en s'excusant précisément du contraire. « On ne trouvera point ici, dit-il, ces traits saillants qui semblent caractériser les ouvrages d'aujourd'hui. Pour peu qu'on voie les choses avec une certaine étendue les saillies s'évanouissent ; elles ne naissent d'ordinaire que parce que l'esprit se jette tout d'un côté, et abandonne tous les autres. » Il serait impossible d'exprimer mieux ce que nous entendons lui reprocher en accusant l'*Esprit des Lois* d'être une œuvre d'esprit.

« J'ai trouvé l'esprit de l'auteur, qui en a beaucoup,

disait Voltaire en 1765[1], et rarement l'esprit des lois. Il sautille plus qu'il ne marche, il amuse plus qu'il n'éclaire, il satirise quelquefois plus qu'il ne juge. »

La forme joue un si grand rôle dans ce livre, qu'il est permis de se demander, avant tout, si c'est bien là celle d'un ouvrage sérieux, ou si un ouvrage sérieux, avec cette forme, ne cesse pas un peu de l'être.

Que dire, d'abord, de ces divisions et subdivisions sans fin? Trente et un livres; plus de six cents chapitres. Que dire de la répartition des matières? Le vingt-sixième livre a vingt-cinq chapitres, le vingt-huitième en a quarante-cinq, et le vingt-septième, entre ces deux, n'en a qu'un. Il y a des chapitres de dix pages, et il y en a de dix lignes, de quatre lignes, de deux lignes. Souvent ce sont les plus courts que vous trouvez suivis d'un autre, de deux autres, même de trois, tous très courts, tous intitulés : *Continuation du même sujet*. Dans les démonstrations, tantôt le principe et les exemples sont réunis dans un même chapitre, tantôt un seul exemple formera un chapitre à part, avec un titre insignifiant ou bizarre. On dirait qu'un mauvais plaisant s'est amusé à morceler le texte et à travestir les titres.

Montesquieu a évidemment cherché, dans ces morcellements, la rigueur à laquelle il sentait qu'il n'arrivait pas par le développement naturel de ses principes. Était-ce pour donner le change aux lecteurs? On l'en a accusé, et il est en effet bien difficile, au moins dans quelques endroits, de ne pas apercevoir un peu de cal-

---

[1] *Idées républicaines.*

cul et de ruse. Disons cependant plutôt — ce sera plus respectueux et peut-être aussi plus juste — qu'il s'y est trompé lui-même, qu'il a cru être exact au fond parce qu'il l'était à la surface. Mais plus nous croirons à sa bonne foi, plus nous serons à l'aise pour signaler sérieusement et franchement les défauts de son livre.

S'il est une chose dans laquelle le génie et le bel esprit, la plus grande et la plus petite des facultés de l'homme, peuvent se complaire également, ce sont ces généralisations hardies, ces rapprochements dans lesquels il vous faudra reconnaître ou le coup d'œil de l'aigle, ou le simple produit d'une espèce de jeu d'optique.

Telle est l'alternative dans laquelle, en étudiant Montesquieu, vous vous trouvez à peu près constamment. Le coup d'œil de l'aigle, il l'a souvent ; les jeux d'optique, il sait rarement s'en abstenir, même quand il plane assez haut pour s'en passer.

« S'il faut, vous dira-t-il dans ses *Pensées diverses*, donner le caractère de nos poëtes, je compare Corneille à Michel-Ange, Racine à Raphaël... »

Très bien ; mais le voilà qui poursuit. Il veut que le parallèle soit complet, que chaque peintre ait pour pendant un poëte, chaque poëte un peintre. Marot, c'est le Corrège ; La Fontaine, le Titien ; Boileau, le Dominiquin ; Crébillon, le Guerchin ; Voltaire, le Guide ; Fontenelle, le Bernin ; Lamotte, Rembrandt ; etc. Aux premiers noms, il était assez dans le vrai ; aux derniers, où est-il ?

Voilà ce qu'il a souvent fait, sur une bien plus grande échelle, dans l'appréciation des événements et des lois. Là même où il a raison au début, il finit rarement sans avoir tort, sans arriver, du moins, à des assertions arbitraires dans lesquelles, s'il n'a pas manifestement tort, il n'a certainement pas raison non plus.

La rigueur est donc souvent dans les titres bien plus que dans le texte; elle est dans les principes, ou plutôt dans l'énoncé des principes, bien plus que dans les développements qui précèdent ou suivent. Il y a des chapitres où l'auteur ne fait que répéter le titre, sans y rien ajouter qui mérite le nom de preuve, sans même chercher à dire quelque chose qui en ait l'air; il y en a aussi où vous ne trouvez presque rien de ce que le titre annonçait, de sorte que l'auteur paraît tantôt l'esclave de ses divisions, tantôt un penseur capricieux qui se promène où bon lui semble.

Ces assertions qu'il érige si hardiment en axiomes de législation ou d'histoire, elles ne reposent souvent que sur un fait unique, peut-être plus que douteux, rapporté sur la foi d'un voyageur, d'un historien décrié. Quel usage n'a-t-il pas fait, par exemple, des auteurs byzantins, si pleins de contes! Que de contes n'a-t-il pas recueillis lui-même, non-seulement sur le Japon ou la Chine, mais sur plus d'un peuple de l'Europe! Il s'est trompé, en maint endroit, jusque sur les pays où il avait voyagé, sur l'Italie, sur la Suisse, sur l'Angleterre même, qu'il passait pour avoir tant étudiée et si bien vue[1]; et comme son but, en citant des faits, est toujours

---

[1] Ses *Pensées sur l'Angleterre* renferment des légèretés in-

d'en tirer les conséquences, il n'y a point, chez lui, d'erreurs légères : chacune en amène au moins une autre, et souvent une longue suite.

Voltaire a relevé plusieurs de ces généralisations bizarres, et bien s'en faut qu'il ait tout dit. Helvétius, dont les remarques se trouvent dans quelques éditions de Montesquieu, l'accuse quelquefois à tort ; mais que de fois aussi il a raison ! Montesquieu apprécie souvent avec génie ; mais souvent, là où il ne faudrait que du bon sens et qu'un peu de critique, il tombe à plein dans le faux. L'erreur, même purement historique, est quelquefois si complète, si énorme, qu'on serait tenté de croire à une faute d'impression. Que dirions-nous aujourd'hui d'un historien qui ferait Christophe Colomb contemporain de François I[er][1] ? Peu scrupuleux sur les faits qu'il tire de sa mémoire ou de ses observations, Montesquieu l'est encore moins sur ceux qu'il peut abriter derrière un nom de quelque valeur. Jamais il ne discute les historiens anciens ; il suffit qu'un fait lui convienne pour que ce fait ait à ses yeux toute l'authenticité désirable, heureux encore s'il ne se permet pas de l'agrandir ou de le rapetisser selon les besoins de sa thèse.

Que celui qui ne veut que raconter ne se tourmente pas toujours pour bien savoir si ce qu'il va dire est vrai,

---

croyables. Ce ne sont, à la vérité, que des notes, jetées rapidement sur le papier ; mais il y en a de bien étranges, même pour des notes.

[1] Livre XXI, ch. XXII.

on le comprend encore et on l'excuse, bien que ce ne soit pas d'un véritable historien ; mais que celui qui raconte pour expliquer, pour tirer des conséquences, des lois, ne commence pas par s'assurer si les faits sont réels, et si, supposé qu'ils le soient, ils sont assez importants pour servir de base à ce qu'il se propose d'établir, — c'est manquer ou de conscience, ou certainement de philosophie.

III

C'est donc de philosophie, avant tout, que Montesquieu a manqué. Il en a manqué dans la forme, nous l'avons vu, et c'était l'avouer lui-même que d'appeler à son secours une mise en scène indigne de la gravité du sujet ; il en a manqué dans le fond, nous venons de le voir, et il n'y aurait, pour le prouver, qu'à recueillir les concessions que ses admirateurs sont forcés de faire. Celles de M. Villemain formeraient seules un total après lequel on aurait de la peine à ne pas s'étonner un peu des éloges dont il les encadre.

Mais ce n'est pas seulement au point de vue de la vérité historique que la philosophie a fait défaut à Montesquieu.

Rien de moins philosophique, en effet, — si philosophique veut dire exact et vrai, — que le système général suivi par lui, et auquel il attribuait, de bonne foi, toute la valeur et tout le succès du livre.

Ici, nous le reconnaissons, c'est moins directement à lui que le reproche s'adresse. Toutes les sciences, tous les arts ont commencé par l'empirisme, et la science politique ne pouvait échapper à cette nécessité fâcheuse. Il est singulier seulement qu'elle y soit tombée si en plein à une époque où toutes les autres sciences secouaient leur vieux joug, et mettaient l'observation à la base de tous leurs enseignements.

« J'ai posé les principes, écrivait donc Montesquieu dans sa préface, et j'ai vu les cas particuliers s'y plier comme d'eux-mêmes. »

D'eux-mêmes! Nous pourrions déjà lui répondre, sur ce mot, que l'ouvrage ne lui aurait pas coûté vingt ans.

Non, ce n'est pas d'eux-mêmes que les faits se pliaient à ses principes ; c'est avec de continuels efforts d'esprit et même de génie qu'il arrivait à les y plier tant bien que mal. On pourrait dire de son livre ce que disait Diderot de celui d'Helvétius : « Il y a trop de méthode dans sa méthode. Il faut des routes, mais il faut qu'elles soient larges, et qu'elles ne soient pas des lignes. »

Des lignes, des lignes mathématiques, voilà ce que Montesquieu prétend tracer dans le champ sinueux et capricieux de l'histoire. Or, dans une science où les effets et les causes se modifient, se croisent, s'entremêlent à l'infini, la rigueur géométrique ne peut être qu'un perpétuel sophisme, tout au moins un perpétuel tour de force. Même dans les sciences exactes, il y a une foule de principes qui, vrais en soi, seraient absurdes en pratique. On nous dit, par exemple, qu'un solide est engendré par le mouvement d'un plan. Voilà qui nous donne exactement, en effet, l'idée d'un solide régulier. Mais cette définition a-t-elle quelque rapport avec les conditions matérielles auxquelles ce solide existe? Un géomètre essayera-t-il jamais de créer un solide par le mouvement d'un plan, ou d'expliquer par le mouvement d'un plan la création d'un solide réel, matériel? Voilà pourtant ce que prétendent faire ceux qui, en politique, posent des principes absolus et veulent que les faits s'y rangent. On l'a dit de Rousseau; on le dirait également bien de Montesquieu, car ces deux esprits si divers et souvent si contraires avaient plus d'un trait commun. Quand Montesquieu enseigne que le principe de l'état démocratique est la vertu, celui de l'état monarchique l'honneur, celui de l'état despotique la crainte, il y aurait déjà beaucoup à dire sur cet énoncé en lui-même [1]; mais quand ce serait exact et vrai, ce ne serait vrai encore que comme la définition mathématique du solide, c'est-à-dire qu'il n'y aurait aucune conséquence pratique à en tirer. Voilà cependant sur quoi Montesquieu a tout bâti; voilà sur quoi il a prétendu montrer que tout s'était nécessairement bâti, depuis que les sociétés existent.

De là tant de jugements absolus; de là ce fatalisme raisonneur qui s'évertue à montrer dans tous les événements de la vie d'un peuple autant de conséquences nécessaires de sa constitution, comme si sa constitution elle-même n'était pas plutôt l'œuvre des événements,

---

[1] On sait que de controverses eurent lieu, déjà du vivant de l'auteur, sur le sens même des trois mots, surtout du premier. Il ne les avait pas définis, et il s'y refusa obstinément. Qui croira qu'il ne l'eût pas fait s'il n'avait craint d'ébranler tout l'édifice?

comme si l'imprévu ne jouait pas un rôle immense dans toutes les choses humaines. « Étant donnée la constitution d'un peuple, trouver son histoire ; étant donnée son histoire, trouver sa constitution. » Voilà, selon Montesquieu, les deux problèmes à la solution desquels tout se réduit. Mais comme il n'y a pas de peuple dont nous ne connaissions en même temps plus ou moins la constitution et l'histoire, ces deux problèmes n'en font qu'un, et la tâche de l'historien est bornée à démêler cet accord réputé constant, nécessaire, *fatal*, entre les événements et les lois.

C'est ce qu'a fait Montesquieu pour tous les peuples dont il a eu à s'occuper ; c'est ce qu'il a fait surtout pour les Romains, soit dans ses *Considérations* sur leur histoire, soit dans l'*Esprit des Lois*. Rome, dans sa période ascendante, non-seulement n'a pas été vaincue, mais ne devait et ne pouvait pas l'être ; Rome, dans sa période descendante, a passé par des phases que son état antérieur déterminait irrévocablement. Les grandes usurpations et les grands crimes ne sont pas précisément excusés ; c'est le médecin se consolant des accidents les plus affreux, en disant qu'il les avait bien prévus. Tout est réglé d'avance, enfin, sinon par une fatalité aveugle, du moins par une nécessité résultant des instincts primitifs de la nation, ainsi que des lois qu'elle s'est données en conséquence. Le principe de la liberté humaine est sauvé, et c'est bien déjà quelque chose ; mais la vérité historique est à tout instant sacrifiée aux besoins de la théorie. Lui qui disait si bien : « Les observations sont l'histoire de la physique ; les systèmes en sont la fable...¹ » il a plus souvent fait la fable des lois que leur histoire.

Il en est donc de ce système comme de ceux qu'on a faits pour expliquer, d'après la conformation du cerveau, les instincts et l'histoire d'un individu quelconque. Si vous restez dans les généralités, la phrénologie a du vrai ; si vous entrez dans les détails, si vous voulez tout expliquer et tout pronostiquer par elle, vous aurez beau, çà et là, rencontrer juste : ce ne sera, ce ne peut être que du charlatanisme. Pourquoi ? Parce que mille circonstances physiques ou morales peuvent avoir modifié les résultats de la forme du cerveau. Mille et dix mille circonstances peuvent aussi modifier les résultats primitivement probables de la conformation d'un peuple.

IV

Peu d'hommes ont été autant loués que Montesquieu. Mais un trait curieux est à noter dans ces éloges : c'est

---

¹ *Pensées diverses.* — On sait qu'il avait projeté, dans sa jeunesse, une histoire géologique et physique de la terre. Qu'aurait été ce livre ? Ou Montesquieu s'y serait pris tout autrement que pour l'*Esprit des Lois,* ou il aurait fait un pauvre ouvrage. Quelques traits de génie, car il y en aurait eu, n'eussent pas fait pardonner aussi aisément, dans un travail scientifique, des principes posés *à priori,* des faits recueillis sans examen ou arrangés selon les besoins de la thèse.

la liberté que chacun se donne de louer, dans l'*Esprit des Lois,* non-seulement ce qui y est, mais aussi ce qui n'y est pas, et souvent ce qui n'y est pas bien plus que ce qui y est. Ce qu'un mauvais plaisant a cru pouvoir dire de la Bible :

> Hic liber est in quo quærit sua dogmata quisque,
> *Invenit* atque ibidem dogmata quisque sua...

on le redirait avec justice du livre de Montesquieu. Chacun y a cherché, chacun y a *trouvé* ses propres dogmes ; chacun, abandonnant ce qu'il ne pouvait louer, c'est-à-dire souvent une grande partie de l'ouvrage, s'est rabattu sur ce qu'il lui convenait de voir ou de supposer dans le reste. Un de ses admirateurs, Lacretelle [1], l'avoue assez nettement. Établissant d'abord que Montesquieu, enchaîné par sa position sociale, peu désireux de sacrifier son repos, a voulu être « l'apôtre et non le martyr de la vérité, » il explique l'*Esprit des Lois* comme une sorte d'énigme continue, dont le siècle avait à trouver le mot. « N'osant embrasser le sujet par la théorie, dit-il, Montesquieu résolut de faire sortir une théorie d'une vaste revue des faits historiques. De là cette affectation d'érudition, dans laquelle il a plutôt poursuivi qu'obtenu la gloire d'un solide érudit. Mais c'est par ce système que, à l'exemple des anciens, il a pu philosopher impunément, aller à un but qu'il ne montre pas (l'appréciation des lois par le bonheur ou le

---

[1] L'aîné, dans ses *Portraits littéraires.*

malheur des peuples), tourner toutes les pensées vers un genre de gouvernement où il semble n'apercevoir qu'un phénomène local (la constitution anglaise), en décrier un autre qu'il a l'air de consacrer (la monarchie de Louis XIV), n'affecter de la haine que pour le despotisme, que chacun lui abandonnait, mais faire reconnaître le despotisme partout où est effacé le principe démocratique, l'égalité des citoyens, par l'impartiale souveraineté de la loi. Il vient, en apparence, en protection de tout ce qui subsiste, mais, en réalité, il soumet tout aux droits du genre humain. Ne pouvant dévoiler les vérités, il y fait toucher; on apprend à penser sur ce qu'il dit, pour arriver à ce qu'il veut faire comprendre. » — Disons plutôt : pour arriver à ce que l'on veut comprendre.

Mais quand tout cela serait vrai, ce serait encore un étrange éloge, et peut-être ferait-on mieux, pour la gloire de l'auteur, d'avouer qu'il est souvent faible, superficiel, inexact, que de le représenter toujours fort et toujours profond de cette manière-là. Quant à ces prétendus appels « aux droits du genre humain, » nous verrons ailleurs ce que c'est, dans Montesquieu, que la démocratie, et s'il en a fait autre chose que le plus complet des despotismes. Vous le croyez en avant de son siècle, et vous aimez à vous y croire avec lui. Prenez garde : il est quelquefois fort en arrière. « Quand on a fait des lois capitales contre les duels, vous dira-t-il par exemple[1], peut-être aurait-il suffi d'ôter à un guer-

---

[1] Livre XXVIII, ch. XXIV.

rier sa qualité de guerrier *par la perte de la main.* »
Voilà qui n'est ni du dix-huitième siècle, ni du dix-
septième. Il n'y a plus, après cela, qu'à punir aussi les
blasphémateurs par où ils ont péché, c'est-à-dire en
leur coupant la langue.

Lacretelle convient, du reste, que l'auteur de l'*Esprit
des Lois* a largement sacrifié à la légèreté du temps.
« Montesquieu abrège ses chapitres où il faudrait les développer, comme pour faire croire qu'il est avare des
mots, que les idées, en lui, ne sont que des saillies; il
jette des chapitres comme des épigrammes; il prodigue
des formes, des tons, des tours où il joue avec les modes
de son temps; il vous offre des traits que vous diriez
empruntés à Voiture, à Marivaux... etc. » Nous n'a-
vons pas dit plus.

V

L'*Esprit des Lois* est une continuelle succession de
petits faits et de vastes conséquences, d'assertions surabondamment prouvées et d'assertions qui ne le sont pas
assez, de résultats hors de proportion avec les causes,
de questions épuisées jusque dans leurs derniers détails,
et de questions dont il est à peine dit un mot. Dans une
invocation aux Muses, qu'il avait eu l'idée bizarre de
mettre en tête du second volume et que Vernet lui fit ôter,
il disait : « Faites qu'on soit instruit et que je n'enseigne
pas, que je réfléchisse et que je paraisse sentir. » C'était

dire assez naïvement, non aux Muses, mais aux lecteurs : « Quand vous me trouverez léger, croyez que je n'en suis pas moins profond. Quand mon érudition vous paraîtra superficielle et incomplète, dites que j'ai voulu éviter de vous fatiguer. Quand j'aurai de l'esprit, et j'espère en avoir souvent, voyez-y l'intention de dissimuler mon génie. » Ainsi ont fait, ainsi font ses apologistes. N'en sont-ils pas un peu las ?

Après tous ces morcellements, vous attendez au moins une conclusion générale, un coup d'œil jeté de haut sur cette plaine immense où l'auteur vous a promené. Point. L'ouvrage ne finit pas. Le dernier chapitre est un de ceux en tête desquels vous lisez : *Continuation du même sujet*. Ce *même sujet*, c'est une dissertation sur un point très spécial et très obscur, l'origine de l'hérédité des fiefs. Il y a là de l'érudition sincère ; mais toute cette fin a l'air d'un morceau auquel l'auteur tenait en proportion de ce qu'il lui avait coûté [1], et qu'il a placé là ne sachant où le mettre ailleurs. On se demande comment il n'a pas senti ce qu'une pareille fin laisserait de vide et d'ennui dans l'esprit de ses lecteurs. Mais en est-il beaucoup qui aillent jusqu'à la fin ? Parmi ceux qui vont s'indigner sans doute de la franchise avec laquelle nous avons rendu nos impressions, plus d'un n'y est sûrement pas arrivé.

Ces observations et bien d'autres furent faites à Montesquieu ; ses amis et ses ennemis se rencontraient sur une

---

[1] Il assurait que ses cheveux avaient blanchi pendant qu'il y travaillait.

foule de points. Mais, malgré les assurances modestes semées en maint endroit du livre, l'auteur fut un des plus empressés à le considérer comme le dernier mot de la science nouvelle et l'évangile des législations futures. Il se refusa même à corriger les erreurs matérielles, palpables, qu'il était forcé de reconnaître ; on eût dit qu'il ne voulait pas, en se redressant sur quelques points, permettre de penser qu'il eût pu errer sur d'autres. Ses principes avaient acquis, à ses yeux, l'évidence mathématique. Les faits ne prouvaient rien contre eux, pas plus qu'un triangle mal tracé ne saurait être un argument contre les propriétés géométriques du triangle.

Toujours l'esprit, toujours l'orgueil du siècle. Quand les faits ne se pliaient pas aux idées, les faits avaient tort. Mably, dans un de ses ouvrages, avait prédit une longue durée à la constitution de la Suède, et l'ouvrage n'était pas imprimé que cette constitution n'existait plus. Mably n'effaça pas un mot. « Le roi de Suède, dit-il, peut bien changer son pays ; mais il ne me fera pas changer mon livre. » Toujours le siége de Vertot.

Des sots donc, selon Montesquieu, ou des gens de mauvaise foi, pouvaient seuls ne pas se rendre. Sa *Défense de l'Esprit des Lois* est un pamphlet dans le goût de Voltaire. Aussi Voltaire en dit-il beaucoup de bien. « Les trois doigts qui avaient écrit l'*Esprit des Lois* s'abaissèrent jusqu'à écraser par la force de la raison et à coups d'épigrammes la guêpe convulsionnaire qui bourdonnait à ses oreilles [1]. » En effet, dans sa vieille habi-

---

[1] N'oublions pas, — nouvel échantillon de la bonne foi qu'on

tude d'éluder, il avait trouvé bon de ne répondre qu'à des adversaires obscurs, dont les exagérations faisaient beau jeu à sa verve légère et sarcastique. Il ne réfute pas ; il raille. Là même où il aurait de bonnes raisons à donner, il raille encore, et, en somme, il n'a jamais répondu aux objections que son livre soulève. On croit nous faire une grande concession en avouant qu'il a sacrifié à la légèreté du siècle. Non, il n'y a pas *sacrifié*. Il ne faisait que suivre sa nature, et ce qui est d'emprunt chez lui, c'est bien plutôt la gravité. Quoi qu'il écrive, c'est toujours l'auteur des *Lettres persanes*, toujours l'homme du dix-huitième siècle, toujours le disciple de Voltaire, car il l'est, couvrant à peine un peu de sa toge de magistrat ce qu'il tient de son siècle et de son maître.

apportait dans toute cette affaire, — que ces lignes sont dans la préface des remarques où Voltaire allait traiter Montesquieu plus sévèrement que personne.

CHAPITRE ONZIEME

I. — Opinion de Rousseau sur les historiens du temps. — Ce qui manquait à ce siècle pour en avoir de bons.

II. — Voltaire s'est cru sincèrement philosophe en histoire. — L'*Essai sur les mœurs*. — Le *Siècle de Louis XIV*. — Ce titre était une grande promesse. — L'auteur la répète et la commente. — L'a-t-il tenue ? — Lacunes et défauts reconnus de tout le monde aujourd'hui. — Jugements contemporains. — Grimm. — Le travail et le soin réussissaient peu à Voltaire. — Il n'a été véritablement supérieur que dans ce qu'il faisait bien du premier coup. — Peu ou point de progrès, chez lui, soit en talent, soit en philosophie, soit en maturité intime.

III. — Voltaire et la critique historique. — Point de principes. — La tâche de l'historien, devenue plus grave en apparence, était plutôt facilitée.

I

La philosophie de l'histoire était donc encore à trouver. On croyait voir de haut, et on ne faisait que promener sur les événements, sur les idées, le niveau des systèmes, des intérêts et des colères du jour. L'histoire était sur le lit de Procuste.

On comprend qu'au milieu de livres ainsi conçus Rousseau ait pu dire, dans l'*Emile :* « Les pires historiens, pour un jeune homme, sont ceux qui jugent. » Il est vrai que, selon son habitude, il va aussitôt trop loin. « Les faits, ajoute-t-il, les faits ! Et que le jeune homme juge lui-même. Si le jugement de l'auteur le guide sans cesse, il ne fait que voir par l'œil d'un autre, et, quand cet œil lui manque, il ne voit plus rien. » Erreur. Le meilleur moyen, au contraire, de l'habituer à ne pas juger, c'est de lui faire lire des historiens ne jugeant pas ; s'il en a lu qui jugent, il ne pourra plus lire sans juger. Le difficile est d'en avoir qui jugent sainement et philosophiquement, dans le bon sens du mot.

Nous ne saurions donc reprocher aux écrivains du dix-huitième siècle d'avoir voulu juger les faits, c'est-à-dire, en définitive, être des historiens et non de simples chroniqueurs. C'était une révolution heureuse, nécessaire, à opérer dans l'histoire. Mais, comme toutes les révolutions, elle a été mal faite. Trop de choses manquaient pour qu'elle se fît sagement et n'eût que des résultats heureux.

Le véritable historien aime les temps qu'il décrit. Cela ne veut pas dire qu'il y voie tout en beau ; mais il s'y plaît, il y vit, il devient le contemporain des hommes qu'il met en scène, il se fait citoyen de leur pays.

Or, le dix-huitième siècle avait une trop haute idée de lui-même pour se commettre de la sorte avec quelque siècle que ce fût. Vous le verrez bien prôner telle ou telle époque antique ; mais ce n'est qu'après l'avoir reconstruite à sa manière et en vue de la polémique du jour. Sparte et Rome sont devenues des mots ; il n'y a, croyez-le, parmi tant de gens qui les exploitent, ni Spartiates, ni Romains. Tous les pays et tous les temps qu'on ne peut exploiter de même, on les a en pitié. Un roi de Siam, dit-on, ou de Pégu, à qui un ambassadeur disait que les Vénitiens n'avaient pas de roi, fut pris d'un interminable accès de rire ; il n'aurait pas plus ri de les voir sans nez ou sans oreilles. Le rire de Voltaire est toujours un peu celui-là. Cette manie si commune aux habitants des capitales, celle de tout voir à leur point de vue, de mépriser tout ce qui n'est pas eux, on la portait dans l'histoire. Pas un homme, dans toute cette école, qui s'éprenne d'amour pour les chroniques nationales. « Vous dites, écrivait Voltaire en 1764, que ce que les Anglais savent le mieux, c'est l'histoire d'Angleterre ; j'ajoute que ce que les Français savent le moins, c'est l'histoire de France. » Il disait vrai ; mais comment la leur apprenait-il ? Mieux eût valu l'ignorer tout à fait, comme sous Louis XIV, que de la connaître à demi pour n'y voir, avec Voltaire, que des folies et des enfantillages. On eût rougi de paraître s'initier à la vie des vieux temps ; on était fier de n'avoir que des sarcasmes pour la foi, pour les mœurs, pour les travaux du moyen âge. On commençait à l'étudier quelque peu, pour porter, disait-on, la lumière dans ces ténèbres, pour défricher cette sauvage forêt ; mais que cette forêt eût sa poésie, ses enseignements, sa grandeur, c'est ce que personne ne sentait et ce que personne, surtout, n'aurait osé avoir l'air de sentir. Toujours la même erreur. On manquait de philosophie précisément où on croyait en avoir porté le plus.

II

C'était de bonne foi, du reste, qu'on croyait avoir vu de haut parce qu'on en avait eu l'intention.

Voltaire, généralement modeste en parlant de ses ouvrages, aime à redire combien l'histoire lui doit.

« Je considère ici, dira-t-il dans son *Essai sur les Mœurs,* le sort des hommes plutôt que les révolutions du trône. C'est au genre humain qu'il eût fallu faire attention dans l'histoire ; c'est là que chaque écrivain aurait dû dire *Homo sum.* »

La règle est excellente. Mais ce n'est pas seulement à l'égard de ses lecteurs que l'historien doit être *homme ;* c'est aussi à l'égard de ceux qu'il juge, et qui ne doivent pas être immolés aux premiers.

Voilà ce que Voltaire a oublié, et nulle part plus complétement que dans ce livre même où la règle est si bien posée. « Ce qui manque à cet ouvrage, dit M. Villemain, c'est la chose même qu'il promettait, la philosophie, c'est-à-dire le jugement impartial de toutes les époques. »

Son *Siècle de Louis XIV,* qui n'en manquait guère

moins, quoique d'une autre manière, n'avait pas de moins hautes prétentions.

Le titre même était une promesse, et une grande promesse. Nous nous sommes habitués aux titres de ce genre, et les expressions *Juger un siècle, Écrire l'histoire d'un siècle,* sont devenues vulgaires. Mais alors c'était une nouveauté; il y avait, dans ces seuls mots, le programme d'un nouveau monde en histoire, et, quand on ne l'aurait pas compris, l'auteur s'en était assez vanté. « On croit nécessaire de dire à ceux qui pourront lire cet ouvrage, qu'ils doivent se souvenir que ce n'est point ici une simple relation de campagnes, mais plutôt une histoire des mœurs des hommes. Assez de livres sont pleins de toutes les minuties des actions de guerre, et de ces détails de la fureur et de la misère humaines. Le dessein de cet essai est de peindre les principaux caractères de ces révolutions, et d'écarter la multitude des petits faits pour laisser voir les plus considérables, et, s'il se peut, l'esprit qui les a conduits [1]. »

— « Je veux peindre, dit-il encore dans une lettre à lord Harvey, le dernier siècle et non pas seulement un prince. Je suis las des histoires où il n'est question que des aventures d'un roi, comme s'il existait seul ou que rien n'existât que par rapport à lui. En un mot, c'est encore plus d'un grand siècle que d'un grand roi que j'écris l'histoire. »

Il serait impossible d'exprimer mieux ce que les critiques sont unanimes, aujourd'hui, à lui reprocher de

[1] Ch. XI.

n'avoir pas fait. Pour donner une idée de ce livre, il faudrait prendre à peu près le contrepied de ce que l'auteur en dit. Son *Siècle de Louis XIV* est, avant tout, l'histoire de Louis XIV. Ses yeux ne quittent pas le trône ; il ne voit, il ne nous fait voir la nation que dans le roi, ou, tout au plus, autour du roi. Il ne veut pas, dit-il, que l'historien se complaise dans les relations de campagnes, et il s'y lance avec une complaisance inouïe, sans même exprimer, nous l'avons vu, aucun blâme sérieux sur l'ambition qui fit couler tant de sang. Il veut des vues d'ensemble, et il traite séparément tous les sujets, guerre, finances, affaires ecclésiastiques, etc. Il ne résume même pas. De même que Montesquieu a fini par un traité sur les fiefs, il finit, lui, par la querelle des dominicains et des jésuites au sujet des cérémonies chinoises. Il a promis d'écarter les petits faits, et il n'en omet aucun. Il ne sait pas même distinguer ceux qui ont une importance historique de ceux qui ne sont que curieux. Des misères ont place dans le corps de l'histoire, et le coup d'État de Louis XIV entrant au parlement, tout jeune, en habit de chasse et en bottes, est relégué parmi les anecdotes.

Plusieurs de ces défauts n'en étaient pas pour les contemporains, habitués à tant de livres moins philosophiques encore ; mais le témoignage de Grimm nous montre qu'on ne se faisait pas illusion, même alors, sur la faiblesse générale de l'ouvrage. « Malgré l'enthousiasme que le coloris brillant de M. de Voltaire est toujours sûr d'exciter, écrit-il en 1753, on a de la peine à se cacher que l'auteur n'a pas rempli son objet, ni satisfait au titre qu'il a donné à son livre. Même en adoptant le plan de M. de Voltaire, il faut avouer que la première partie n'est qu'un abrégé de l'histoire du règne de Louis XIV et non pas de son siècle, et le second volume, qui est le plus important, paraît fait à la hâte et sans soin, et n'est qu'une ébauche très légère du génie de ce siècle. »

Voilà ce qu'on disait, — dans l'intimité, bien entendu, car il ne fallait pas s'ôter le droit d'appeler sots et jaloux ceux des adversaires de Voltaire qui s'aviseraient d'en dire autant. — Mais nous savons, d'autre part, que cette seconde moitié, celle qu'on trouvait avec raison la plus faible parce qu'elle aurait dû être la plus forte, n'avait nullement été faite, comme Grimm paraît le croire, à la hâte et sans soin. La correspondance de Voltaire fait foi qu'il y avait mis du temps, qu'il y avait apporté tout l'intérêt et tout le soin dont il était capable. Nous sommes forcés de conclure que c'est bien là ce qu'il pouvait faire de mieux.

Le travail et le soin, en général, ne lui réussissaient pas. Il pouvait bien, en remaniant un ouvrage, effacer quelques fautes, ajouter quelques traits, et des plus piquants peut-être ; mais l'améliorer foncièrement, lui donner solidité, profondeur, c'était au delà de ses forces, au delà de sa nature. Superficiels et fiévreux, ces remaniements n'aboutissaient qu'à l'étourdir sur les défauts sérieux de l'œuvre. Il retranchait peu, ajoutait beaucoup, et toujours de manière à renforcer ce qu'un examen plus calme lui aurait fait trouver déjà trop fort. C'est ainsi qu'il a ajouté au *Siècle de Louis XIV* tant de choses qui jurent avec la gravité de l'ouvrage, et que l'*Essai sur les mœurs,* auquel il travailla presque la moitié de sa vie, s'est allongé de tant de redites passionnées, de tant de morceaux indignes d'un livre sérieux. Il n'a été réellement et incontestablement supérieur que dans les genres où le génie est boutade, et où la perfection s'atteint d'un coup.

L'ensemble de sa vie nous fournirait, dans ce point de vue, la même observation que ses ouvrages. Point de progrès chez lui. A quelques égards, c'est un éloge. Il est beau, dût-on ne jamais aller au delà, de débuter par des œuvres comme *OEdipe,* comme la *Henriade.* Mais nous parlons de ces progrès plus intimes qu'apportent la méditation et l'âge, que la diminution et même l'absence du talent n'empêchent pas de poursuivre leur cours. Ceux-là, si un homme vieillit sans les connaître, nous sommes forcés de l'accuser ou au moins de le plaindre. Voltaire avait à vingt-cinq ans toute sa philosophie, tous ses amours, toutes ses haines, toutes ses qualités et tous ses vices. Point de phases, en quelque sorte, dans cette longue vie. Quand quelqu'un de ses premiers ouvrages est attaqué comme superficiel ou immoral, personne n'aura l'idée d'objecter, à la décharge de l'auteur, que c'était une œuvre de jeunesse. Pourquoi? Parce qu'on sait bien qu'à cet égard sa jeunesse a duré toute sa vie. Il a été, du premier coup, tout ce qu'il devait être ; il n'a changé ni au fond, ni même, à quelques nuances près, dans ses allures. Ni la jeunesse ne l'a vu plus généreux ou plus cynique, ni l'âge mûr plus réservé, ni la vieillesse plus grave. Ce grand travail de la liberté humaine, par lequel chacun se modifie et se refait, en quelque sorte, selon sa raison ou ses caprices, Voltaire ne l'a pas connu. On dirait qu'il a au contraire consacré toutes ses forces à se maintenir un et immuable. Mais il n'avait en réalité rien à faire pour cela. Jamais d'incertitude, jamais de lutte intime. On sent qu'il n'a pas même une idée de ces fluctuations d'une âme qui se passionne et se dégoûte, qui s'exalte et se calme, qui s'élève et s'affaisse. Jamais vous ne le surprendrez ni joyeux pour s'être senti meilleur, ni triste pour s'être senti plus mauvais. Il va son train; il se trouve bien tel qu'il est. N'est-il pas l'homme du siècle? Il perdrait également et à être meilleur et à être pire. Il se croit donc au bon point en toutes choses, et il ne fera pas la sottise de changer.

III

Dans l'histoire donc, comme ailleurs, comme dans toutes les parties de son œuvre, Voltaire n'excellait véritablement qu'à démolir. Il y avait là à démolir, sans doute, et nous serions même très heureux que Montesquieu eût été moins crédule; mais Voltaire, là même où vous approuvez ses attaques contre des traditions trop légèrement admises, vous blesse encore par son ton, par son défaut de science, et, s'il rejette un fait, c'est toujours moins, dirait-on, parce que le fait est faux ou lui paraît tel, que parce qu'il ne lui plaît pas. Ainsi, dans ses *Fragments sur l'histoire*, il relèvera vertement des fables admises par Rollin ; mais ne cherchez, après cela, ni discussions proprement dites, ni principes posés, ou, s'il a l'air d'en poser quelques uns, c'est pour retomber aussitôt dans les petits détails, les petites réfutations, les petits sarcasmes. Veut-il s'élever tout de bon un peu plus haut, il arrive immédiatement aux limites de sa science, et il l'avoue avec une curieuse bonne foi. Dans beaucoup de problèmes historiques, son dernier mot et sa grande raison, c'est que les peuples sont des niais. S'agit-il de l'établissement de la race carlovingienne, et de la sanction qu'y donna la cour de Rome : « On voit clairement par cette aventure ce que c'était que la loi des Francs, et dans quelle stupidité les peuples étaient ensevelis[1]. » S'agit-il de l'établissement de la féodalité, demande-t-on comment cet état de choses put s'établir : « Je ne sais d'autre réponse, sinon que la plupart des hommes sont des imbéciles[2]. » Hélas oui ; mais ils ne le sont jamais, dans un cas déterminé, sans des causes que le philosophe peut et doit chercher.

Montesquieu et Voltaire, en somme, avaient plutôt facilité la tâche des historiens. Tout homme de quelque talent pouvait atteindre à cette profondeur superficielle, à cette philosophie d'épigrammes que le vulgaire admirait dans leurs écrits. Les histoires *philosophiques* se multipliaient de jour en jour, et ce n'étaient, après tout, que des histoires, moins la simplicité. « Tout est *Esprit*

---

[1] *Histoire du parlement de Paris.*
[2] *Ibid.*

en France depuis que M. de Montesquieu a consacré ce mot, écrivait Grimm en 1767. M. Anquetil appelle son histoire l'*Esprit de la Ligue*, parce qu'il prétend y développer les causes et les ressorts secrets qui ont agi dans ces temps de malheur; mais, dans le fait, c'est pour faire remarquer son ouvrage par un titre à la mode. » Peut-être; mais qui sait si l'auteur n'était pas sincère? L'*Esprit de la Ligue*, au talent près, répond mieux à son titre que le *Siècle de Louis XIV* au sien, et il y aurait, nous l'avons vu, plus d'une querelle à faire sur celui d'*Esprit des Lois*.

CHAPITRE DOUZIEME

I. — Le théâtre. — Erreurs déjà anciennes. — Corneille a-t-il été romain. ? — Opinion de Fénelon. — Ce que sont Rome et les Romains dans Corneille. — Racine a-t-il été Grec ? — Est-il Hébreu dans *Athalie ?* — Chœurs chrétiens. — Un moyen de reconnaître ce qui est ou n'est pas antique.

II. — La vérité historique au théâtre. — A quel point on s'en écartait. — Voltaire, qui la demandait, y est-il arrivé ? — *Zaïre.* — *L'Orphelin de la Chine.* — *Les Scythes.* — III. — Invasion du philosophisme. — *Mahomet.* — *Alzire.* — *Titus.* — *Spartacus.* — *Guillaume Tell.* — Partout le faux.

IV. — Infériorité de la comédie au dix-huitième siècle. — Causes. — La comédie a essentiellement besoin du vrai. — L'esprit ne suffit pas pour y réussir. Voltaire y a échoué. — Ce que sont ses comédies. — Il s'est jugé sans le vouloir. — V. — Théorie fausse. — L'art et la nature. — Le théâtre et la vie humaine. — La maréchale de Noailles. — Marcel, le maître à danser. — IV. — La tragédie admet mieux le comique que la comédie n'admet le sérieux. — Dangers et ridicules de la comédie mixte. — Quelques jugements contemporains. — Comédies pédantes. — *Na-*

nine. — Système de Beaumarchais. — Le secret de Molière. — Voltaire ne l'a pas connu. — Toujours l'auteur derrière les personnages. — Satire et comédie sont deux. — Ce que serait *George Dandin* traité à la façon de *Nanine*.

VII. — Pourquoi ce siècle rieur aimait qu'on le fît pleurer. — Il n'est pas vrai que tous les genres soient bons, hors le genre ennuyeux.

I

Mais ce n'était pas seulement dans l'histoire proprement dite qu'on se faisait ces illusions. Le théâtre en avait sa part.

Ici, l'erreur datait de loin, non identique, il est vrai, mais bien près de l'être, si l'on tient compte de la différence des temps.

Corneille ni Racine ne s'étaient piqués de philosophie; mais l'un s'était cru Romain, l'autre Grec, et ils se trompaient l'un comme l'autre.

Corneille n'était pas Romain, disons-nous. On va se récrier. Et *Qu'il mourût?* Et les imprécations de Camille? Et Cornélie? Et Sertorius? Et ce vers, tant appliqué au poëte lui-même : *Rome n'est plus dans Rome; elle est toute où je suis!*

On s'est trop habitué répondrons-nous, à trouver romain tout ce qui est fort, grand, au-dessus de la nature.

« Il me semble, a dit Fénelon [1], qu'on a donné souvent aux Romains un discours trop fastueux. Je ne trouve point de proportion entre l'emphase d'Auguste dans *Cinna*, et la modeste simplicité avec laquelle Suétone le dépeint. »

Et ce n'est pas Suétone seulement, mais tous les historiens latins, y compris le moins simple, Tacite, que l'on pourrait appeler en témoignage contre l'emphase de nos Romains de théâtre. La tragédie a le droit d'agrandir. Ce droit est même un devoir; mais qu'elle ne s'imagine pas le remplir d'autant mieux qu'elle agrandira davantage. Un paysage italien a toujours des tons chauds; mais sera-t-il réputé d'autant plus vrai et d'autant plus italien que les tons chauds y seront plus prodigués? Rome et les Romains, dans Corneille, sont peints comme l'a souvent été la campagne de Rome, quand on s'imaginait ne pouvoir lui donner un ciel trop rouge et un sol trop brûlé.

Racine n'était pas Grec, avons-nous dit encore. On l'accorde assez généralement. Avec l'amour des beautés grecques, il n'en avait pas le génie; c'était de bonne foi qu'il apportait comme Grec et vraiment Grec ce qui n'était qu'admirablement travesti.

Est-il plus Hébreu dans Athalie que Grec dans *Iphigénie* et dans *Phèdre*? Non. Nous pourrions même montrer que, dans les chœurs, où il se croyait le mieux sous l'inspiration hébraïque, c'est là que le moderne et le chrétien se sont le plus donné carrière. Dès le premier

---

[1] *Lettre à l'Académie.*

acte, par exemple après le beau tableau de la scène du Sinaï, que devient-elle, sous sa plume, cette loi promulguée dans un si terrible appareil?

> « Dieu venait à ce peuple heureux
> *Ordonner de l'aimer d'une amour éternelle...* »

Mais c'est l'Évangile, cela, et ce n'est pas le Décalogue. L'erreur prouve que Racine aimait Dieu; ne la lui reprochons pas trop. Mais il ne s'en tient pas à dire *amour* là où la loi disait *crainte*. Les vers qui suivent ont je ne sais quoi d'efféminé, qui n'est guère plus digne du Christ que de Moïse.

> « O divine, ô charmante loi!...
> Que de raisons, quelle douceur extrême
> D'engager à ce Dieu son amour et sa foi!... »

Le madrigal a évidemment passé par là, et le chrétien, qui avait remplacé l'Hébreu, cède la place au chantre de Bérénice. Et quand le poëte dira, un peu plus loin:

> « Il nous donne ses lois, *il se donne lui-même...* »

voilà le chrétien revenu, mais plus en anachronisme que jamais avec le sujet et l'époque.

Autant nous aurions tort de nous livrer à tout propos à des analyses de ce genre, autant il est bon de savoir, en général, ne pas croire sur l'étiquette, quand même il s'agit d'un chef-d'œuvre.

Un procédé qui pourrait être employé avec succès dans ces querelles délicates, ce serait de voir ce que devient, traduit en grec, ce qu'on nous donne pour grec, et, traduit en latin, ce qu'on nous donne pour romain. Plus d'un passage est cité comme antique qui se refuserait absolument à revêtir cet antique costume, ou ne le porterait que grimaçant. Souvent, là même où la traduction n'aurait rien de ridicule, il suffira de voir l'idée en grec pour sentir qu'elle n'est pas grecque, en latin pour sentir que jamais Romain ne l'a eue.

Mais le meilleur de tous les procédés, c'est de n'en avoir pas besoin, et d'arriver à sentir par instinct ce qui est ou n'est pas selon le génie du peuple qu'on met en scène.

II

Voltaire a prêché le premier pour la vérité historique, jusque là bannie du théâtre.

Mais il est plus facile de signaler le faux que de rentrer sérieusement dans le vrai. Il eût fallu de fortes études historiques, et on ne s'en souciait pas ; il eût fallu surtout les entreprendre dans l'esprit que nous indiquions plus haut, c'est-à-dire avec l'amour des vieux temps, la faculté d'y vivre par l'imagination et par le cœur, et c'est ce que n'avaient ni Voltaire, ni aucun des auteurs dramatiques de son époque.

Aussi voyons-nous ceux du second et du troisième ordre s'enfoncer toujours plus, en dépit de ses prédications, dans ce faux qu'ils ne savaient pas habiller, comme Racine, de sentiments toujours vrais, de beautés à jamais neuves. On a beaucoup critiqué, de nos jours, le : « Gardes, suivez la reine[1]. » Que dire du *Régulus* de Dorat, où l'on entend une confidente s'écrier :

« Quoi ! seule et sans escorte ! Une dame romaine ! »

et cette *dame*, que la confidente s'étonne de rencontrer sans laquais, c'est la femme de Régulus, de Régulus qui avait demandé, comme on sait, à revenir en Italie pour cultiver son champ, vu que son unique esclave s'était enfui. Ce même Régulus, qui regardait la captivité comme un opprobre, qui voulait qu'on ne rachetât jamais un Romain fait prisonnier, savez-vous ce que Dorat lui fait dire ?

« Ces chaînes font ma gloire, et la rendent plus pure. »

Voilà ce qu'on pouvait encore écrire, sans se faire trop moquer de soi, en 1765.

Voltaire, qui avait donné les préceptes, était-il beaucoup plus heureux dans la pratique ? Il le croyait ; il s'en vantait avec cette même bonne foi que nous avons dû reconnaître, sur ce point, dans ses ouvrages d'histoire.

« L'idée me vint, dit-il dans une lettre sur *Zaïre*, de faire contraster dans un même tableau les mœurs des mahométans et celles des chrétiens, la cour d'un soudan et celle d'un roi de France. »

---

[1] *Iphigénie*. Acte IV.

Nous en serions-nous doutés? Il y a bien des choses à admirer dans *Zaïre*; mais, celle-là, l'idée ne nous viendrait pas de l'y chercher. Tâchons au contraire d'oublier ce que l'auteur en dit, car, au lieu de jouir des beautés de sa tragédie, il nous faudrait lui répliquer que ses personnages ne sont, sauf par leurs noms, ni musulmans, ni chrétiens, ni de la cour d'un soudan, ni de celle d'un roi de France au douzième siècle. Il nous affirme aussi, Racine, à propos de son *Britannicus*, qu'il nous peindra les Romains de l'empire, la cour d'un empereur romain. Si nous n'avions grand soin d'oublier cette promesse, pourrions-nous admirer *Britannicus*?

Mais Voltaire avait esquissé, à l'en croire, des contrastes bien autrement délicats que ceux qu'il annonce dans *Zaïre*.

Il va, dit-il dans la préface de l'*Orphelin de la Chine*, montrer celui des Chinois et des Tartares. Il est si sûr de son affaire que, dans une lettre à Dumarsais [1]: « Si les Français n'étaient pas si Français, dit-il, mes Chinois auraient été plus Chinois, et Gengis encore plus Tartare. Il a fallu appauvrir mes idées et me gêner dans le costume pour ne pas effaroucher une nation frivole, qui rit sottement, et qui croit rire gaiement de tout ce qui n'est pas dans ses mœurs ou plutôt dans ses modes. » Ainsi, il a eu peur d'être trop Chinois, trop Tartare... Mais ne serait-ce pas plutôt qu'il a peur qu'on ne l'accuse de ne pas l'avoir été assez?

[1] Octobre 1755.

Dans la préface des *Scythes*, même promesse. « On hasarde aujourd'hui le tableau contrasté des anciens Scythes et des anciens Persans. » Mais d'où les connaissait-il ? Et le peu que nous savons de leurs mœurs, l'a-t-il au moins fidèlement rendu ? On ne dirait pas, dans la pièce, qu'il s'en soit le moins du monde inquiété. Il fait comme ces anciens peintres qui commençaient par dessiner d'imagination les personnages, et leur mettaient ensuite un nom autour de la tête ou sous les pieds.

Voyez, puisque nous parlons de peintres, comment s'y prennent les bons, ceux qui tiennent à être vrais, toujours et partout vrais. Ils ont beau avoir dessiné vingt ans des hommes, des animaux, des arbres ; ils ne feront jamais un homme, jamais un animal, jamais un arbre, sans en avoir un sous les yeux, sans se servir, au moins, d'une esquisse d'après nature. Eh bien ! il devrait en être ainsi dans l'histoire et au théâtre. L'habileté, le génie même, ne suppléent pas à l'étude ; et trop souvent ils n'ont été employés, même de bonne foi, qu'à en dissimuler l'absence.

III

Même illusion, chez Voltaire, sur les divers buts moraux qu'il s'est proposés dans ses pièces, et dont souvent on ne se douterait pas davantage s'il n'avait soin d'en prévenir.

Dans *Mahomet*, par exemple, il a voulu peindre le fanatisme. Il l'annonce à grand bruit ; il le dit jusque dans le titre, car c'était primitivement : *Le Fanatisme, ou Mahomet le prophète*. Mais où est-il, ce prétendu fanatisme ? Dans le héros de la pièce ? Non. Mahomet avoue qu'il ne croit pas un mot de ce qu'il enseigne aux hommes. Dans Séide, à qui Mahomet ordonne un assassinat au nom de Dieu ? Mais Séide hésite, doute, tremble. Il ne conçoit pas encore, dit-il,

« Comment ce Dieu si bon, ce père des humains,
Pour ce meurtre effroyable a réservé ses mains... »

Plus loin :

« Vainement mon devoir au meurtre m'appelait.
A mon cœur éperdu l'humanité parlait... »

Et il y a trente vers de ce ton. Dramatiquement, c'est fort beau, et nous serions bien fâchés de les ôter ; mais ce n'est pas là du fanatisme. Dira-t-on que le vrai but de Voltaire n'était pas de peindre un fanatique, mais de montrer que l'enthousiasme religieux est toujours faux ou factice, que ceux qu'on appelle fanatiques sont des fourbes qui mènent, ou des sots se laissant mener ? Il est fort probable, en effet, que c'était là sa thèse ; mais que deviennent, dans ce cas, et la vérité historique, et la vérité philosophique ? Est-il soutenable en histoire, est-il probable en morale que le fanatisme n'ait jamais été réel, profond, sincère ? Est-il bien sûr que Mahomet lui-même ne se crût pas inspiré, ou au moins appelé de Dieu à une grande mission? Les immenses succès de sa loi et de ses armes ne sont pas de ceux qu'on obtient en calculant élégamment comme quoi

> « Il faut un nouveau culte, il faut de nouveaux fers,
> Il faut un nouveau Dieu pour l'aveugle univers. »

Autre exemple. — Dans la préface d'*Alzire* : « J'ai tâché, dit-il, dans cette tragédie toute d'invention et d'une espèce assez neuve, de faire voir combien le véritable esprit de religion l'emporte sur les vertus de la nature. »

Qu'était-ce, pour Voltaire, que ce « véritable esprit de religion? » Ce n'était pas, à coup sûr, le christianisme. On ne voit donc déjà pas trop ce que peut être la supériorité de cet esprit « sur les vertus de la nature, » puisque, dans les idées de l'auteur, cet esprit lui-même appartient à la religion naturelle.

Aussi, dans la pièce, qu'arrive-t-il? Jusqu'à la dernière scène, où Guzman mourant s'amende et pardonne, tout l'intérêt se concentre, au contraire, sur ces *vertus de la nature*, sur le courage et l'héroïsme des Péruviens opprimés. Guzman lui-même, en pardonnant, ne sort réellement pas de cette catégorie de vertus. Le christianisme ordonne le pardon des offenses; mais le pardon des offenses était connu avant le christianisme. Guzman pourrait être païen, et pardonner.

Ce ne sont pas là, on le comprend, des critiques littéraires; et même, littérairement parlant, ce ne seraient pas des critiques. Voltaire, auteur dramatique, avait le droit de faire de Mahomet un fourbe; auteur dramatique, il ne pouvait, il ne devait pas se priver de peindre Séide hésitant, combattu, déchiré; il ne pouvait ni ne devait non plus, dans *Alzire*, ne pas donner le beau rôle aux Péruviens. Ce que nous avons voulu montrer, c'est que, comme philosophe, il se trompait dans la portée qu'il assignait à ces pièces; c'est surtout que l'erreur ne lui était pas personnelle, mais tenait à l'esprit et aux tendances du temps. Il n'était plus permis de raconter pour raconter, de peindre pour peindre, d'émouvoir pour émouvoir. Tout événement, soit exposé dans un livre, soit exploité au théâtre, devait venir à l'appui d'une des thèses du jour[1]. Point de salut pour *Mahomet*, si la moralité cachée n'en est pas que le christianisme pourrait bien avoir été établi, comme le mahométisme, par un fourbe; point de salut pour *Alzire*, si elle n'aboutit à démontrer que tout ce qu'il y a de bon dans le christianisme, c'est ce qui lui est resté de la religion naturelle[2]; point de salut pour *Titus*[3], si le héros n'est bon à la façon du dix-huitième siècle, s'il ne parle en phrases encyclopédiques; point de salut pour *Spartacus*[4], si le rude esclave révolté n'est un sage aux grandes paroles, une espèce de chevalier libéral, et, comme nous

---

[1] « La muse de Sophocle, en robe doctorale,
Sur des tréteaux sanglants professe la morale. »
GILBERT.

[2] « Alzire au désespoir, mais pleine de raison,
En invoquant la mort commente le Phédon. »
GILBERT.

[3] Par Dubelloy. 1760.
[4] Par Saurin. 1760.

dirions dans notre jargon d'aujourd'hui, humanitaire ; point de salut pour *Guillaume Tell* [1], si le héros de l'indépendance helvétique ne confond ce mot d'indépendance avec celui de liberté, et n'entend ce dernier à la façon des révolutionnaires ; point de salut, enfin, pour quiconque n'apportera pas sa pierre à l'édifice nouveau, ou, mieux encore, son coup de pioche à l'édifice ancien. L'histoire s'y refusait-elle, non-seulement il fallait savoir l'y contraindre, mais l'auteur lui-même arrivait à se persuader qu'il n'avait fait que lui rendre son vrai sens et sa légitime portée. Ce siècle semblait condamné à s'éloigner du vrai par les efforts mêmes qu'il faisait pour s'en rapprocher.

IV

Et c'est là, ce nous semble, qu'il faut chercher l'explication d'un fait dont on s'est beaucoup étonné, l'infériorité de la comédie dans un siècle où on avait tant d'esprit.

Pourquoi cette impuissance? — Nous pourrions, après ce qui précède, répondre par un seul mot : On était dans le faux, et la comédie a essentiellement besoin du vrai.

---

[1] Par Lemierre. 1766. — Dans le prologue du *Guillaume Tell* de Florian, le pâtre suisse est représenté fondant, au sein de ses montagnes « une retraite à ces deux filles du ciel, consolatrices de la terre, à la vertu, *à la raison.* »

La tragédie, en effet, s'en passe mieux. Elle nous sort de notre sphère ordinaire; elle nous élève trop haut pour que nous puissions la suivre avec nos sentiments de tous les jours, la juger pas à pas sur notre propre expérience. La comédie, au lieu de nous élever à elle, descend vers nous. Elle n'a pas d'autre sphère que la nôtre. Nous sommes là chez nous, en quelque sorte, avec notre expérience, nos idées, nos sentiments. C'est notre langue qu'on parle, et, comme la marchande d'herbes d'Athènes, nous ne permettons pas qu'on nous la gâte. Or, ce n'est pas avec de l'esprit seulement qu'on arrive à bien parler une langue.

Voilà pourquoi l'esprit ne suffit pas pour faire une bonne comédie. Disons mieux : dès que c'est lui qui domine, c'est lui qui empêchera de la faire. Elle veut une étude intime des travers du cœur humain, et l'esprit s'arrête à la surface, où un coup d'œil lui suffit pour se défrayer tant bien que mal. Elle veut de la gaieté, et l'esprit n'a que du mordant. Elle veut de la bonhomie, et l'esprit n'en a pas. Elle veut, malgré ses dehors légers, être écrite en œuvre sérieuse, et l'esprit croirait déroger s'il ne la traitait en badinant. Grimm va trop loin quand il dit que « les poëtes comiques ont été, pour la plupart, gens mélancoliques et bilieux; » mais il a raison quand il ajoute : « M. de Voltaire est très gai, et la comédie gaie est le seul genre où il n'ait pas réussi. C'est que celui qui rit et celui qui fait rire sont deux hommes fort différents. »

Voilà pourquoi Voltaire, avec plus d'esprit que Molière, l'a suivi de si loin. Il rit, mais il ne fait pas rire, j'entends de ce franc et bon rire, hors duquel il ne saurait y avoir de vrais succès en comédie. Il rit, mais on dirait qu'il ne veut que se divertir lui-même; on est presque tenté de s'offenser de ses railleries, et de prendre parti pour ceux qu'il frappe.

Aussi ses comédies marchent-elles généralement assez mal. Point de proportion, point de suite, et, partant, point d'entrain. Vous sautez du sérieux au burlesque, et vous cherchez en vain le vrai comique. Ce sont des scènes froides, pédantes même, saupoudrées d'épigrammes. Bref, c'est à peine si Voltaire égale J.-B. Rousseau, grand épigrammatiste aussi, mais qui n'a fait que des comédies sans gaieté, sans verve, j'allais presque dire sans esprit, car l'esprit mal employé n'en est plus. L'épigramme elle-même, ne croyez pas qu'on y réussisse d'autant mieux qu'on est plus spirituel et plus malin. Voltaire en a fait de bonnes, mais peu, et beaucoup moins, en tout cas, qu'on n'en eût attendu de lui. Ne disons pas avec M. de Maistre que, s'il ne savait pas les faire, c'est que « la moindre gorgée de son fiel ne pouvait couvrir moins de cent vers. » Disons, comme pour la comédie, qu'il lui manquait cet heureux équilibre sans lequel on est quelquefois d'autant moins spirituel qu'on a et qu'on se croit plus d'esprit.

Il s'est jugé, sans le vouloir, dans un article de son *Dictionnaire philosophique.* « On consultait, dit-il, un homme qui avait quelque connaissance du cœur humain sur une tragédie qu'on devait représenter. Il répondit qu'il y avait tant d'esprit dans cette pièce qu'il doutait de son succès. Quoi! dira-t-on, est-ce là un défaut, dans un temps où tout le monde veut avoir de l'esprit, où l'on n'écrit que pour montrer qu'on en a, où le public applaudit même aux pensées les plus fausses quand elles sont brillantes? — Oui, sans doute. On applaudira le premier jour, et on s'ennuiera le second. »

Eh bien, c'est ce qui arrivait, c'est ce qui arrivera toujours aux comédies de Voltaire. S'il n'eût été juge et partie, il se fût certainement aperçu que ce qu'il disait là si bien de la scène tragique était encore plus vrai de l'autre scène.

V

Mais à cette fâcheuse surabondance d'esprit se joignait chez lui l'influence d'une théorie fausse, peut-être imaginée après coup, quoique de bonne foi aussi, pour justifier des fautes qu'il n'avait pu se dissimuler tout à fait.

« Si la comédie, dit-il dans la préface de son *Enfant prodigue,* doit être la représentation des mœurs, cette pièce semble être assez de ce caractère. On y voit un mélange de sérieux et de plaisanterie, de comique et de touchant. C'est ainsi que la vie des hommes est bigarrée. »

Peut-être; mais ce qui est sûr, c'est qu'une comédie bigarrée ne peut avoir un vrai succès, témoin celle-là même dont l'auteur parlait si complaisamment. De même qu'il y a, dans la nature visible, des contrastes que nous blâmerions dans un tableau et qu'un bon peintre ne s'avisera jamais de transporter sur la toile, il y a aussi, dans la vie, des choses dont nous prenons notre parti, mais que nous ne tolérons pas dans le domaine de l'art. C'est ce que l'abbé Batteux établissait avec beaucoup de justesse, en 1747, dans ses *Principes de la littérature*. M. de Schlegel a même fait observer[1] que la comédie s'expose à manquer son but moral lorsqu'elle se prend à la fois à deux passions, même comiques l'une et l'autre. C'est ainsi, dit-il, qu'un avare et un vieillard amoureux pourront voir l'*Avare* de Molière, et s'en aller parfaitement contents. L'un dira : « Au moins, je ne suis pas amoureux; » et l'autre : « Au moins, je ne suis pas avare. » Bref, n'était la peur d'employer un mot un peu trivial, nous dirions volontiers que l'art ne doit pas courir deux lièvres à la fois.

A l'appui de sa thèse, Voltaire nous cite un exemple, très curieux, en effet, des bigarrures de ce monde. Il raconte que la maréchale de Noailles, étant un jour au chevet d'une de ses filles dangereusement malade, s'écriait, baignée de larmes : « Mon Dieu, rendez-la moi, et prenez mes autres enfants! » — « Les gendres en sont-ils?... » murmura le duc de la Vallière, un des gendres. Et la mère d'éclater de rire, et tous les assistants d'en faire autant, et la malade elle-même de rire plus que personne.

Très bien; mais essayez de porter cela sur la scène, et vous n'aurez qu'un odieux gâchis dont le plus bas

[1] *Cours de littérature dramatique.*

public s'indignera. Voltaire, en dépit de son système, s'en serait indigné le tout premier. Fussiez-vous homme à plaisanter vous-même auprès du lit d'un mourant, vous ne permettrez pas qu'on y plaisante au théâtre.

Bien plus. Il peut se faire qu'un trait véritablement plaisant, dont tout le monde aura ri, ne plaise pas au théâtre et n'y soit pas supporté.

Marcel, le fameux maître à danser, celui qui disait de si bonne foi : « Que de choses dans un menuet ! » — Marcel, pour exercer une dame à se baisser avec grâce, avait un jour jeté son gant devant elle, afin qu'elle le ramassât. L'aventure avait fait le tour de l'Europe ; on avait ri aux larmes de l'outrecuidance du danseur. Quelques années après, un auteur, Bret, s'empare de la chose, et la met dans son *Mariage par dépit*. Qu'arrive-t-il ? On siffle, on hue. Cette même aventure dont on a ri lorsqu'elle était réelle, on la flétrit, dans une comédie, comme une honteuse inconvenance, comme une insulte aux dames, comme une calomnie anti-française.

VI

Chose étrange ! La tragédie s'accommoderait plutôt mieux, ou, si l'on veut, moins mal, d'un certain mélange de comique, que la comédie d'un mélange de sérieux. En général, un contraste bien net a moins de chances de déplaire qu'un contraste indécis et mou. Il y a bien à dire, en théorie, contre nos drames modernes, où le plaisant et l'effroyable se font un jeu d'alterner ; et cependant ce genre est incontestablement, en somme, moins choquant, moins faux que les comédies mixtes de Voltaire, de Destouches, de Diderot, de La Chaussée et de toute cette école. D'une scène plaisante à une scène de sang, le passage est plus naturel et plus facile, au théâtre, qu'entre une tirade comique et un morceau sentimental.

Les dangers de la comédie mixte n'avaient cependant pas échappé à tout le monde. Fréron les relevait vertement, à chaque nouvel échantillon de ce malheureux genre. Sabatier se moquait, dans ses *Trois Siècles*, de cette Thalie boiteuse qui avait, disait-il, un pied chaussé du brodequin et l'autre du cothurne. Gilbert ne la ménageait pas [1]. Collé, dès 1749, en parlait avec beaucoup de sagesse. « Le comique larmoyant du *Glorieux*, du *Philosophe Marié*, de l'*Enfant Prodigue*, et celui de toutes les pièces de La Chaussée, ne sera jamais goûté, disait-il [2], des amateurs de la bonne comédie. Qu'on invente, si l'on veut, une nouvelle espèce de tragédie

---

[1] « Thalie a de sa sœur partagé les revers.
. . . .
Apôtre larmoyant de la philosophie,
Elle fuit la gaieté qui doit suivre ses pas,
Et d'un masque tragique enlaidit ses appas.
Tantôt c'est un rimeur dont la muse étourdie,
Dans un conte, ennobli du nom de comédie,
Passe, en dépit du goût, du touchant au bouffon,
Et marie une farce avec un long sermon ;
Tantôt..., etc. »

[2] *Journal Historique*.

ou de comédie héroïque, comme on voudra l'appeler ; ce sera toujours une branche de la tragédie. Que, dans cette tragédie mitoyenne, les personnages ne soient ni princes, ni grands seigneurs... j'admets ce genre [1], ou tel autre, pourvu que cette tragédie ou comédie soutienne continuellement son caractère... Il me semble qu'il n'y a point de milieu : je veux rire sans pleurer, ou pleurer sans rire. »

A plus forte raison s'éloignait-on de la véritable comédie dans ces pièces qui ne faisaient ni rire ni pleurer, froides leçons dialoguées, satires souvent justes au fond, mais guindées et fausses dans la forme. C'est de l'ensemble d'une pièce que la moralité doit ressortir. Il ne faut pas qu'elle se reproduise à chaque scène, à chaque tirade, à chaque vers, pas plus que l'homme qui veut prêcher la vertu ne doit faire de ses discours un perpétuel sermon. Un sermon même, s'il ne veut être ennuyeux, ne doit pas viser à donner une leçon dans chaque phrase.

Mais le dix-huitième siècle était, de sa nature, très prêcheur. Partout où il s'avisait de mettre de la morale, il croyait n'en pouvoir trop mettre. Peu sûr de la qualité, il se rabattait sur la quantité. Puis, ce genre était de beaucoup le plus facile, et, qu'on se l'avouât ou non, c'était une grande raison à une époque où le vrai talent était si rare. Tel avait échoué dans les deux genres prin-

---

[1] Voltaire ne l'admettait pas. « Que serait-ce qu'une intrigue entre des hommes du commun ? Ce serait avilir le cothurne. » Il y a du grand seigneur là-dedans ; mais l'autre extrême a par trop hanté les bas fonds.

cipaux, qui se faisait sans peine une réputation en les mêlant.

Dans les comédies qui eurent, à cette époque, une si fâcheuse vogue, ce ne sont pas, comme chez Molière, les ridicules ou les vices qui contrastent entre eux et se corrigent l'un par l'autre : c'est la raison et la vertu, toujours graves, toujours armées de toutes pièces, qui viennent se camper en face de ce qu'il s'agit de corriger. Les valets sont devenus des Catons, les soubrettes, des Lucrèces, les amoureux, des Grandissons, des Clarisses, et la comédie un roman, c'est-à-dire un mauvais roman, car elle ne peut en être un bon. Une pièce fort supérieure à celles de La Chaussée et de Destouches, le *Méchant*, de Gresset, ne resterait pas en dehors de ces remarques, pour peu que nous voulussions l'analyser en regard du *Misanthrope*.

Parmi les pièces où Voltaire a voulu moraliser, voyez la meilleure, *Nanine*. Si le développement complet d'une moralité suffit pour faire une comédie, *Nanine* est la plus parfaite qui existe. De quoi s'agit-il? De combattre les préjugés nobiliaires, de montrer que les différences réelles, dans ce monde, sont celles de l'éducation, du mérite, de la vertu, et que les autres ne sont rien. Mais plus la thèse, en soi, est bonne, moins il y avait besoin de la ramener à tout propos; il fallait la mettre en action, non en sermon. Le noble comte finit bien par épouser Nanine. Voilà une action, si l'on veut; mais que de discours avant, et quels discours! Que d'apprêt et que de pédanterie! Comme les objections ont l'air de ne venir que pour se faire réfuter!

Il ne faut jamais, au théâtre, que l'on sente l'auteur derrière les personnages. Comme on demandait à Beaumarchais pourquoi il avait laissé, dans son *Mariage de Figaro,* certaines phrases négligées qui n'étaient pas, ajoutait-on, de son style : « De mon style ! dit-il. Si par malheur j'en avais un, je m'efforcerais de l'oublier quand je fais une comédie. »

Ce n'est pas un malheur que d'en avoir un ; c'est même une condition indispensable pour être quelque chose en littérature. Mais, à cette boutade près, il avait raison. Rien de plus insipide, selon lui[1], que ces fades pièces « où tout est l'auteur, quel qu'il soit. » — « Lorsque mon sujet me saisit, ajoutait-il, j'évoque tous mes personnages, et les mets en situation. — Songe à toi, Figaro, ton maître va te deviner. — Sauvez-vous vite, Chérubin ! C'est le comte que vous touchez. — Ah ! comtesse, quelle imprudence avec un époux si violent ! — Ce qu'ils diront, je n'en sais rien ; c'est ce qu'ils feront qui m'occupe. Puis, quand ils sont bien animés, j'écris sous leur dictée. »

Voilà le secret de Molière. Beaumarchais y avait été peu fidèle, et c'était même un mensonge que de prétendre avoir écrit aussi naturellement une pièce pleine d'allusions, d'actualités satiriques, où certainement tout, pour nous servir de son expression, *était l'auteur ;* mais la théorie est excellente, et c'était quelque chose que de l'énoncer si bien.

Dans Voltaire donc, au contraire, et, pour en revenir

[1] Préface du *Mariage de Figaro.*

au même exemple, dans *Nanine*, on ne sent que l'auteur et que les besoins de sa polémique. Les personnages raisonnables ont trop évidemment raison, les autres, trop grossièrement tort. Ils ont l'air, ces derniers, de n'être là que pour s'enferrer dans leurs sottises; ils parleraient tout seuls que la réfutation serait complète, et les raisonnables ne raisonnent que pour leur fournir l'occasion de déraisonner. Quand le comte a fait sa profession de foi, déclarant que l'homme de bien et la femme vertueuse sont, à ses yeux, « les premiers des humains, » voyez ce que répond la baronne :

« Il faut, au moins, être bon gentilhomme.
Un vil savant, un obscur honnête homme
Serait chez vous, pour un peu de vertu,
Comme un seigneur, avec honneur reçu?... »

Où est le vrai là dedans? Est-ce ainsi que l'on parle et que l'on a jamais parlé? Des nobles ont pu, cela va sans dire, agir selon ces principes-là ; mais les énoncer de la sorte, mais même les concevoir aussi crus et sous cette forme, jamais. C'est ironie, c'est satire ; ce n'est pas comédie, et l'ensemble ne l'est pas mieux. Les plaisanteries d'un valet et les vivacités d'une vieille femme ne nous feront pas donner ce nom à un tissu de scènes de ce genre. *Nanine* et l'*Enfant Prodigue* sont pleins de traits empruntés à Boileau; mais ce que le satirique avait dit parlant lui-même, Voltaire le met dans la bouche des gens à ridiculiser. Adieu, dès lors, le naturel et le vrai.

Une comédie ! En voulez-vous une ? Nous ne vous renverrons pas, cette fois, au *Misanthrope* ; allez à *George Dandin*, tout uniment. Il s'agit là de montrer le danger des unions entre gens de conditions différentes. La thèse est donc à peu près l'opposé de celle de *Nanine* ; mais le sujet est du même genre, et la comparaison peut se faire.

Supposez-le donc, ce sujet, traité à la façon de *Nanine*. George Dandin sera un roturier généreux, qui aura compté sur son amour et sur ses richesses pour s'attacher sa femme, issue d'une famille noble et pauvre. Trompé dans son attente, il reproche à sa femme ce qui lui paraît une noire ingratitude. Sa femme, victime de l'avidité d'un père, déplorera le *oui* fatal qu'il lui a fallu prononcer, mais, gardant les bienséances, ne laissera voir qu'à la dérobée son aversion pour son mari, son amour pour un autre. Le père et la mère, témoins des désordres de ce ménage, s'accuseront réciproquement d'en être les auteurs. Les valets ne manqueront pas de raisonner sur toutes ces douleurs et de prêcher à leur manière la moralité qui en résulte. Puis, pour justifier le titre, car on aura annoncé une comédie, on amènera quelque sot, chargé d'être comique pour tous. Ce sera donc, dans quelques endroits, très touchant, et peut-être comptera-t-on, comme au *Père de Famille*[1], « autant de mouchoirs que de spectateurs[2] ; » mais l'art s'indignera, et la nature, dont on aura cru s'approcher, aura fui.

---

[1] De Diderot. 1769.
[2] Mémoires de Bachaumont.

VII

D'où lui venait, à cette génération rieuse, tant de goût pour les pleurs? La vertu lui était-elle si chère qu'elle pût l'applaudir jusque sous des formes ridicules?

Il y avait là, n'en doutons pas, un de ces calculs involontaires qui exercent souvent plus d'influence qu'une théorie arrêtée ou qu'un sentiment vrai.

Peu de gens étaient assez aveuglés pour se faire entièrement illusion sur l'ébranlement que subissaient les anciennes bases de la morale ; peu, très peu, avaient réellement foi dans les bases nouvelles que la philosophie avait posées. De là, chez le grand nombre, un besoin de se rassurer, soit sur la part qu'ils pouvaient avoir prise au renversement des unes, soit sur la solidité des autres.

Or, pour se rassurer, il n'y avait que deux moyens, dont un seul bon : être vertueux. Mais il était difficile, celui-là, et on y avait peu de goût. Restait le mauvais, celui de s'émouvoir à des spectacles de vertu ; et comme ils étaient rares dans le monde, il fallait bien les chercher au théâtre. Une pièce était donc d'autant meilleure qu'elle avait rendu plus faciles cette émotion, ces larmes par lesquelles on se réconciliait avec soi-même. « On parle de guerre. Nos cavaliers la souhaitent beaucoup, et nos dames s'en affligent médiocrement. Il y a longtemps qu'elles n'ont goûté l'assaisonnement des craintes et plaisirs des campagnes ; elles désirent de voir comme elles seront affligées de l'absence de leurs amants [1]. » Au théâtre aussi on voulait voir si et comment on se sentirait remué.

De là encore l'indulgence des critiques, pour peu qu'ils appartinssent à l'école nouvelle. Ils ne pouvaient blâmer un genre qui, en rassurant les consciences, aidait au progrès de leurs amis. Grimm l'approuve [2]. « Tous les genres sont bons, dit-il, hors le genre ennuyeux. » Restait toujours à prouver, comme on voit, que celui-là n'ennuyait pas, et ce côté de la question avait bien sa difficulté.

Mais ne disputons pas des goûts; allons plus haut. Est-il vrai que tous les genres soient bons, à la seule condition de ne pas ennuyer? Est-ce là ce que Boileau voulait dire? Jamais, pas plus en littérature qu'en morale, la fin ne doit justifier les moyens. Si un siècle blasé vous a permis de le faire rire ou pleurer par des pièces que ni l'art ni la nature n'avouent, tant pis pour lui et pour vous. Une vogue de ce genre ne sera jamais un titre aux yeux des amis du vrai; et d'ailleurs, que dure-t-elle? Même du vivant de Voltaire, ses comédies ne se soutenaient que par son nom. Aujourd'hui, qui aurait l'idée de les remettre au théâtre? Qui irait y chercher des règles? Le roi de Prusse, à qui nous avons déjà vu quelquefois plus de sens et de goût qu'à ses bons amis de France, lui écrivait à l'occasion de *Nanine*: « Ce genre ne m'a jamais plu... Mon zèle pour

---

[1] Lettres de mademoiselle Aïssé. 1741.
[2] Correspondance. 1754.

la bonne comédie va si loin que j'aimerais mieux y être joué que de donner mon suffrage à ce monstre bâtard et flasque que le mauvais goût du siècle a mis au monde. »

CHAPITRE TREIZIÈME

I. — Gênes imposées à la tragédie. — Les horreurs théâtrales et les horreurs réelles. — Terreurs naïves. — L'*Atrée* de Crébillon. — Ce que seraient, à ce compte, nos dramaturges actuels. — Il est facile de dépasser le but et difficile de l'atteindre. — Tristesse fade ou gaieté folle. — L'*Épître sur la consomption*.

II. — Le théâtre anglais au dix-huitième siècle. — Une représentation d'*Hamlet*. — Voltaire veut une réforme en France, mais il n'ose y travailler tout de bon. — Il se croit, au théâtre, beaucoup plus terrible qu'il ne l'est.

III. — Shakespeare. — Variations de Voltaire sur son compte. — Combien les littératures étrangères étaient peu connues en France. — L'anglais. — L'allemand. — Mépris du roi de Prusse pour sa langue. — Shakespeare amené à la barre de l'Académie. — Le procès reste suspendu. — Quelques Français s'éprennent du théâtre anglais. — Voltaire reprend l'affaire en main. — « Il faut que Shakespeare ou Racine demeure sur la place. » — La bataille. — Lettre de d'Alembert à Voltaire. — Enivrement.

IV. — Voltaire était resté à côté de la question. — Critiques mesquines, mais justes. — Shakespeare a été trop et ridiculement loué. — Walpole. — Letourneur. — M. de Schlegel.

V. — Voltaire n'avait pas saisi l'ensemble de la question. — Racine et Shakespeare. — A qui appartenait l'avenir? — Timidité de Voltaire. — *Tancrède*. — Dangers réels et devenus évidents. — Surabondance d'action. — Surcharge de couleur locale.

I

Mais tandis qu'on autorisait la comédie à puiser où bon lui semblerait, au risque de ne plus offrir qu'un amalgame incohérent et bâtard, on exigeait, comme par compensation, que la tragédie restât en deçà des sources historiques, et même des réalités du jour.

Sur ce dernier point, quel constraste entre tant de choses odieuses que les mœurs toléraient encore, et la délicatesse avec laquelle on proscrivait, au théâtre, tout ce qui dépassait un certain niveau d'horreur! On avait la torture et des supplices atroces; on les voyait effroyablement prodigués. « La Grève n'a point désempli depuis quelque temps, et les supplices de toute espèce se sont succédé sans relâche. » Ainsi dit Bachaumont, en 1768, et il reprend paisiblement le fil de ses historiettes. Les prisons étaient d'épouvantables cavernes, les hôpitaux des cloaques. Et cette nation qui vivait, insouciante, parmi ces restes hideux de l'ancienne barbarie, elle avait, au théâtre, les nerfs d'une marquise. On allait à la Grève voir tenailler, rouer, écarteler; et tout héros de tragédie qui s'avisait de périr autrement que par le vieux poison ou le vieux poignard des classiques, c'était un mal-appris, un homme indigne de mourir en bonne société. Cette contradiction, du reste, était elle-même un héritage des anciens. Au cirque, le sang coulait à flots tout de bon; au théâtre, il ne devait pas même couler au figuré [1].

Il faut voir dans les mémoires du temps jusqu'où pouvait aller, à ce sujet, l'indignation du bon public de France. En Italie, dit-on, dans les théâtres fréquentés par le bas peuple, il faut quelquefois des gardes pour empêcher le parterre de se ruer sur l'acteur qui représente un tyran, un scélérat. En France, on n'assommait pas les acteurs; encore vit-on une fois un grenadier, en faction dans la salle à une représentation de *Britannicus*, coucher Narcisse en joue [2]. Mais c'était quelquefois avec un grand sérieux qu'on se demandait si l'auteur de telle ou telle scène pouvait ne pas être un cœur noir, et ne pas avoir dans son âme au moins le germe des atrocités qu'il avait peintes. On ne comprenait pas l'imagination s'enfonçant, de son plein gré, dans un monde de crimes; il y avait nécessairement là dessous, se disait-on, des instincts ou des remords. Que ne ra-

---

[1] *Ne pueros coram populo Medea trucidet.*
HORACE.

[2] Les gardes avaient toujours leurs fusils chargés à balle, et pour que nul n'en ignorât, ils les chargeaient à la porte du théâtre. Un gouvernement absolu avait toujours un peu peur de ce qui pouvait rappeler une assemblée du peuple.

contait-on pas, dans les boudoirs, sur les mystérieux forfaits de ce pauvre abbé Prévost, qui avait la naïveté de s'en défendre! D'autres, au contraire, étaient fiers de cet hommage indirect à leur talent. Crébillon aimait à raconter que, à la première représentation de son *Atrée,* on n'entendit pas plus d'applaudissements que de sifflets, vu que tout le monde était resté comme frappé de la foudre, et qu'on s'en alla comme après une exécution à mort. Mais aussi, dès le lendemain, une partie de cette superstitieuse horreur s'était tournée contre Crébillon lui-même. On s'effrayait de rencontrer un homme qui avait pu enfanter de telles choses, et, ses ennemis aidant, peu s'en fallait qu'on ne le signalât comme capable d'exécuter tout de bon, dans l'occasion, ce qu'il avait osé mettre sur la scène. Notez qu'il ne s'agissait même pas d'atrocités inventées par lui, et qu'il n'avait fait qu'ajouter à la légende grecque quelques détails d'accord avec le fond.

A ce compte, on le voit, nos dramaturges d'aujourd'hui seraient des espèces de monstres comme la terre n'en porta jamais de pareils. Heureusement qu'ils nous ont bien guéris de cette naïve horreur. Il y aurait eu trop à frémir; on a pris le parti de ne plus frémir du tout, et si la grande actrice Dumesnil ressuscitait pour nous jouer *Mérope,* elle risquerait peu d'entendre un jeune homme lui crier en sanglotant : « Ne le tuez pas! C'est votre fils! » On supporte, au théâtre, ce qui aurait révolté et les Français au retour de l'exécution de Damiens, et les Romains au sortir des jeux du cirque. On s'est fait une âme littéraire qui n'a presque plus rien de l'âme réelle; et de même qu'en 1789, comme on l'a dit, la France traversa la liberté, on pourrait dire qu'au théâtre elle a traversé la vérité. « La grande difficulté, le grand mérite, disait très bien Laharpe, est de trouver le degré d'émotion où le cœur aime à s'arrêter, et de n'exciter la pitié ou la terreur que jusqu'au point où elle est un plaisir. Si, dans tous les arts de l'imagination, il ne s'agissait que de passer le but, rien ne serait si commun que les bons artistes; mais il s'agit de l'atteindre, et c'est ce qui est rare. »

Ce tact manquait au dix-huitième siècle. On était presque toujours en deçà ou au delà du but, et non-seulement au théâtre, mais en tout. La société, comme la littérature, présentait une incohérente alliance entre la légèreté et la lourdeur, entre ce rire forcé qui fait mal à entendre et cette prétentieuse horreur qui n'émeut pas ou n'émeut que les sens. Quand la poésie, lasse de rire en folle ou de raisonner gravement, voulait analyser quelques émotions plus intimes, elle ne savait s'ouvrir encore aucun de ces trésors mélancoliques où notre siècle a quelquefois si éloquemment puisé. Gilbert à l'hôpital et Chénier au pied de l'échafaud devaient seuls en tirer quelques échantillons de bon aloi. Jusqu'à eux, la tristesse n'était que fade ou ridicule; elle n'avait quelques moments d'empire que grâce au concours grossier des sens. L'*Epître sur la consomption* [1] fut une espèce d'empoisonnement public. Elle hâta, dit-on, la mort d'un grand nombre de personnes atteintes ou se croyant atteintes du mal qu'elle peignait.

---

[1] Par Saint-Peravi. 1766.

II.

Mais tandis que l'on se montrait, en France, si délicat sur l'horreur théâtrale et si coulant sur les horreurs réelles, le contraire avait lieu chez les Anglais. Là, point de supplices raffinés, point de tortures, et, en même temps, au théâtre, des horreurs à foison. Les Français n'en revenaient pas. Linguet, dans ses *Annales*[1], faisait de son mieux pour s'indigner. « En Angleterre, disait-il, les exécutions sont des jeux en comparaison des nôtres; les tragédies sont des boucheries.... *Hamlet* est ce que la démence d'un frénétique pourrait rassembler de plus affreux.... Les fossoyeurs, au cinquième acte, creusent réellement une fosse. Ils jettent sur le théâtre une terre noire, précisément de la couleur et de l'onctuosité de celle des cimetières. Cette terre est remplie de véritables ossements, de crânes effectifs, qu'ils rapportent avec leurs pelles.... Et tout cela est bien reçu ; et toute l'assemblée, hommes, femmes, filles, matelots, gens de loi, marchands, lords, tout s'extasie.... »

Voltaire avait dit de bonnes choses, en théorie, sur le milieu à prendre entre ces divers extrêmes. En dédiant son *Brutus* à lord Bolingbroke : « Si les Anglais, écrivait-il, ont donné des spectacles effroyables, voulant

---

[1] Écrites en Angleterre.

en donner de terribles, nous autres Français nous nous arrêtons trop, de peur de nous emporter, et quelquefois nous n'arrivons pas au tragique, dans la crainte d'en passer les bornes. »

Mais il n'était pas homme à donner hardiment l'exemple d'une révolution dans laquelle il pouvait craindre de n'être pas suivi par le public. « Il n'y a point de vraie tragédie d'Oreste sans les cris de Clytemnestre, écrit-il, en 1750, au comte d'Argental ; mais si cette viande grecque est trop dure pour les estomacs des petits-maîtres de Paris, j'avoue qu'il ne faut pas d'abord la leur donner. »

Aussi était-il arrivé, comme Crébillon, à se croire infiniment plus terrible qu'il ne le paraît aujourd'hui et qu'il ne l'était réellement. On avait accusé son *Mahomet* de n'être bon qu'à former des Ravaillac et des Jacques Clément ; il avait dû, après trois représentations, retirer sa pièce. Mais, tout en protestant contre la tendance odieuse qu'on avait prétendu y voir, il se complaît évidemment dans l'idée d'avoir effrayé son monde. « Je ne sais pas, écrit-il au roi de Prusse, si l'horreur a été plus loin sur aucun théâtre. » C'est le statuaire qui s'effraie du Jupiter que son ciseau a créé. Qu'il se rassure. Son Jupiter est d'un beau marbre ; mais la pierre brute de Shakespeare est bien plus près de respirer.

III

Shakespeare ! Quel cauchemar pour Voltaire ! Cauchemar quand quelqu'un se mettait à l'admirer aux dépens de la France ; cauchemar, encore plus, quand il se sentait entraîné à l'admirer lui-même.

Nous ne nous amuserons pas à recueillir les jugements contradictoires qu'il a portés sur le grand tragique anglais. Tantôt il ne peut assez dire à quel point il le trouve ignoble, ridicule et barbare ; tantôt, après avoir répété et amplifié le mal qu'il en a dit ailleurs : « Il y a une chose, ajoute-t-il [1], plus extraordinaire que tout ce qu'on vient de lire : c'est que Shakespeare est un génie. Les Italiens, les Français, les gens de lettres de tous les autres pays, qui n'ont pas demeuré quelque temps en Angleterre, ne le prennent que pour un Gilles de la foire, pour un farceur très au-dessous d'Arlequin. C'est pourtant dans ce même homme qu'on trouve des morceaux qui élèvent l'imagination et qui pénètrent le cœur. C'est la vérité, c'est la nature elle-même qui parle son propre langage, sans aucun mélange de l'art. C'est du sublime, et l'auteur ne l'a point cherché. » Voltaire l'avait déjà dit en d'autres termes dans ses *Lettres philosophiques*.

Il n'était pas seulement dérouté par ce mélange

---

[1] *Dictionnaire philosophique.*

de fumier et de perles dont se composait, selon lui, l'œuvre de Shakespeare. Il avait encore à se débattre contre les conséquences de la position qu'il avait prise en regard de l'Angleterre.

C'était du nom de l'Angleterre, en effet, qu'il s'appuyait dans toutes les luttes du jour. C'était d'elle qu'il avait appris, disait-il, à penser ; c'était vers elle que devaient rester fixés les regards des philosophes, des sages, des hommes libres.

Nous avons déjà remarqué, à ce sujet, combien son Angleterre était loin d'être la véritable. Il l'avait vue tout entière dans un petit nombre de penseurs. Il l'avait goûtée comme libre, mais il n'avait rien compris aux institutions, aux lois, aux mœurs qui lui permettaient de l'être sans danger.

Quoi qu'il en soit, après l'avoir tant vantée, il était mal placé pour critiquer un homme qu'elle admire, et il ne pouvait l'admirer, cet homme, sans ouvrir aux libertés théâtrales une porte dont la largeur l'effrayait.

Il était d'ailleurs à peu près le seul Français qui eût étudié Shakespeare, car, malgré l'influence que l'Angleterre exerçait, grâce à Voltaire, sur les idées de l'Europe, la langue anglaise n'était guère plus connue que sous Louis XIV. En 1762, quand il envoya à l'Académie sa traduction du *Jules-César* anglais : « L'Académie, lui écrivait d'Alembert, s'en rapporte à vous pour la fidélité de la traduction, n'ayant pas eu d'ailleurs l'original sous les yeux. » Il n'y avait donc là personne qui connût assez l'original pour juger si la traduction était bonne.

L'allemand était encore plus inconnu que l'anglais. « J'ai vu le temps, écrivait Grimm en 1766, où un Allemand donnant quelques symptômes d'esprit était regardé comme un prodige. » Ce temps n'était pas loin ; on pourrait même douter qu'il fût passé[1]. L'admiration des Français pour le roi de Prusse n'allait pas jusqu'à celle de sa langue, dont il était d'ailleurs le premier à dire du mal, et qu'il croyait radicalement incapable de se prêter à rien de bon. La seule gloire littéraire qu'il osât espérer pour l'Allemagne, c'était d'imiter la France, imitatrice des anciens. « Le goût ne se communiquera en Allemagne, écrit-il à Voltaire en 1775, que par l'étude des classiques, tant grecs et romains que français. Deux ou trois génies rectifieront la langue, la rendront moins barbare, et naturaliseront chez eux les chefs-d'œuvre des étrangers. » Trois ans après, il se querelle, écrit-il, avec le comte de Montmorency-Laval, qui veut apprendre l'allemand. « Je lui dis que cela n'en vaut pas la peine, vu que nous n'avons point de bons auteurs. » On l'en croyait volontiers. Voltaire n'avait-il pas dit qu'il souhaitait aux Allemands plus d'esprit et moins de consonnes? Et ce que Voltaire avait dit, qui aurait eu la pensée de s'enquérir si c'était vrai?

Mais Voltaire aurait préféré, en 1762, trouver l'Académie un peu plus savante en langue anglaise. Il aimait à parler au nom de l'opinion publique, dût-il lui faire

---

[1] Le *Journal Étranger*, publié de 1754 à 1762, n'avait guère fait connaître que des morceaux écrits sous l'influence française, et *français* avant d'être traduits. Les principaux rédacteurs étaient Grimm lui-même, Fréron et l'abbé Prévost.

dire ce qu'elle n'aurait pas dit sans lui ; il n'aimait pas à parler seul, et à garder la responsabilité de ses idées. Il aurait voulu que le docte corps assumât un peu plus positivement celle de ses attaques contre le tragique anglais, comme il lui faisait partager, à la même époque, celle de ses commentaires sur Corneille.

Aussi, pendant plusieurs années, nous ne lui voyons faire à Shakespeare qu'une guerre sourde et indécise. Il le critique, il le loue ; il craint de paraître énoncer un jugement définitif.

Mais quelques Français, pendant ce temps, ont étudié Shakespeare, et les voilà qui le louent aux dépens des Français. Alors Voltaire se met ouvertement à la tête du parti de l'ancienne tragédie. C'est le drapeau national qu'il brandit ; c'est une croisade qu'il prêche contre Shakespeare et les shakespeariens. Il n'a plus, d'ailleurs, à ménager l'Angleterre. Tout ce qu'il en a exporté est naturalisé en France.

En 1762, nous l'avons vu, au bruit des canonnades de la guerre de sept ans, il avait désiré que l'Académie fît aussi, à sa manière, le coup de fusil contre les Anglais.

En 1776, âgé de quatre-vingt-deux ans, il donne le signal d'une nouvelle bataille. L'Académie reçoit une longue lettre, un factum en forme contre le théâtre anglais, personnifié en Shakespeare. On décide qu'elle sera lue à la Saint-Louis, en séance publique et solennelle. « Enfin, mon cher maître, écrit d'Alembert à l'auteur, voilà la bataille engagée et le signal donné ; il faut que Shakespeare ou Racine demeure sur la place. »

Racine commençait, en effet, à être en cause. Letourneur venait de publier sa traduction de Shakespeare, accompagnée d'éloges exagérés, et fort adoucie, d'ailleurs, partout où le littéral eût effrayé des oreilles françaises. Il est vrai qu'en adoucissant le mauvais il avait aussi rogné le bon, et que son Shakespeare, en somme, était de lui presque autant que du véritable. Un peu par admiration réelle, un peu, et même beaucoup, par cet esprit de nouveauté qui travaillait toutes les intelligences, il y avait, jusque dans l'Académie, des gens assez près d'admirer.

Mais Voltaire avait convoqué le ban et l'arrière-ban de ses fidèles. On allait frapper le grand coup. « Adieu, continue d'Alembert ; dimanche, en allant à la charge, je crierai : Vive saint Denis Voltaire, et meure George Shakespeare. » Puis vient, comme toujours, la petite plaisanterie anti-française. « Il faut faire voir à ces insolents Anglais, dit-il, que nos gens de lettres savent mieux se battre contre eux que nos soldats. »

La grande lecture a lieu. Deux jours après : « M. le marquis de Villevieille, écrit encore d'Alembert, a dû, mon cher et illustre maître, partir pour Ferney hier de grand matin. Il se proposait de crever quelques chevaux de poste, pour avoir le plaisir de vous annoncer le premier votre succès. Il a été tel que vous pouviez le désirer. Je n'ai pas besoin de vous dire que les Anglais qui étaient là sont sortis mécontents, et même quelques Français qui ne se contentent pas d'être battus par eux sur terre et sur mer, et qui voudraient encore que nous le fussions sur le théâtre..... Je vous ai lu avec tout l'intérêt de l'amitié et tout le zèle que donne la bonne cause ; j'ajoute même avec l'intérêt de ma petite vanité, car j'avais fort à cœur de ne pas voir rater ce canon, lorsque je m'étais chargé d'y mettre le feu. »

Alors Voltaire, comme enivré par l'odeur de la poudre, se rue de plus belle sur son ennemi terrassé. Il se hâte de rétablir dans sa lettre les citations qui n'avaient pu être lues devant des dames ; il imprime le tout, et : « Je suis toujours émerveillé, écrit-il, qu'une nation qui a produit des génies pleins de goût et même de délicatesse, veuille encore tirer vanité de cet abominable Shakespeare. »

IV

Qu'était-ce donc que cette fameuse lettre sur laquelle l'Académie avait cru pouvoir se décider contre cet abominable homme ?

Shakespeare en avait fait les frais. Ce sont des passages extraits de ses principales pièces, et traduits avec une exactitude burlesque. Voltaire ne cherche pas même à se donner les dehors de l'impartialité, en y joignant un ou deux des beaux endroits. Dans les mauvais, il s'est particulièrement attaché aux plus obscènes, car, tout en répétant qu'il les cite avec horreur, il est ravi de jeter, chemin faisant, quelque pâture aux goûts abrutis du siècle. De discussions, point ; de principes, encore moins. Le dernier de nos journaux littéraires n'admettrait pas un article semblable. Ses réflexions se bornent à répéter que voilà l'homme dont Létourneur a prétendu faire un Dieu. Enfin : « Figurez-vous, dit-il, Louis XIV dans sa galerie de Versailles, entouré de sa cour brillante. Un *Gilles*, couvert de lambeaux, perce la foule des héros, des grands hommes et des beautés qui composent cette cour ; il leur propose de quitter Corneille, Racine et Molière, pour un saltimbanque qui a des saillies heureuses et qui fait des contorsions. Comment croyez-vous que cette offre serait reçue ? »

Oui, sans doute, Shakespeare eût été fort mal accueilli du majestueux souverain qui s'écriait, à la vue d'un intérieur de Téniers : « Otez, ôtez ces magots ! » Oui, ajouterions-nous si nous l'osions, il y a eu de l'exagération, et beaucoup, dans les louanges données à Shakespeare, dans l'espèce de culte dont il est devenu l'objet. Toutes les turpitudes que Voltaire a relevées, elles sont bien réellement dans ses drames, accompagnées de bien d'autres. Elles y sont mêlées, si l'on veut, à d'incontestables beautés ; mais il faut une singulière faculté d'abstraction pour admirer celles-ci sans être distrait par l'entourage. Puis, on en est venu à trouver beau, admirable, tout ce qui n'était pas décidément nul ou sale. On a fait de ses principaux personnages des types que l'imagination a prodigieusement agrandis et embellis. Les nouveaux lecteurs ne veulent pas rester en arrière des anciens, car on craindrait d'avouer, en restant froid, qu'on a moins de pénétration dans l'esprit, moins de poésie dans le cœur ; et ainsi va se propageant une idolâtrie factice, dont nul ne serait plus étonné, s'il pouvait en être témoin, que celui qui en

est l'objet. Croit-on, de bonne foi, que Shakespeare ait eu conscience de la moitié des mérites qu'on lui prête? Un des plus mauvais tours à lui jouer, se serait de réunir, non ses mauvais endroits, mais les absurdes témoignages d'admiration, d'adoration, dont la mode a été de l'accabler. « Je me ferais brûler pour la primauté de Shakespeare, écrivait Walpole à madame du Deffand. C'est le plus beau génie que la nature ait jamais enfanté. » — « Vous voyez en lui la nature, répondait-elle ; mais c'est sans doute en tant qu'elle produit des monstres. » Madame du Deffand aurait-elle été si sévère, si Walpole n'avait parlé de se faire brûler pour lui ? Mais Walpole a été dépassé, et par des hommes que n'excusait pas, comme lui, l'amour-propre national. Shakespeare a eu partout ses fanatiques. Si Voltaire était si indigné de l'entendre appeler par Letourneur : « Le dieu créateur de l'art sublime du théâtre, qui reçut de ses mains l'existence et la perfection, » qu'aurait-il dit de ces étranges pages où M. de Schlegel prétend montrer des beautés immortelles jusque dans ces saletés que Letourneur avait au moins la pudeur d'adoucir ou d'effacer ? Qu'aurait-il dit de cet incroyable résumé [1] :
« Ce Titan de la tragédie attaque le ciel et menace de déraciner le monde. Plus terrible qu'Eschyle, nos cheveux se hérissent et notre sang se glace en l'écoutant, et néanmoins il possède le charme séducteur d'une poésie aimable... Il réunit ce qu'il y a de plus profond et de plus élevé dans l'existence... Le monde naturel et le monde surnaturel lui ont confié tous leurs trésors. C'est

[1] *Cours de littérature dramatique.* Treizième leçon.

un demi-dieu par la force, un prophète par la divination, un génie tutélaire qui plane sur l'humanité.... »

Arrêtons-nous. C'est de l'ironie ou du délire.

V

Mais autre chose est d'avouer, comme nous le faisons, qu'on ne saurait s'associer à ce culte, ou de concentrer la question, comme Voltaire, sur des détails insignifiants ou ignobles. Il ne paraissait pas se douter qu'elle eût son côté philosophique, qu'elle touchât à de hautes théories. Il ne voit dans Shakespeare d'autre système que celui qui n'en est pas un, celui de captiver la foule par des trivialités grossières; il n'a pas su entrevoir dans ce chaos la théorie dramatique à laquelle appartenait l'avenir.

Cette théorie, quelle est-elle?

Shakespeare n'y avait probablement jamais songé, car la pratique a toujours précédé les règles. Nous ne dirons même pas que ce fût, chez lui, affaire de génie; à moins cependant qu'on ne prétende, ce qui a bien aussi son côté vrai, que la nature est génie, et qu'il en faut pour se livrer à elle.

On l'a dit : Racine et son école ont peint *l'homme*; Shakespeare et son école ont peint *les hommes*. L'un a fait de ses personnages des êtres de raison; l'autre, des êtres réels. Chez Racine, ce ne sont pas des hommes, mais des personnifications; chez le tragique anglais, ce sont, avant tout, des hommes. Schiller comparait les héros de la tragédie française aux rois de certaines vieilles gravures, où on les voit toujours, quoi qu'ils fassent et même au lit, avec la couronne, le sceptre et le manteau royal. Il a beau être d'or, ce sceptre ; il a beau être, ce manteau, magnifiquement travaillé : l'invraisemblance n'en est que plus frappante.

L'avenir, disions-nous, appartenait à l'autre système, et Voltaire a eu tort de ne pas s'en apercevoir. Que faut-il entendre par-là ? Les beautés de Racine n'appartenaient-elles pas, par leur généralité même, à tous les siècles, et l'art humain a-t-il rien fait que nous puissions regarder, dans ce sens, comme plus sûrement en possession de l'avenir ? Non ; mais le cadre était plein. Les quelques places que Racine y avait laissées à remplir, Crébillon et Voltaire les avaient plus que remplies. Il fallait ou peindre indéfiniment sur ce qui était déjà peint, ou élargir le cadre.

Voltaire l'avait tenté, mais avec une timidité inouïe. Il voulait des pièces plus historiques, et nous avons déjà vu combien les siennes l'étaient peu. Il voulait que les mœurs réelles y fussent largement peintes, et nous avons vu aussi combien peu il savait sortir des mœurs classiques. Il voulait des pièces nationales, et les échantillons qu'il en donnait n'avaient guère de national que les noms des personnages. Il voulait plus d'action, plus de spectacle, et le peu qu'il en mettait de plus que Racine lui semblait tout ce qu'on pouvait oser. Voyez comme il est heureux et fier d'avoir montré, dans *Brutus*, le sénat romain en séance, et, dans *Tancrède,* un cercle de chevaliers ! « Je riais aux anges, écrit-il au comte d'Argental[1], en tapissant la scène de boucliers et de gonfanons. » Mais qu'on ne vienne pas lui parler de laisser voir, dans ce même *Tancrède*, l'échafaud sur lequel Aménaïde va monter ! Il s'indigne qu'on en ait eu la pensée ; il supplie tous ses amis de Paris de s'opposer à cette innovation. « J'ai crié trente ou quarante ans, écrit-il à mademoiselle Clairon[2], qu'on nous donnât du spectacle dans nos conversations en vers, appelées tragédies ; mais je crierais bien davantage si l'on changeait la scène en place de Grève. » Et à madame du Deffand : « J'ai tenu bon contre M. d'Argental. J'aime fort le spectacle, l'appareil, toutes les pompes du démon ; mais pour la potence, je suis son serviteur. » Il a raison ; mais où sera la limite ? Là, comme ailleurs, il parle d'oser, il veut oser, mais il n'entend pas qu'on ose plus que lui. « Gardez-vous, avait-il écrit à madame de Fontaine[3], de croire que je fasse une tragédie. Assez d'autres en feront, et suppléeront, par l'action théâtrale que je leur ai tant recommandée, au génie que je leur recommande encore plus. »

Voilà le danger, en effet, et, sur ce point, notre siècle n'a que trop donné raison aux appréhensions de Voltaire. L'action a débordé ; le mouvement a étouffé la pensée. Plus d'analyses fines, plus d'études profondes. Des coups à tort et à travers, des situations extravagantes, un

---

[1] Juin 1759.
[2] Octobre 1760.
[3] Mai 1759.

grandiose outré à côté des plus mesquines misères, voilà ce qui a succédé à l'imposante nudité de Racine, à l'harmonieuse froideur de Voltaire et des siens.

La tragédie n'était d'aucun pays; elle n'avait aucune valeur historique. Ce mérite qu'elle avait trop dédaigné, on a voulu, comme par punition, la contraindre à en faire le but principal de ses efforts. Elle s'est mise à tâcher d'être, avant tout, une école d'histoire, et il n'est pas d'erreur ou de folie qu'elle n'ait enseignée au nom des siècles passés. Elle ignorait les éléments et l'emploi de ce qu'on a appelé *couleur locale*; elle a cru tout à coup qu'elle n'en mettrait jamais trop. Elle s'en est donc inondée, et non-seulement elle, mais la littérature entière. Avec de la couleur locale, on croit suppléer à tout; et il va sans dire que ceux qui en font le plus d'usage sont généralement ceux que des études légères rendent le moins capables de découvrir la bonne et de l'employer sagement. Ainsi est revenue, mais sur une bien plus large échelle, l'erreur de Racine qui s'imaginait avoir mis des Romains dans *Britannicus*, des Hébreux dans *Athalie*, et celle de Voltaire qui prétendait avoir peint les Arabes dans *Mahomet*, les musulmans et les chrétiens dans *Zaïre*. Rien de nouveau sous le soleil.

CHAPITRE QUATORZIÈME

I. — L'héritage des Grecs. — A qui il a réellement passé. — Shakespeare à la cour de Louis XIV. — Qui il aurait surpris par ses réclamations.

II. — Pourquoi le dix-huitième siècle a respecté, au théâtre, les règles du dix-septième. — L'histoire de la littérature offre plusieurs faits analogues. — Quels hommes sont particulièrement sujets à se plaindre des règles. — On aurait redouté d'avoir un plus large cadre à remplir.

III. — Voltaire et les trois unités. — L'action n'a-t-elle qu'une manière d'être *une*? — Un palais et une forêt. — On avait été quelquefois plus près de la liberté qu'on ne se le figurait. — L'unité de lieu. — Faiblesse des arguments de Voltaire. — Peut-on dire que les Grecs l'aient observée? — L'unité de temps. — Arguments. — Qui dit trop ne dit rien. — Invraisemblances. — La triple règle n'est pas plus enseignée dans Aristote qu'observée dans les drames grecs. — IV. Comment Corneille arriva à s'y soumettre. — *Clitandre*. — *Le Menteur*. — *Cinna*. — Comment Voltaire s'y soumet. — Discussion. — Partout des invraisemblances pires que celles qu'on voulait bannir. — Cahusac. — L'imagination, seul juge irrécusable des choses d'imagination.

I

Le système lui-même, tel que le repoussait Voltaire dans ses combats contre Shakespeare, tel que, d'après Shakespeare, nos contemporains l'ont formulé, — était-il véritablement nouveau?

Nous citions tout à l'heure la fin de la lettre de Voltaire. Il supposait Shakespeare apparaissant au milieu des pompes de Versailles, et demandant qu'on abandonnât pour lui Corneille, Racine et Molière.

C'eût été, nous en sommes convenus, bien hardi; mais si, au lieu de cela, il s'était mis à dire simplement:

« Vous croyez imiter les Grecs? Vous vous trompez. Je ne les ai pas imités, moi, car je ne les connaissais pas; mais je me suis abandonné, comme eux, à mes inspirations, à la nature, et je me suis trouvé, en somme, beaucoup plus près d'eux que vous. Vous trouvez monstrueux que le burlesque et le terrible se coudoient dans mes drames? Rappelez-vous Hercule avec ses chansons à boire [1], Hippolyte avec ses quolibets sur les femmes [2]. Ce qui n'est que simple et vulgaire, ne me le reprochez pas, car vous trouveriez difficilement un drame grec dont le ton ne soit pas, en maint endroit, infiniment au-dessous du ton des vôtres. Point

---

[1] Euripide. *Alceste.*
[2] Euripide. *Hippolyte.*

de salut, dites-vous, hors des trois unités. Commencez donc par anathématiser Eschyle, Euripide, Sophocle même, car il n'y a pas, je crois, une seule de leurs pièces où elles soient réellement observées toutes les trois. La loi est d'Aristote, et non de ceux au nom desquels il l'a faite. »

Si Shakespeare, disons-nous donc, avait tenu ce langage, qu'aurait-on eu à lui répondre?

Il y a dans l'histoire et dans la littérature des faits que l'on s'est habitué à ne pas voir, précisément, ce semble, parce qu'il n'y en a pas de plus visibles et de plus inconstestables. Personne peut-être, à Versailles, n'aurait été plus surpris de ces remarques que ceux qui avaient eu le plus d'occasions de les faire, ceux qui, comme Racine, passaient leur vie avec les tragiques grecs. Même aujourd'hui, que de gens ne scandaliserait-on pas en leur disant que les vrais héritiers des Sophocle, des Euripide, ne sont ni Racine, ni Voltaire, mais Shakespeare, mais Schiller, mais, abstraction faite des écarts dans lesquels ils ont pu tomber, ces mêmes *romantiques* qui se sont crus longtemps si grands ennemis des Grecs! Ce n'était pas seulement l'avenir, comme nous le disions, qui appartenait à Shakespeare; c'était aussi le passé. L'école du dix-septième siècle n'a été qu'une magnifique exception.

II

Mais comment s'expliquer, au milieu des renversements du dix-huitième siècle, la persistance des traditions dramatiques du siècle précédent? Même après l'explosion de 1789, les vieilles unités sont respectées. Jusque sous la Terreur, c'est avec les formes de Racine que le théâtre joint sa voix aux sanglantes excitations du moment, et, s'il y a des novateurs, ils sont plutôt dans les rangs de la résistance. L'aîné des Chénier, révolutionnaire, est racinien; l'autre, que l'échafaud attend, a annoncé et préparé toutes les hardiesses poétiques du dix-neuvième siècle. « Pendant que la Convention parlait encore avec Robespierre et Saint-Just la langue classique du dix-huitième siècle, aussi blanche que la cocarde de l'ancien régime, Châteaubriand se faisait déjà cet idiome tricolore, mêlé du roi et du peuple, cousu de pourpre et de haillons, de monarchie et de démocratie, de grand et de petit, qui devait si bien représenter le mélange haletant de toutes les fortunes passées[1]. »

Le respect des lois du théâtre avait donc survécu à celui de toutes les autres lois. Si nous disions que cette anomalie était le résultat de l'influence de Voltaire, nous ne ferions que reculer la question. Pourquoi Voltaire

---

[1] Quinet.

lui-même avait-il respecté les vieilles règles ? Pourquoi avait-il trouvé ses contemporains disposés à les respecter ?

D'abord, il est souvent arrivé qu'au moment même où on ne respecte plus rien, on se mette à respecter quelque chose, comme pour prouver qu'on est encore capable d'observer quelques lois, ou au moins quelques convenances. Nous avons pu voir, en morale, des hommes peu réglés, peu scrupuleux sur les grands principes, s'imposer, dans de petites choses, des lois qui leur devenaient sacrées ; nous avons eu de nos jours, en littérature, un exemple curieux du même fait. Au plus fort de la fièvre anti-classique, alors qu'on semblait se faire un jeu de briser, de couper, de hacher les vers, on se montrait, pour l'exactitude des rimes, plus scrupuleux que les classiques. Hugo rimait mieux que Voltaire, lequel ne s'était pas contenté de rimer souvent mal, mais avait formellement approuvé des rimes inadmissibles, par exemple *contagion* et *poison*[2].

Mais le dix-huitième siècle avait bien d'autres raisons pour ne pas désirer la fin du règne d'Aristote au théâtre.

Deux classes d'hommes sont particulièrement sujets, en littérature, à se plaindre des règles : les hommes de génie, et les sots.

Or, au dix-huitième siècle, la sottise était rare et le génie encore plus. On était, — nous n'exceptons pas Voltaire ; nous avons dit ailleurs dans quel sens l'idée de médiocrité lui était applicable, — on était, disons-

---

[2] Lettre à M. de Genonville. 1719.

nous, dans un certain milieu très favorable au maintien de ce qui ne gênait pas la liberté philosophique, la seule dont on s'inquiétât. Voltaire pouvait bien murmurer de temps en temps contre la nécessité de renfermer une action en vingt-quatre heures, d'amener en un même lieu tous les personnages appelés à prendre part à cette action ; mais il sentait, au fond, ce que cette même gêne lui donnait de facilité à atteindre les limites de l'art connu. Le cadre était étroit, mais plus facilement rempli ; il en aurait redouté un plus large, car il aurait tenu à ne pas le remplir moins bien, et il avait la conscience de ce qui lui manquait, pour cela, en érudition historique, en imagination, en connaissance de l'homme, en patience. Habile artiste, il comprenait qu'une fois l'art simplifié ou changé, son habileté lui devenait en partie inutile. Les moules étaient vieux ; mais il les connaissait si bien ! Il les avait si adroitement réparés ! Ceux-là rejetés, c'était à lui qu'on s'adresserait pour en avoir d'autres. Il faudrait créer, et sur quel plan ? Puis, eût-il eu des idées plus arrêtées sur ce que le drame affranchi pouvait devenir, il ne pouvait désirer de voir agrandir une sphère qu'il avait remplie, non sans peine, des rayons de sa gloire.

III

Aussi, dans toute sa polémique avec La Motte au sujet des trois unités, il a un peu l'air d'un homme qui plaide sa propre cause, et qui a besoin, cependant, de se persuader lui-même. « Il est juste, dit-il dans sa préface d'*OEdipe*[1], de défendre ces anciennes lois, non parce qu'elles sont anciennes, mais parce qu'elles sont bonnes et *nécessaires*. »

Nécessaire est une idée élastique, dont il ne faudrait jamais arguer sans s'être bien demandé où on la prend, et à quoi, en réalité, on l'applique.

Or, de ces trois anciennes règles, il n'en est qu'une dont la nécessité ressorte du fond des choses : c'est l'unité dite *d'action*. Voltaire la défend très bien, mais sur un terrain où personne ne l'a jamais attaquée. Personne n'a dit, en théorie, que l'action pût ne pas être *une*; mais il faudrait voir, avant tout, si elle n'a qu'une manière de l'être.

On reconnaîtrait alors nécessairement qu'elle en a plusieurs. Dans un palais, avec une seule fenêtre trop large ou trop étroite, une seule colonne trop haute ou trop basse, vous rompez l'unité ; dans un tableau représentant une ville, une montagne, une forêt, pourvu que la lumière soit bien distribuée, les masses les plus diverses n'empêcheront pas le tout d'être *un*.

Le palais, c'est Racine ; la forêt, c'est Shakespeare, c'est le drame tel qu'on l'entend aujourd'hui, tel, à bien des égards, que l'entendaient les Grecs eux-mêmes. Son unité plus large admettra donc, sans se rompre, des épisodes, des détails que l'autre n'admettrait pas. Dans celui-ci, en un mot, nous ne pouvons tolérer que ce qui

---

[1] Celle de 1729.

est essentiel à l'action, que ce qui mène droit au but ; dans le drame à la Shakespeare, moyennant certaines conditions d'intérêt, de proportion, d'arrangement, tout ce qui est de nature à concourir au développement des caractères pourra entrer dans la structure du tout.

Personne, en France, n'avait encore étudié la question sous ce point de vue. Non-seulement on ne comprenait pas que l'action pût être une autrement que selon Boileau, mais on continuait à admirer, comme conformes à la loi, des pièces qui prouvaient plutôt que l'on pouvait l'élargir. Dans *Andromaque*, par exemple, Oreste veut être aimé d'Hermione, Hermione de Pyrrhus, Pyrrhus, enfin, d'Andromaque, laquelle ne veut que sauver son fils et rester fidèle à la mémoire d'Hector. Est-ce là de l'unité, dans le sens étroit de l'ancienne règle ? Mais on s'était si bien habitué à en regarder l'observation comme indispensable, qu'on ne soupçonnait même pas qu'une pièce admirée pût s'en écarter aucunement. Quand on aurait raconté à Voltaire, sous d'autres noms et comme œuvre de Shakespeare, cette quadruple intrigue d'*Andromaque*, il se serait figuré une des pièces les plus ridiculement irrégulières. On en citerait d'autres, même parmi les siennes, où l'unité d'action n'est pas davantage observée, et auxquelles on pourrait donner, sans élargir le plan, toute la largeur shakespearienne. *Mahomet* et *Zaïre* se prêteraient admirablement à devenir ce que l'auteur se vantait si mal à propos d'en avoir fait, — un tableau vivant des idées et des mœurs de deux grandes époques.

Dans la question de l'unité de lieu, Voltaire n'est

guère moins absolu, tout en donnant des raisons moindres encore. « Une seule action, dit-il, ne peut se passer en plusieurs lieux à la fois. Si les personnages que je vois sont à Athènes au premier acte, comment peuvent-ils se trouver en Perse au second? M. Le Brun a-t-il peint Alexandre à Arbelles et dans les Indes sur la même toile? »

Non, pourrait-on répondre, mais sur deux, que vous voyez cependant avec plaisir l'une après l'autre, bien qu'on pût dire aussi qu'il est absurde de nous montrer dans la même galerie, contre le même mur, un homme à Arbelles et aux Indes. Pourquoi ne considèrerions-nous pas deux actes successifs du même drame comme deux tableaux apportés successivement sous nos yeux? En Grèce, les trois drames dont se composait la *trilogie* n'étaient, au fond, que trois actes d'un même drame, et, bien qu'on les jouât souvent de suite, jamais on ne songea à exiger l'unité de lieu entre les trois. Vous ne pouvez même pas dire, à la rigueur, qu'on l'exigeât dans le drame isolé. La scène n'était jamais vide, et le tout ne formait, en réalité, qu'un acte. L'unité de lieu coulait donc de source, et ce n'est pas sur ce fondement qu'on peut en faire une loi pour les pièces en plusieurs actes.

L'unité de temps, enfin, qu'en dit Voltaire? « Le spectateur n'est que trois heures à la comédie; il ne faut donc pas que l'action dure plus de trois heures. »

C'est logique; mais qui dit trop ne dit rien. Il n'y a peut-être pas une tragédie au monde qui soit rigoureusement conforme à la règle ainsi entendue. C'est pourtant la seule manière exacte de l'entendre, car, du moment qu'on accorde vingt-quatre heures, — et il a bien fallu les accorder, — l'unité de temps n'est qu'un mot.

Répèterons-nous ce qui a été tant dit sur les inconvénients de cette règle, même élargie, même abandonnée, en fait, dès qu'on l'a regardée comme accordant vingt-quatre heures ?

« Il n'y a que le vraisemblable qui touche. Quelle vraisemblance y a-t-il qu'il arrive en un jour des choses qui pourraient à peine arriver en plusieurs semaines ? »

Celui qui a dit cela, c'est Racine. Il venait de faire *Bérénice* ; il se félicitait d'avoir rencontré un sujet si docile à la loi ; il ne s'apercevait pas qu'il prononçait la condamnation de ses autres pièces. Combien en avons-nous, dans tout le théâtre français, dont l'action puisse être supposée avoir eu lieu en vingt-quatre heures[1] ? Combien en avaient les Grecs eux-mêmes ? Mais la règle, à leurs yeux, était si peu ce qu'on en a fait plus tard, qu'ils ne cherchaient même pas à en masquer les violations. Le chœur ne quittait pas la scène ; c'était pendant le chant de quelques strophes qu'avaient lieu des événements, que s'écoulaient des jours entiers. Dans les *Trachiniennes* de Sophocle, on fait trois fois le voyage de Thessalie en Eubée. Dans les *Suppliantes* d'Euripide, Thésée part pour Thèbes, où il va livrer

---

[1] L'invraisemblance a beau être dissimulée dans le cours de la pièce ; il est rare qu'elle n'éclate pas au dénoûment. Les faits s'y accumulent ; le dernier quart d'heure est toujours d'une fécondité désespérante.

une bataille, et le chœur n'a pas dit quarante vers que nous apprenons la victoire.

Nos unités n'étaient donc pas observées chez les Grecs. On commence à en convenir généralement. Pour achever d'être dans le vrai, il faudrait faire un pas de plus et convenir qu'elles ne sont pas dans Aristote, telles, du moins, qu'on les y a si longtemps vues.

L'unité de lieu, il n'en parle pas. Ses autres conseils la supposent; mais nous avons déjà vu que c'était moins une règle qu'un fait, le drame n'ayant qu'un acte.

L'unité de temps, on ne peut pas dire non plus qu'il la prescrive. « L'épopée, dit-il, n'a point de durée déterminée; mais la tragédie tâche de se renfermer dans un tour de soleil, ou s'étend peu au-delà. » Voilà tout. Il n'ordonne pas; il raconte. L'usage lui paraît bon, mais il n'en fait pas une loi.

L'unité d'action, il la veut; mais comment l'entend-il? Dans le sens le plus libéral et le plus large. Qu'il y ait unité d'intérêt, et, cela sauvé, il est content; il le sera même d'autant plus que vous aurez rattaché plus de choses à cet intérêt central, seul essentiel. « Plus une pièce aura d'étendue, dit-il, plus elle sera belle, pourvu qu'on puisse en saisir l'ensemble. » Ainsi, tout ce que le génie et l'art sauront faire concourir au but unique et final, Aristote ne le considère pas comme nuisant à l'unité d'action.

IV

Corneille nous a appris lui-même comment il arriva à accepter la triple règle que son autorité allait rendre inviolable.

En 1632, dans la préface de *Clitandre :* « Que si j'ai renfermé cette pièce dans la règle d'un jour, ce n'est point que je me repente de n'y avoir point mis *Mélite*, ou que je sois résolu à m'y attacher dorénavant. Quelques-uns adorent cette règle; beaucoup la méprisent. Pour moi, j'ai voulu montrer seulement que, si je m'en éloigne, ce n'est pas faute de la connaître. »

Malgré cette assurance et ce ton un peu fanfaron, qui était celui de l'époque, Corneille céda au torrent. Plus on sentait le besoin de recourir aux anciens, plus on jugeait prudent de ne pas choisir parmi leurs préceptes, dût-on se soumettre encore à les observer plus sévèrement qu'eux-mêmes. Dix ans après *Clitandre*, dans la préface du *Menteur*, Corneille se fera un mérite de n'avoir pas dépassé le temps prescrit. L'unité du jour n'est pas violée, dit-il, pourvu qu'on lui accorde *les vingt-quatre heures entières.*

Voilà où l'on arrive avec les règles arbitraires : on suit la lettre, et on se croit à l'abri de tout reproche. Le *Menteur* dure *un jour*. Corneille est content, et présente sa pièce avec confiance; une demi-heure de plus, et il se croirait obligé de demander pardon. Mais ce *jour*, de quoi se compose-t-il? D'une après-midi, d'une nuit, de la matinée du jour suivant. Est-ce là l'esprit de la loi? Cet espace de temps s'appelle-t-il ordinairement *un jour*? N'importe. Un jour, c'est vingt-quatre heures. L'auteur se croit dans son droit, et c'est la règle même qui lui a permis d'éluder la règle.

Quant à l'unité de lieu, il s'en tire plus cavalièrement encore. « La pièce commence aux Tuileries, dit-il, et finit à la place Royale. L'unité de lieu n'est pas violée, car on ne sort pas de Paris. »

Même sophisme dans ses réflexions sur *Cinna*. « Le premier acte, dit-il, se passe dans l'appartement d'Émilie, le second dans celui d'Auguste. Mais l'unité de lieu s'étend à tout le palais. » Et Voltaire, qui reprochait au *Menteur* de durer deux jours, approuve ici cette étrange interprétation de l'autre loi.

Cette indulgence, il en avait souvent eu besoin envers lui-même. N'était-il pas allé une fois jusqu'à le déclarer dans le cours même d'une pièce? Au premier acte de *Brutus*, quand Aruns et Albin se trouvent seuls, l'auteur ajoute en note qu' « ils sont supposés être entrés de la salle d'audience dans un autre appartement de la maison de Brutus. »

Si Voltaire, si nos tragiques, les bons comme les mauvais et peut-être les bons surtout, avaient mis de semblables notes partout où il en aurait fallu, combien aurions-nous de tragédies qui n'en eussent pas un bon nombre? Combien en avons-nous où les unités soient observées autrement qu'en passant par-dessus des invraisemblances? Nos classiques se sont en réalité donné toutes les facilités qu'on reproche au drame libre ; mais, constamment préoccupés du besoin de sauver les apparences, ils en ont usé sans profit pour le développement de l'action, des caractères et des mœurs.

Si vous croyez être fidèle à l'unité de lieu pourvu que vos personnages ne sortent pas de la même ville ou du même palais, si je consens, moi, spectateur, à transformer successivement les mêmes planches en deux localités, voisines l'une de l'autre, mais tout aussi différentes, en fait, que si elles étaient à plusieurs lieues, —pourquoi ne vous accorderais-je pas un peu plus de latitude? Pourquoi vous interdirais-je de me transporter dans un autre édifice, dans une autre ville ? De toutes les invraisemblances du théâtre, il n'en est point qui s'effacent plus aisément. Dès les premiers mots d'un nouvel acte, pour peu que le changement de lieu soit bien justifié et que l'action reprenne avec entrain, notre voyage est tout fait. Cinq cents lieues ne nous ont pas plus coûté que cinq cents pas. Quand Voltaire nous demande de supposer que deux hommes restés devant nous à la même place ont passé dans une autre chambre, il nous impose un effort d'imagination bien plus difficile, en soi, que celui qu'exigerait un grand changement de lieu d'un acte à l'autre. Ailleurs, le voilà qui s'en prend aux architectes. « C'est leur faute quand un théâtre ne représente pas les différents endroits où se passe l'action, une place, un temple, un palais, un vestibule, un cabinet. » Il aurait été bien embarrassé de donner le plan d'un pareil théâtre. Dans une de ses pièces, pour ne pas transporter les personnages, ce sont les lieux eux-mêmes qu'il amène en quelque sorte auprès d'eux. Rappelez-vous *Sémiramis*. Le tombeau de Ninus commence par être en plein air, devant le palais. Au troisième acte, le voilà donnant sur une salle, à côté du trône de la reine. Au cinquième acte, il reparaît à son ancienne place. On nous apprend qu'il est très vaste, qu'il a d'immenses passages souterrains ; mais ces détails ne sont évidemment là que pour pallier l'invraisemblance. Plus complète et plus libre, nous choquerait-elle autant ? « De crainte de pécher contre les règles de l'art, disait l'Académie dans son *jugement* sur le *Cid*, le poëte a mieux aimé pécher contre celles de la nature. » C'était l'histoire anticipée du théâtre français pendant un siècle et demi.

Pour ce qui est de la durée, ne souffrons pas plus que Boileau qu'un personnage de théâtre, « enfant au premier acte, » soit « barbon au dernier. » Mais s'il ne s'agit que de le voir vieilli de quelques années, usé par le vice ou le chagrin, changé, en un mot, dans la limite de ce qu'un acteur habile peut exprimer par le changement de ses traits et de ses habits, notre imagination ne s'y refuse aucunement. Si le drame est d'ailleurs intéressant, nous aurions plus de violence à nous faire pour le condamner sur l'ancienne règle, que nous n'avons de peine à nous livrer au cours d'une action plus compliquée. Il y a moins d'invraisemblance, quoi qu'on dise, dans un drame ainsi conçu, que dans la double concentration d'autrefois d'une longue action en vingt-quatre heures, et de ces vingt-quatre heures, ensuite, en deux ou trois.

Tout, d'ailleurs, n'est-il pas invraisemblance au

théàtre? Qu'y verrions-nous, à en juger froidement, qu'un tissu d'absurdités? L'emploi des vers en serait seul une énorme; et il ne faut déjà pas peu d'imagination pour se figurer un Romain parlant français ou anglais. Pourquoi donc refuserions-nous d'aller jusqu'où l'effort est faisable? Cahusac, dans son traité sur la danse [1], expliqua le premier pourquoi il n'est pas indifférent de représenter une pièce à la clarté du jour ou aux lumières. Ce jour artificiel est un commencement d'imitation, préparant et facilitant les imitations qui suivent. Eh bien, sans aller même jusqu'à la représentation, dès que nous lisons un drame, nous sommes dans une atmosphère imitée, favorable, par cela seul, à toutes les imitations. C'est là qu'il faut nous transporter, nous tenir, pour juger de ce qui est ou n'est pas à tolérer, de ce qui est en deçà ou au delà des vraies et bonnes limites de l'art.

[1] 1754.

CHAPITRE QUINZIÈME

I. — Irons-nous jusqu'à regretter que la triple règle ait régné en France? — Il est douteux que nos classiques, plus libres, eussent fait mieux. — La liberté n'est pas toujours la condition du génie. — La supériorité littéraire du dix-septième siècle était liée à l'état de choses existant. — Ne louons pas l'inconnu aux dépens du connu.

II. — De la réaction actuelle en faveur des anciens. — Le dix-huitième siècle l'a amenée par son mépris pour eux et son admiration pour lui-même. — Voltaire et Euripide. — Voltaire et Sophocle. — Quelques hommes fidèles à l'ancien culte. — M. de Malezieux. — L'abbé Arnaud. — Leurs successeurs d'aujourd'hui. — Racine et son école au point de vue de l'art grec. — L'Iphigénie d'Euripide est-elle plus près de la nature que celle de Racine? — Deux *vrais*. — Lequel est le meilleur?

III. — Les tragiques grecs ont-ils été des historiens exacts? — Traditions plutôt littéraires qu'historiques. — Est-il sûr que le *roi des rois* n'eût pas de gardes? — Nausicaa. — La cuisine d'Achille. — Détails et types de convention. — Si Racine a eu tort de faire son Hippolyte amoureux. — Celui d'Euripide.

I

Mais tout en reconnaissant que le drame libre a pour lui la raison et la nature, irons-nous jusqu'à regretter que le dix-septième siècle ait pris une autre route, et que le dix-huitième l'y ait suivi ?

Les uns nous disent que si l'école française a produit, malgré tant d'entraves, des chefs-d'œuvre, elle eût été bien autrement féconde quand rien n'aurait gêné son essor.

Les autres affirment, au contraire, qu'elle avait besoin de ces entraves, qu'elle leur doit ce qu'elle a produit de plus beau.

Nous avons déjà vu que cela est vrai de Voltaire, et qu'il était le premier à le sentir. Était-ce vrai de Racine et de Corneille ? Nous le pensons.

De Racine, c'est évident. Génie calme et doux, on ne se le figure pas soupirant après les hasards de la liberté. Il est heureux de se sentir guidé. Il ne quitte pas ses maîtres ; il ne les quitterait pas un moment sans s'effrayer de se voir seul, et, là même où il s'abandonne à son génie, il a encore besoin de se croire obéissant. Tout ce qu'il ne pourrait justifier par un exemple, il se condamnerait à l'effacer.

Corneille, on lui a fait une réputation d'audace qui se justifie assez bien par quelques-uns de ses jugements, mais assez mal par l'ensemble de ses œuvres.

On l'a loué de ne s'être soumis qu'à contre-cœur aux lois qui allaient devenir celles du théâtre français. C'était son génie, a-t-on dit, qui protestait, et qui jetait un regard douloureux sur la large carrière désormais fermée à son essor.

Est-ce bien sûr ? Il y a quelque chose qui fut toujours plus récalcitrant que le génie : c'est le mauvais goût. Or, dans cette lutte, Corneille en a été plus d'une fois l'avocat. Il ne demandait pas la liberté ; il regrettait la licence. N'oublions pas que ses chefs-d'œuvre sont tous postérieurs à l'époque où il se soumit. Il avait donc besoin, lui aussi, de cette contrainte. S'il ne s'en est pas aperçu ou s'il ne l'a pas avoué, ce n'est pas une raison pour que nous supposions qu'il se fût mieux trouvé d'être plus libre.

On se tromperait fort si l'on croyait que la liberté est toujours la condition du développement. Il y a des plantes qui demandent à se développer sans nulle entrave ; il y en a qui ne sont belles et fortes que grâce à une gêne salutaire ; il y en a enfin qui ont besoin, selon les pays et les saisons, ou de liberté, ou d'entraves. Le génie est une de ces dernières. Il y a des temps et des pays où il veut être libre et où il meurt s'il ne l'est ; il y en a d'autres où c'est lui qui demande des lois, et nonseulement des lois littéraires, mais un solide ensemble de lois politiques et civiles.

C'est ce que nous voyons, en France, au dix-septième siècle. Se demander, comme on l'a fait tant de fois, par quelle heureuse exception une époque de despotisme a produit des chefs-d'œuvre, c'est montrer qu'on ne connaît pas cette époque, ni son esprit, ni ses hommes. Le régime absolu nous y apparaît bien moins comme un obstacle à vaincre pour produire, que comme la condition essentielle des produits. Toutes les œuvres de ce temps, vous ne pouvez pas ne pas sentir, en les étudiant, qu'elles ont puisé là et leur régularité et leur grandeur, c'est-à-dire ce qui les a fait vivre. Tous ces hommes qui s'inspiraient de Louis XIV et de ses lois, essayez de les transporter par la pensée au sein du dix-huitième siècle, et nous vous défions de vous les y figurer autrement que désorientés, vacillants, incapables de se protéger par eux-mêmes. La longue vie du chancelier d'Aguesseau en est une assez triste preuve. Grand homme sous Louis XIV, que devient-il sous Louis XV ? Il garde ses vertus ; mais qu'en fait-il ? Elles ne lui servent qu'à couvrir, d'abord en gémissant et après un peu de lutte, puis avec un laisser-aller déplorable, des fautes et des injustices de tout genre. Qui nous garantira que Bossuet, sous Louis XV, fût resté Bossuet ? La génération était ainsi faite. Elle sentait sa force ; elle sentait sa faiblesse. Elle se rendait justice quand elle se serrait, en politique, autour d'un pouvoir rigoureux, et, en littérature, autour de ces vieilles lois dont elle augmentait encore la rigueur.

Puis, quand ce serait à refaire, quand nous aurions à choisir entre ce que Corneille a fait, lui et les siens, et ce qu'ils auraient fait avec un système plus large, on se résignerait assez difficilement à abandonner *Cinna*, *Iphigénie*, *Mérope*, pour ces nous ne savons quels chefs-d'œuvre que nous aurions eus à la place. Accordons, il le faut, que le dix-septième siècle avait posé des règles trop étroites; mais, à la vue de ce qu'elles nous ont donné, ne souffrons pas qu'on les anathématise.

II

Ne souffrons pas non plus qu'on exagère le reproche adressé à nos classiques d'être sortis de la nature, et d'avoir été, sur ce point, trop peu fidèles à ces Grecs auxquels ils l'étaient trop sur d'autres.

C'est la mode, aujourd'hui, de préférer Euripide à Racine. On veut bien accorder à celui-ci plus d'élégance, plus d'art; mais le naturel, mais le vrai, c'est chez Euripide qu'on les voit. M. de Schlegel inaugura, en 1808, cette nouvelle phase du procès éternellement pendant entre les anciens et les modernes.

On l'avait préparée, il faut le dire, et rendue à peu près inévitable, à force de tomber dans l'autre excès. Il y avait près d'un siècle que l'art grec était appelé rudesse, négligence, presque ineptie. Voltaire ne savait louer Euripide qu'en rappelant que Racine avait bien voulu l'imiter. « Quelle idée ne doit-on pas avoir d'un poëte qui a prêté des sentiments à Racine même [1]! » Lui, quand il les imite, il croit leur faire infiniment d'honneur. Ce sont des barbares qu'il civilise; ce sont des blocs informes dont, à l'exemple de Racine, il veut bien

[1] Lettre à M. de Genonville. 1719.

tirer des statues. Racine, admirateur jusqu'à la superstition, n'ose aborder les sujets traités par Sophocle, car Sophocle, dit-il, l'effraye, l'écrase ; Voltaire ne se contentera pas de commencer par où Racine a refusé de finir : cet *OEdipe* de Sophocle, dont il aura tiré le sien, il le représentera hardiment comme un ouvrage d'écolier, comme un tissu d'invraisemblances, et, sur ce dernier point, il a le malheur d'avoir raison. Il se moquera donc fort spirituellement, par exemple, des premières scènes ; il demandera si OEdipe, depuis que la peste est dans la ville, peut l'ignorer ; si les Thébains ont besoin qu'il leur dise : Je suis OEdipe ; s'il peut être monté sur le trône de Laïus, avoir même épousé sa veuve, sans avoir su comment Laïus était mort. Ces invraisemblances, ces fautes, nous ne pouvons trouver mauvais que Voltaire les ait vues ; mais aussi, au delà, il n'a rien vu, rien senti. N'essayez pas de lui montrer ce qu'a de touchant et de grand l'exposition du drame de Sophocle, cette multitude qui pleure, ce roi qui vient la consoler. Il a ri : c'est assez ; l'exposition grecque ne vaut rien [1]. Un prince avec son confident, voilà qui est pur et dans les règles. Et ce goût allait être celui du siècle.

Çà et là, cependant, il y avait encore quelques hommes fidèles à l'ancien culte. Au dix-septième siècle, on avait eu le respect et l'amour de l'antiquité, mais sans en avoir l'enthousiasme, car nous ne saurions donner ce nom ni à l'admiration par trop humble de Racine, ni aux lourdes

---

[1] Marmontel osa cependant, mais longtemps après, la trouver belle. Voir ses *Eléments de littérature*, article *Chœur*.

colères des Dacier. Au dix-huitième, le respect s'en va généralement, mais l'enthousiasme s'éveille dans quelques âmes. Voltaire avait assisté, dans sa jeunesse, aux poétiques lectures de M. de Malezieux. Il avait vu le spirituel vieillard jeter le Sophocle à pleines mains au milieu des fêtes de Sceaux, et, à force de foi dans les beautés du tragique d'Athènes, se faire écouter, arracher même des larmes. Tel fut encore, après M. de Malezieux, l'abbé Arnaud. « En lui ôtant son petit collet et son manteau court, en lui jetant sur l'épaule une draperie antique, on aurait eu sous les yeux un prêtre de Delphes ou d'Héliopolis, un hiérophante. Il en avait tout le port de tête, et, dans le regard, toute l'inspiration. Il savait beaucoup de langues et n'en admirait qu'une, celle de Platon et d'Homère ; l'Iliade et l'Odyssée lui rendaient, à soixante ans, tous les ravissements de sa jeunesse. Quand il les récitait, ou, plutôt, quand il les chantait avec son accent provençal, reste de l'accent phocéen, on croyait assister à ces solennités des continents et des îles de la Grèce, où des chants d'Homère ajoutaient à la religion et à l'enchantement des fêtes nationales[1]. »

Mais ce n'étaient et ce ne pouvaient être là, au dix-huitième siècle, que d'impuissantes exceptions. Le culte de l'antiquité veut des pontifes amis de la solitude et de la nature; on n'aimait que le bruit et l'art.

En passant à Shakespeare, nos modernes sont revenus à l'admiration des anciens ; preuve, s'il en était besoin, de ce que nous disions plus haut sur l'affinité qui existe

---

[1] Garat, *Mémoires sur la vie de Suard.*

entre le drame antique et le drame libre des Anglais. Après avoir attaqué nos classiques comme imitateurs des anciens, c'est par les anciens mêmes qu'on s'est mis à les attaquer.

Il y a eu des remarques fort justes ; il y en a eu aussi de fort absurdes.

Parmi les remarques justes, on a dit :

Que l'école racinienne a reproduit les formes grecques, mais que l'esprit lui a souvent échappé ;

Que son respect et son amour pour les Grecs n'ont pas toujours été fondés sur ce que les Grecs ont de meilleur ;

Que les tragiques grecs étaient des poëtes nationaux, populaires ; qu'on aurait dû, par conséquent, chercher davantage à l'être ; que c'eût été une imitation plus réelle et plus utile, un hommage plus vrai.

Parmi les remarques moins justes, notons surtout ce qui a été beaucoup dit sur la supériorité des Grecs en fait de naturel, de vérité, dans l'expression des sentiments.

Que devons-nous penser de leur mérite à cet égard ?

En parlant tout à l'heure de l'unité d'action, il ne s'agit pas, disions-nous, de discuter s'il la faut, puisque ce n'est pas contesté, mais de voir si elle n'a qu'une manière d'être.

Faisons ici la même observation. Qu'il faille être naturel et vrai, c'est ce que personne n'a nié ; mais le naturel est-il un ? La vérité dramatique est-elle une ? — Voyons.

« Mon père,
Cessez de vous troubler ; vous n'êtes point trahi.

Quand vous commanderez vous serez obéi.
Ma vie est votre bien....
Je saurai, s'il le faut, victime obéissante.... »

Voilà ce qu'on s'est mis, de nos jours, à trouver faux.

« Mon père, ne me fais pas mourir avant le temps, car il est doux de voir la lumière..... Tu veux me donner la mort.... Ah! ne le fais pas!... Je n'ajouterai qu'un mot, mais plus fort que tout le reste : rien n'est plus doux pour les mortels que de voir la lumière ; mais les morts ne sont plus rien. Insensé qui souhaite de mourir! Vivre misérablement vaut mieux que mourir avec gloire[1]. »

Voilà ce qu'on s'est mis à trouver vrai par excellence; voilà ce qu'on a opposé, avec de grands éloges, à la résignation de l'Iphigénie française.

Disons-le nettement : on a eu tort. Cela est *vrai*, si l'on veut, en ce sens que plus d'une jeune fille, condamnée à mourir, pleurera, criera comme celle d'Euripide ; mais ne s'en est-il donc jamais trouvé de plus résignées, de plus fortes? Et quand, dans toute la suite des siècles, nous ne pourrions en citer qu'une, ne serait-ce pas assez pour que celle de Racine fût aussi dans le vrai?

---

[1] Un autre personnage d'Euripide, le vieux Phérès, qui a refusé de mourir pour son fils Admète, professe les mêmes maximes. « Qu'on parle mal de moi, dit-il, peu m'importe après ma mort.» Et il y a là une longue scène, également pénible par la bassesse du père et les invectives du fils.

Et maintenant, de ces deux *vrais*, lequel est le meilleur ? Les deux Iphigénies font pleurer ; laquelle nous arrache des larmes de meilleur aloi, et que nous soyons plus heureux d'avoir versées ? Avec sa frayeur et ses cris, l'une nous prend par les nerfs ; avec son paisible héroïsme, l'autre nous prend par l'âme. Par où aimerons-nous mieux être pris ?

On a beaucoup reproché, et justement, à quelques tragiques modernes, d'avoir exploité la sensation. Que de tableaux, en effet, qui ne font pas frémir l'âme, mais la chair ! Lucrèce Borgia, comme l'Iphigénie d'Euripide, a une peur effroyable de la mort. Blanche, la fille de Triboulet, s'y offrira d'elle-même ; mais lorsque le poignard approche : « Il va me faire bien du mal ! » dit-elle. Eh bien, voilà du naturel comme il y en a souvent dans les drames grecs. Nous avouons, en toute humilité, que Racine nous semble avoir bien fait de ne pas l'y prendre ; et si c'était le seul que Voltaire n'a pas goûté, nous avouons encore que nous le lui pardonnerions très volontiers.

III

Voici une remarque qui va paraître étrange et presque scandaleuse, mais qui le paraîtra moins si on veut bien ne pas la repousser du premier coup.

A la vue de cette excessive simplicité de mœurs et de langage que les poëtes grecs donnent à tous leurs héros, il est permis, ce nous semble, de douter qu'ils aient été en cela des historiens fidèles. Ne pourrait-on pas soupçonner qu'il y avait en Grèce, sur ce point, certaines traditions plus littéraires qu'historiques, auxquelles on était forcé d'obéir? Il n'existe aucun art qui ne nous offrît dans son histoire quelque exemple de l'autorité qu'usurpent, avec le temps, des faits tout occasionnels dans l'origine.

Le ton du drame grec pourrait donc bien n'être, en partie au moins, qu'un reste des premiers et chétifs commencements du théâtre. On s'est moqué, disions-nous, des gardes dont Agamemnon, dans Racine, fait accompagner Clytemnestre. Est-il bien sûr, cependant, que le chef de l'armée grecque, le *roi des rois*, celui dont il est dit en cent endroits dans Homère que jamais prince n'a eu un pouvoir aussi grand, celui qui avait des hérauts pour porter ses moindres ordres, — est-il bien sûr que le redoutable Agamemnon n'eût pas autour de sa personne une poignée au moins de ces satellites armés, de ces *doryphores*, que les historiens grecs nous montrent autour des moindres roitelets de l'époque suivante? Croirons-nous que cette même reine, lorsqu'elle attend, dans des transes mortelles[1], le vengeur du meurtre d'Agamemnon, n'eût pas même un portier à son palais? On nous dira que ces mœurs sont dans Homère, et, partant, fort antérieures aux commencements du théâtre. Eh bien, Homère lui-même, le croirons-nous aveuglément sur ces points? Nausicaa, fille d'un roi, va

---

[1] Sophocle. *Electre*.

laver du linge à la rivière[1]. C'est possible, car elle a ses femmes avec elles, et on peut supposer, à la rigueur, qu'elle ne se bornait pas à les regarder laver ; mais que des héros et des rois, entourés de serviteurs, aient, de leurs mains, égorgé et fait cuire les animaux dont ils régalaient leurs hôtes, l'admettrons-nous ? N'est-ce pas Homère lui-même qui, par les détails qu'il nous donne sur la civilisation et le luxe de ces temps, nous avertit de ne pas ajouter foi à ces repas de sauvages ? Croirons-nous mieux, sur la foi d'Homère ou des tragiques, qu'un Hercule, un Thésée, ait couru le monde tout seul ? Admettrons-nous que Télémaque et Mentor voyageassent sans serviteurs, sans bagage et à pied ? Autant de points où les Grecs se sont manifestement écartés de la vérité historique, pour s'attacher à des types plus simples que la tradition poétique ou littéraire les obligeait de conserver. Le même fait a été signalé dans les romans de chevalerie, frères et successeurs, à maints égards, des anciens poëmes grecs. Là aussi les types de convention se mêlent aux types réels, et celui qui veut raconter sérieusement l'histoire du moyen âge a souvent plus besoin de s'en écarter que de les suivre.

Ne nous imaginons donc pas que plus nous serons dans le simple, plus nous serons dans le naturel et dans le vrai ; ne soyons pas si prompts à voir nos classiques dans le faux dès qu'ils croient devoir amender les types grecs. Il est d'ailleurs plus d'une fois arrivé que des détails blâmés comme modernes se trouvassent être anti-

---

[1] Odyssée.

ques, et de l'antique le plus pur. « Supposons, a dit quelque part Voltaire, qu'Euripide vînt de l'autre monde et qu'il assistât à la représentation de l'*Iphigénie* de Racine. Ne serait-il pas révolté de voir Clytemnestre aux pieds d'Achille? » Il n'y a à cela qu'une objection : c'est que la scène est précisément d'Euripide. « Je ne rougirai pas, dit la mère désespérée, d'embrasser tes genoux. Mortelle, je puis implorer le fils d'une déesse.... Je t'implore, par cette main que je touche.... Je n'ai d'autre autel où me réfugier que tes genoux...» —Racine ne lui en fait pas dire autant.

C'était une grande affaire, parmi les amis de Racine, que de savoir s'il avait eu tort ou raison de faire Hippolyte amoureux ; lui-même, il ne savait trop qu'en penser. Nous reviendrons sur la question de l'amour dans le drame; mais que Racine, dans ce cas, doive être blâmé ou non, il est un point que nous ne pouvons céder : c'est que le farouche Hippolyte d'Euripide soit plus vrai que l'Hippolyte français.

Celui de Racine, nous dit-on, a moins de mérite à repousser l'amour incestueux de Phèdre, puisque son cœur appartient à Aricie.

Non, pourrions-nous répondre, car l'ensemble de son caractère et de ses paroles nous garantit qu'il n'a pas eu besoin de penser à Aricie pour repousser avec horreur le crime que Phèdre a conçu.

Mais, sans nous arrêter à l'objection, ne pourrions-nous pas la rétorquer? L'Hippolyte français aime une femme; l'autre a déclaré les haïr toutes. Bien plus : cette aversion générale et antérieure est présentée par lui-même comme la principale source de son indignation contre les avances de Phèdre [1]. Immédiatement après la fatale confidence : « O Jupiter, s'écrie-t-il, pourquoi as-tu mis au monde les femmes, cette race de mauvais aloi! Si tu voulais donner l'existence au genre humain, il ne fallait pas le faire naître des femmes... [2] » Et la tirade continue. Vous diriez un vieux garçon peignant les ennuis de la famille. La dot à donner, les femmes savantes ou revêches, les servantes impertinentes, tout y est; et à peine rencontrez-vous, vers la fin, un peu d'indignation précise sur le crime dont il s'agit.

Osez, après cela, osez reprendre Racine.

[1] Un nommé Gilbert avait fait, au commencement du dix-septième siècle, un *Hippolyte* calqué sur le drame d'Euripide; mais il l'avait intitulé *Le Garçon Insensible*.

[2] Cette idée se retrouve dans le *Paradis Perdu*, mais bien autrement justifiée par la situation.

CHAPITRE SEIZIÈME

I. — La question du naturel et du vrai, source de toutes les querelles littéraires. — Digression sur la Bible. — Une des causes de l'acharnement de Voltaire contre elle. — II. — Il n'a jamais bien senti l'antiquité. — Quand il l'admire, c'est toujours le faiseur de vers admirant des vers bien faits. — Mauvais points de vue et faux principes.
III. — Les mêmes raisons expliquent son peu de goût pour La Fontaine. — Critiques qui seraient inexplicables sans cela.
IV. — Corneille. — Voltaire lui a fait la guerre toute sa vie. — Projet bizarre. — Histoire des *Remarques* sur Corneille. — L'arrière-nièce. — Bonne œuvre et coup de maître. — Embarras de l'Académie. — Scrupules et conseils de d'Alembert. — Voltaire n'en poursuit pas moins son œuvre. — V. — Ce que sont ses *Remarques*. — Exiguité. — Nombre immense. — Beaucoup d'inutiles, — de fausses, — d'injustes. — Inexactitudes incroyables. — Jugements anti-dramatiques. — Éloges perfides. — Ce qu'on pensait de ce travail. — Ce qu'il est devenu, grâce aux efforts des amis de Voltaire et à la faiblesse du public.

I

Toutes les querelles littéraires roulent, au fond, sur cette éternelle question du naturel et du vrai. Elle revient à toutes les époques; c'est au critique à savoir la reconnaître sous les formes diverses qu'elle revêt à chaque fois.

Nul doute, par exemple, qu'elle n'entrât pour beaucoup dans les démêlés de Voltaire avec la Bible. En parcourant ce qu'il a écrit contre elle, on s'aperçoit qu'il la méprisait comme livre encore plus que comme révélation; on sent que s'il avait pu la goûter au point de vue littéraire, il l'aurait moins haïe au point de vue religieux. Pourquoi cette impossibilité de la goûter? Précisément parce qu'elle n'a pas son égal, comme livre, en naturel et en vrai, et que Voltaire, excellent juge en goût, manquait, comme ses contemporains, d'un sens pour apprécier le reste. Quand nous ne serions pas affligés, comme chrétiens, de ses attaques contre un livre qui est pour nous sacré, il y aurait encore à s'étonner de le voir aussi insensible, lui, poëte, faiseur de beaux vers, du moins, et même de beaux vers chrétiens, à la valeur poétique de la Bible. Le Nouveau Testament, à ses yeux, n'en a aucune; l'Ancien, à peine veut-il y apercevoir quelques images tolérables, gâtées par un tas de choses de mauvais goût. Ce que nous avons dit de ses remarques sur Sophocle s'appliquerait à la plupart de ses observations anti-bibliques. Les détails, il les trouve absurdes dès qu'ils s'écartent des idées et des bienséances de son temps ; l'ensemble, il ne le saisit jamais, il ne paraît pas se douter qu'il y en ait un. Est-il vrai qu'il eût quelquefois à se faire violence pour ne pas admirer ouvertement tel endroit qui le saisissait malgré lui ? Peut-être ; mais le tout lui paraissait misérable, et on ne peut douter qu'il ne fût sincère en trouvant la Bible un triste livre. Nous l'avons dit : ni son esprit ni son cœur n'étaient faits pour la sentir.

II

La poésie antique en général ne lui était guère plus accessible que celle des tragiques grecs ou de la Bible. Même quand il l'admire, il la sent peu.

« Savez-vous le latin, madame ? écrit-il à madame du Deffand [1]. Non. Voilà pourquoi vous me demandez si j'aime mieux Pope que Virgile. Ah ! madame, toutes nos langues modernes sont sèches, pauvres et sans harmonie, en comparaison de celles qu'ont parlées nos premiers maîtres, les Grecs et les Romains. Nous ne sommes que des violons de village. Vous connaissez Virgile par des traductions ; mais les poëtes ne se traduisent point. Peut-on traduire de la musique ? »

[1] Mai 1754.

Voilà qui est bien dit, et, dans son genre, bien senti. Mais remarquez qu'il ne parlait là que des vers, de la langue, du matériel, en un mot. C'est toujours l'habile faiseur de vers admirant d'habiles faiseurs de vers; ce n'est pas un poëte sympathisant avec d'autres poëtes. Aussi, ces mêmes hommes dont il vous aura parlé avec cet enthousiasme tout d'oreille, il les déchirera dans leurs plus chères conceptions, il les poursuivra sans pitié dans les chastes réduits où ils sont allés chercher la muse. « Si l'on veut mettre sans préjugé dans la balance, dira-t-il [1], l'Odyssée d'Homère avec le Roland de l'Arioste, l'Italien l'emporte à tous égards. Quant à l'Iliade, que chaque lecteur se demande à lui-même ce qu'il penserait s'il lisait, pour la première fois, ce poëme et celui du Tasse, en ignorant les noms des auteurs et les temps où ces ouvrages furent composés, en ne prenant enfin pour juge que son plaisir. Pourrait-il ne pas donner en tout sens la préférence au Tasse ? » Or, sans nous arrêter ici à relever ce que ces questions de préférence ont de superficiel et même de puéril, rien de plus faux que le principe sur lequel il nous dit de les résoudre. Il veut que nous nous supposions « ignorant les temps où ces ouvrages furent composés. » C'est nous dire de négliger toutes les données historiques, poétiques ou autres, dont nous avons besoin pour comprendre et pour goûter un auteur. C'est nous demander de nous ôter les yeux pour ne pas voir, les oreilles pour ne pas entendre, le cœur pour ne pas sentir. Toujours ce sys-

---

[1] *Essai sur les mœurs*, Ch. CXXI.

tème fatal que nous avons signalé comme la source des erreurs et des injustices qui se multipliaient sans fin dans le champ de l'histoire ; toujours ces jugements au point de vue des sèches idées de l'époque. L'histoire, disions-nous, était sur le lit de Procuste. La poésie et l'art n'y étaient-ils pas aussi ?

III

Les mêmes considérations sur le naturel et le vrai nous expliqueraient encore pourquoi Voltaire a si peu goûté La Fontaine, et a fait tant d'efforts, heureusement très inutiles, pour lui ôter l'admiration générale.

Il le met donc fort au-dessous de Boccace et de Phèdre; il recommande [1] qu'on ne se laisse pas prendre à ce prétendu naturel, qui n'est souvent, chez lui, que « le familier, le bas, le négligé, le trivial. » Il apporte à l'appui plusieurs exemples qui, fussent-ils tous des plus justes, n'empêcheraient pas La Fontaine d'être admirable en mille autres endroits ; mais il y en a, dans le nombre, qui sont précisément de ce que La Fontaine a fait de mieux, et qui, s'ils prouvent là quelque chose, prouvent que le critique n'était pas fait pour les juger. Il trouve ridicule que le renard ait « cent tours dans son sac; » il ne voit rien de plus bas que le portrait du

[1] *Siècle de Louis XIV.*

héron, avec ses longs pieds, son long bec « emmanché d'un long cou. » En répondant à la cigale :

« Vous chantiez ? J'en suis bien aise ;
Eh bien, dansez maintenant... »

la fourmi ne lui paraît que grossière. Ce n'est pas très chrétien, assurément, ce qu'elle répond là, et nous comprenons que Rousseau y ait vu une leçon dont il faut prendre garde qu'un enfant ne profite ; mais à ne juger ces vers que comme vers et la fable que comme fable, il n'est pas facile de comprendre ce que Voltaire y a vu de mauvais.

Cette fable est celle qu'il cite encore, dans une autre occasion [1], en essayant d'expliquer pourquoi Boileau, dans son *Art poétique*, n'a rien dit de la Fable et du fabuliste français.

On sait que cette omission a fort intrigué les critiques. Les uns ont dit que la Fable était, aux yeux de Boileau, trop peu de chose ; ce qui n'est guère admissible quand on songe à ce qu'il a dit du sonnet, et surtout à l'estime qu'il professait pour La Fontaine. Les autres veulent qu'il se soit tu parce que La Fontaine, disent-ils, était mal en cour ; ce qui est faux, car s'il n'était pas en faveur, il n'était pas en disgrâce non plus, et il avait payé son tribut, comme tout autre, au roi et à la maîtresse du roi [2] :

Quoi qu'il en soit, la cause, selon Voltaire c'est que

---

[1] *Dictionnaire Philosophique.*
[2] *Prologue du livre VII des Fables.*

La Fontaine écrivait mal, et que Boileau était scandalisé de ses « fautes contre la langue et contre la correction du style[1]. » Comment Boileau aurait-il toléré cette cigale qui, ayant chanté tout l'été,

> S'en alla crier famine
> Chez la fourmi sa voisine,

ajoutant qu'elle payera sa dette

> Avant l'août, foi d'animal,
> Intérêt et principal !

Voilà sur quoi Voltaire, toujours au nom de Boileau, tâche de s'indigner. S'il se bornait encore à dire que c'est trivial et bas, on en serait quitte pour dire qu'on est d'un autre avis; mais que ces vers lui paraissent pouvoir être cités comme renfermant « des fautes de langue, » c'est une énigme que nous ne nous chargeons pas de deviner. On sent qu'il ne sait pas bien lui-même pourquoi le grand fabuliste lui déplaît. C'est une de ces antipathies instinctives qui nous font chercher de la laideur dans le plus beau visage, de la dureté dans le plus doux, de la sottise dans le plus spirituel. Mais ces antipathies ont toujours une cause ; bonne ou mauvaise, apparente ou cachée, elle est d'autant plus réelle peut-être que l'antipathie est plus étrange et paraît ne se

---

[1] Il est curieux que Voltaire, ordinairement si correct, se mette à faire une faute au moment même où il parle de fautes. On ne dit pas « une faute contre la correction du style. »

prendre qu'à des futilités. Voltaire n'a fait à La Fontaine que de misérables chicanes, et il y a un abîme entre Voltaire et La Fontaine.

« Rien n'est plus insipide, ajoutait-il, que la femme noyée dont on dit qu'il faut chercher le corps en remontant le cours de la rivière, parce que cette femme avait été contredisante. »

Voltaire n'est-il pas un peu, dans toute cette discussion, comme la femme noyée ? Et n'est-ce pas remonter un courant que de se mettre à discuter la réputation de La Fontaine ?

IV

Celle de Corneille, sur laquelle il s'acharna si longtemps, était plus *discutable*. Il fallait du courage, cependant, pour s'attaquer, lui, poëte tragique, à un poëte tragique, au père du théâtre français, et pour braver les accusations de jalousie que ce triste courage ne pouvait manquer de provoquer. Ces accusations étaient-elles justes ? Ne céda-t-il qu'à un zèle inconsidéré pour ce qu'il croyait être les intérêts de l'art ? — Laissons les motifs, et voyons l'œuvre. Voyons surtout comment elle fut reçue et quelle influence elle eut.

Dès l'année 1719, à l'occasion de sa première pièce, *OEdipe*, voici déjà une critique de l'*OEdipe* de Corneille, fort mauvaise pièce, il est vrai, qu'on ne réimprime même plus.

En 1732, dans les *Lettres Philosophiques :* « Quel service l'Académie ne rendrait-elle pas, disait-il, aux lettres, à la langue et à la nation, si, au lieu de faire imprimer tous les ans des compliments, elle faisait imprimer les bons ouvrages du siècle de Louis XIV, épurés de toutes les fautes de langage qui s'y sont glissées! Corneille et Molière en sont pleins ; La Fontaine en fourmille. Celles qu'on ne pourrait corriger seraient au moins marquées. »

L'idée était bizarre, absurde. Non qu'il n'y eût en effet à corriger, même dans Racine peut-être ; mais vous figurez-vous le beau travail ! Racine et Bossuet, Molière et Pascal *corrigés*, le texte original perdu, l'Académie, enfin, continuant de siècle en siècle ce lamentable replâtrage, car à mesure que des expressions vieilliraient, il faudrait bien les remplacer par des neuves ! Ajoutez à cela les nouveaux auteurs écrivant avec la perspective d'être replâtrés à leur tour, dès qu'ils seraient assez vieux et assez illustres. Comme nous serions reconnaissants envers les académiciens grecs ou romains qui auraient pris la peine de refaire Démosthène ou Cicéron, Homère ou Virgile ! « Les bons livres français, imprimés avec ce soin, seraient, ajoutait gravement Voltaire, un des plus glorieux monuments de la nation. »

Il abandonna cependant ce que sa proposition avait de plus étrange, et, renonçant à défigurer les textes, il persista à élever un de ces monuments glorieux. De là ses *Remarques* sur Corneille. « Plus je le lis, disait-il [1], plus je le trouve le père du galimatias aussi bien que le père du théâtre. »

En 1761, il se fait adresser par l'Académie elle-même la demande d'exécuter ce travail. Il aura l'air d'obéir à un ordre. Ce n'est pas lui, c'est l'Académie française qui veut que ces commentaires se fassent. Il les lui soumettra, d'ailleurs; il n'en publiera pas une ligne qui n'ait reçu l'approbation de ce corps.

Ce n'est pas tout. Il a appris qu'une jeune fille, arrière-nièce de Corneille, végète obscurément dans un état voisin de la misère. Voilà une bonne action à faire; voilà le meilleur passeport à donner aux *Remarques*. Puis, il sera piquant de doter l'arrière-nièce aux dépens de la gloire du grand oncle, et le piquant serait déjà assez pour déterminer Voltaire. Est-ce à dire qu'aucun instinct généreux n'aura part à ce qu'il va faire pour l'héritière d'un tel nom? Il serait pénible de le penser, et rien, heureusement, ne nous y force. Voltaire était capable de sentiments élevés; mais il a fait tant de bruit autour de cette bonne œuvre, il y a si manifestement cherché et trouvé son profit, qu'on aurait de la peine à définir ce qu'il y resta de beau.

Ce fut donc un curieux coup de maître que d'amener la France à accepter, comme un monument national, un livre où le père de son théâtre allait être impitoyablement disséqué. Les souscripteurs arrivaient de toutes parts; le nom du roi figurait en tête de la liste [2].

[1] Lettre à d'Argental. 1751.

[2] « Je proposais que le roi voulût bien nous encourager pour la

L'Académie avait entrevu le piége. Elle ne céda qu'à regret, et elle n'osa pas, une fois l'affaire en train, retirer la sanction qu'on lui avait fait promettre. Le premier corps littéraire de l'Europe était le premier esclave de celui qui n'avait pas même la permission d'y venir siéger, mais qui présidait, invisible, à ses délibérations.

Dès les premiers envois, elle s'étonna, non sans raison, de l'extrême rapidité avec laquelle avançait la besogne. L'auteur s'y était mis avec une ardeur incroyable ; il ne pouvait plus s'occuper, plus parler d'autre chose. Ses lettres de cette année en sont pleines ; il aurait eu, non pas à commenter, mais à faire *Horace* et *Cinna*, qu'il en aurait eu moins la fièvre. « Je traite Corneille, écrivait-il au comte d'Argental [1], tantôt comme un dieu, tantôt comme un cheval de carrosse. »

Aussi, le mois suivant : « L'Académie a reçu, lui écrit d'Alembert, vos remarques sur *Horace*, sur *Cinna* et sur le *Cid*. Nous avons été très contents de vos remarques sur Horace, beaucoup moins de celles sur Cinna, qui nous ont paru faites à la hâte. Les remarques sur le Cid sont meilleures, mais ont encore besoin d'être revues. Il nous a semblé que vous n'insistiez pas assez sur les beautés de l'auteur, et quelquefois trop sur des

valeur de cinquante exemplaires ; il en a pris deux cents.... Madame la marquise de Pompadour, à qui je n'en avais pas même écrit, en a pris cinquante... La compagnie des fermes générales a souscrit pour soixante... » Etc., etc.

Lettre à l'abbé d'Olivet. Août 1761.

[1] Août 1761.

fautes qui peuvent n'en pas paraître à tout le monde. » N'oublions pas que celui qui parle ainsi, c'est d'Alembert, le chef des voltairiens à l'Académie.

Voltaire se rendit ou parut se rendre à ces critiques. « L'Académie, écrivait-il peu après à d'Argental, met ses observations en marge. Je rectifie en conséquence, ou je dispute. » Et comme son ami a paru craindre qu'il ne disputât un peu trop : « Laissez-moi faire, répond-il. Je serai modeste, respectueux et pas maladroit. »

Il l'avait été cependant, bien que ce ne fût guère son défaut. Dans les rares endroits où il traitait Corneille en dieu, il avait trop laissé voir qu'il ne voulait que s'autoriser à le traiter, selon son autre expression, en cheval de carrosse ; tout ce qu'il lui donnait d'une main, il le retirait de l'autre. D'Alembert insistait. « Songez qu'un vivant qui critique un mort en possession de l'estime publique doit avoir raison et demie pour parler, et se taire quand il n'a que raison. Vous voyez comme on a reçu les pauvres gens qui ont relevé les sottises d'Homère; ils avaient pourtant au moins raison et demie, ces pauvres diables-là. » Un autre jour : « Ne critiquez Corneille que lorsque vous aurez deux fois raison. » Un autre jour encore : « Vous trouvez si mauvais, dans votre critique de *Polyeucte*, qu'il aille briser à grands coups les autels et les idoles. Ne faites donc pas comme lui... Le public est un animal à longues oreilles, qui se rassasie de chardons, qui s'en dégoûte peu à peu, mais qui brait quand on veut les lui ôter... » Corneille, comme on voit, eût été peu flatté de la défense. Il aurait prié d'Alembert de l'abandonner plutôt à la maladroite haine de Voltaire.

Quant à la modestie et au respect que ce dernier avait promis de montrer envers l'Académie, il en avait manqué, à ce qu'il paraît, encore plus que d'adresse, car l'Académie fut près de se fâcher tout de bon. Mais il avait encore besoin d'elle; il la calma par une de ces humbles lettres qui ne coûtaient rien à son orgueil, sûr qu'il était de se rattraper toujours aux dépens de ceux qui allaient s'y laisser prendre. « Je vous supplie, disait-il au secrétaire perpétuel [1], d'engager l'Académie à me continuer ses bontés. » Mais, dans une autre lettre à d'Argental [2] : « L'Académie ne veut pas paraître philosophe. Quelles pauvres observations que ses observations sur mes remarques concernant *Polyeucte*! Patience; je suis un déterminé. »

Il céda, en définitive, juste assez pour que l'Académie n'osât pas renier son travail, et, dans une édition postérieure [3], il rétablit tout ce qu'il avait été obligé de modifier.

V

Laissons maintenant parler un contemporain, un des rares critiques à qui l'ascendant de Voltaire n'avait pas d'avance fermé la bouche. Voici ce que disait Clément

---

[1] Duclos.
[2] Novembre 1761.
[3] 1774.

dans ses *Lettres* à l'auteur des *Remarques* sur Corneille.

« La principale fonction d'un commentateur doit être d'éclairer ce qu'il y a d'obscur dans son auteur, d'en épurer le texte de toutes manières, de développer cent choses que l'art dérobe aux yeux des lecteurs peu éclairés... Il fait sentir la hardiesse ou la vérité de certaines images ou de certaines expressions... Il justifie ce qui pourrait sembler répréhensible aux demi-connaisseurs... Si c'est une faute réelle, il l'abandonne, et ne cherche point à s'en prévaloir pour railler indécemment un poëte célèbre, à la faveur duquel il est trop heureux d'obtenir un regard de la postérité. »

Cette fin est de trop. L'auteur de *Mérope* et de *Zaïre* n'avait nul besoin de commenter *Cinna* pour être lui-même quelque chose. Mais ce qui précède est bon, et Voltaire avait fait de point en point le contraire.

Une première observation, qui saute aux yeux à l'ouverture du livre et en quelque sorte avant même qu'on ait lu aucune de ces *Remarques*, c'est leur exiguité. Être bref, rien de mieux ; Voltaire y a souvent excellé. Mais à la vue de ces tout petits articles, on se rappelle malgré soi ce nom de *grand* décerné à Corneille ; on se demande ce qu'il éprouverait lui-même, ce qu'il dirait, en se voyant en si menus morceaux. Ce ne sont que vers épluchés, que phrases disséquées, comme on ferait dans une leçon de grammaire, ou tout au plus de style, avec de jeunes écoliers ; encore y mettrait-on plus de vues générales, plus de littérature et de logique. Voltaire ne voit que les tournures, les expressions, les mots. On voudrait pouvoir lui dire : « A quoi bon ? Est-ce que personne a la pensée de chercher dans Corneille des leçons de langue et de grammaire? Ces incorrections, ces tours ou ces mots vieillis, quiconque sait le français les voit aussi bien que vous. Pourquoi, dans *Rodogune* [1], quinze remarques sur trente vers? Pourquoi, dans cette même pièce [2], quarante-neuf sur une seule scène? « Mais on dirait qu'il a voulu écraser sous le nombre celui dont il n'espérait pas être vainqueur autrement. Cette préoccupation est manifeste jusque dans les endroits où il paraît se relâcher. En le voyant passer sur des incorrections plus réelles et plus graves que beaucoup de celles qu'il relève, on sent l'homme qui a ramassé précipitamment et au hasard ce qu'il allait jeter à la tête d'un ennemi.

Ainsi, quand ces innombrables remarques seraient toutes exactes, nous pourrions dire encore que ce n'est pas là commenter Corneille. Celui qui peignit à si grands traits ne devait pas être étudié à la loupe. Un Hercule ne doit pas être attaqué, même justement, à coups d'épingle.

Mais, dans ces coups d'épingle, qui aurait la patience de compter combien il y en a d'injustes? Qui pourrait seulement énumérer de combien de manières ils le sont?

Tantôt il attribue indistinctement à Corneille les fautes qui sont bien de lui et celles qui ne sont que de son siècle; tantôt, exagérant cette même distinction entre

---

[1] Acte II, sc. 2.
[2] Acte III, sc. 4.

le siècle et l'homme, il relève comme suranné ce qui était au contraire hardi et neuf. Ici, c'est un passage fort clair qu'il tâche de présenter comme obscur ; là, un passage un peu moins clair, mais qui pourrait être éclairci, et que le commentateur se hâte de déclarer inintelligible. Il sépare des vers qui devraient rester liés ; il en rapproche qui devraient rester séparés. Souvent, s'il a raison au fond, il est encore injuste dans la forme, soit parce qu'il exagère les reproches, soit par le ton qu'il y met. Enfin, — qui le croirait si ce n'était matériellement prouvé ? — il ne s'était pas même procuré une bonne édition de son auteur. Il relève des fautes que Corneille a corrigées, quelques-unes même qu'il n'a pas faites, vu que ce sont des fautes d'impression ; et toutes ces critiques portant à faux, Voltaire y a persisté sciemment, car elles lui furent signalées.

Quant à la légèreté et à l'inexactitude, il y en a des exemples incroyables.

« Une femme, dit-il à propos d'un vers de *Polyeucte*, doit faire sentir qu'elle est vertueuse, et ne jamais dire *ma vertu*. Voyez si Monime, dont Mithridate veut faire sa maîtresse, dit jamais *ma vertu*. »

Jamais ? Deux fois. Mais le plus curieux n'est pas que Voltaire ait commis l'erreur ; c'est que personne, à l'Académie, ne l'ait vue.

En veut-on une plus étrange encore ?

« *Si près de voir*, dit-il[1], n'est pas français. » Erreur déjà ; *si près de voir* est français. Mais attendez ;

---

[1] Rem. sur *Horace*. Acte I.

il va justifier son dire. « *Près de* veut un substantif. On dira près de *sa ruine*, près d'*être ruiné*. » Il ne s'aperçoit pas qu'*être* est un verbe, et qu'il donne en exemple précisément ce qu'il a blâmé dans son auteur.

Ses appréciations plus générales, ou visant à l'être, sont pleines d'hérésies qu'il eût été le premier à anathématiser chez d'autres.

S'agit-il, par exemple, des imprécations de Camille ? « Jamais les douleurs de Camille, dira-t-il, ni sa mort, n'ont fait répandre une larme. Pour *m'arracher* des pleurs, il faut que vous pleuriez, a dit Boileau [1]. »

Oui ; mais il n'a pas dit que la tragédie dût bannir tout ce qui ne serait pas de nature à provoquer les larmes. Il y a assez de situations fortes, tragiques, universellement admirées, et qui ne font pas pleurer. Puis, écoutez comme il raisonne. « Camille, dit-il, ne doit pas être en colère contre Rome ; elle doit s'être attendue que Rome ou Albe triompherait. » Sur ce pied-là, pourquoi ne pas dire aussi qu'Hermione a tort de reprocher à Oreste le meurtre de Pyrrhus, puisque c'est elle qui le lui a ordonné ? Avec cette belle logique, il est clair qu'il n'y aurait dans le monde ni passions, ni inconséquences, ni crimes ; mais il est clair aussi qu'il n'y aurait plus de tragédie.

---

[1] Boileau a dit :

« Pour *me tirer* des pleurs... »

Encore une inexactitude dont il est curieux qu'on ne se fût pas aperçu à l'Académie. Nos classiques n'étaient pas très familiers, à ce qu'il paraît, aux littérateurs de ce temps.

Voltaire va jusqu'à blâmer, comme contraire aux règles du théâtre, le meurtre de Camille par son frère. Aristote, dit-il, a remarqué que « la plus froide des catastrophes est celle dans laquelle on commet de sang-froid une action atroce. » Vous allez objecter qu'Horace n'était nullement de sang-froid ; que les imprécations de sa sœur suffisaient bien pour motiver, dramatiquement parlant, un meurtre d'ailleurs historique. Mais pourquoi répondre ? Voltaire, à la page suivante, a déjà oublié son observation. Ce meurtre qu'il vient de blâmer comme exécuté *de sang-froid*, il va le dire commis *dans un moment de colère*.

Dans ce qui tient à la contexture des pièces, même légèreté, même injustice. Tantôt il suppose connu ce qui n'a pas été dit ; tantôt il suppose inconnu ce qui a été dit formellement. Aux invraisemblances qui résultent de l'observation des unités, invraisemblances sur lesquelles un partisan déclaré de ces règles n'a déjà pas le droit de se montrer bien sévère, il en mêle souvent qui n'en sont pas, ou qui rentrent, du moins, dans les invraisemblances générales dont il faut nécessairement s'accommoder, à moins de ne plus vouloir de pièces de théâtre. Dans *Horace*, par exemple, il serait plus *romain*, à la rigueur, dans le sens français et conventionnel de ce mot, que le vieux père assistât au combat ; mais il n'est pas pour cela invraisemblable qu'il n'y ait pas assisté, et Voltaire était bien mal inspiré en prétendant que cette invraisemblance lui gâtait jusqu'au *Qu'il mourût*.

« C'est une grande sottise, avait-il dit, de ne trouver rien d'estimable dans un ennemi estimé du public. »

De là les éloges qu'il accorde, nous avons déjà vu dans quel esprit, aux beautés de Corneille. Mais c'est aux moins apparentes, quelquefois, aux plus contestables même, qu'il s'arrêtera de préférence. Il aura l'air, pense-t-il, d'être assez impartial pour louer, non seulement ce que tout le monde loue, mais même ce que la plupart ne remarquent pas. Encore un moyen détourné de faire du tort à Corneille, car le lecteur va demander ce que c'est que cet homme chez qui il faut aller chercher, pour pouvoir le louer, des beautés de second et de troisième ordre.

Aussi Voltaire ne pardonna-t-il jamais à celui qui s'était permis de démêler sa tactique, à ce pauvre Clément qu'il appelait Clément *Maraud*, pour le distinguer, disait-il, de Clément Marot. Il est vrai que Clément n'y allait pas de main morte, et que Voltaire n'en était pas toujours quitte pour lui lâcher un quolibet. En 1772, quelle colère à Ferney ! Clément vient de publier son *Dernier mot*; Clément est un homme à écraser. Voltaire ne veut cependant pas avoir l'air de se croire atteint lui-même ; il veut ne paraître indigné que de ce que Clément a osé dire sur quelques-uns de ses amis, d'Alembert, Dorat, Condorcet :

« Je ne pourrai démasquer la sottise !
Je ne pourrai trouver d'Alembert précieux,
Dorat impertinent, Condorcet ennuyeux !... »

Voilà ce que Voltaire trouve inouï, énorme. Il ne

peut digérer cette insolence « d'insulter par leur nom deux académiciens d'un mérite distingué, » cette impudente injure « dite publiquement, par le fils d'un procureur, à un homme tel que M. Dorat! » Le fils du notaire Arouet en avait dit bien d'autres à des gens qui valaient mieux, et, plus ou moins indirectement, au grand Corneille.

Ses *Remarques*, du reste, n'avaient guère paru meilleures à ses amis qu'à ses ennemis. « Le cri est général, disent les *Mémoires secrets* de Bachaumont [1], contre le Corneille de M. de Voltaire... Tout est croqué dans cet ouvrage... Rien d'approfondi, point de vues générales, et nulle analyse réfléchie. » Ailleurs [2] : « On prétend qu'on imprime séparément les notes de M. de Voltaire sur Corneille... Cette nouvelle jette encore plus de discrédit sur l'ouvrage. » Bachaumont semble dire qu'on se serait au moins consolé en lisant le texte, et que personne ne voudra des notes seules.

Mais Voltaire était trop sûr de son siècle pour s'effrayer de ces infidélités passagères. « A chaque nouvel ouvrage, écrivait Grimm dès 1756, le public se moque de M. de Voltaire, dit beaucoup de mal de sa personne, loue ses ouvrages précédents aux dépens du nouveau, et finit par admirer celui-ci comme les autres. »

Ainsi en fut-il des *Remarques*. Les amis de l'auteur eurent bientôt repris courage; on loua d'autant plus qu'il y avait plus besoin de louer pour que l'ouvrage

---

[1] Avril 1764.
[2] Mai 1764.

ne fût pas oublié ou méprisé. « Le plus grand honneur qu'ait pu recevoir Corneille, écrivait Condorcet, c'est que M. de Voltaire ait daigné le commenter. » Le public ne souscrivait pas, au fond, à de pareils éloges ; mais les *Remarques* avaient, dans leur faiblesse même, un grand mérite aux yeux d'une génération légère, celui d'autoriser la critique à se renfermer dans les détails, à n'aborder que les questions faciles, à se passer d'érudition. On arriva donc assez vite, sinon à les admirer, du moins à s'en accommoder ; et quoique personne, de nos jours, ne voulût les prendre pour modèles, peu de critiques ont osé en dire ce qu'ils en pensaient.

FIN DU TOME PREMIER.

Paris.—Imprimerie de GUSTAVE GRATIOT, 11, rue de la Monnaie.

www.ingramcontent.com/pod-product-compliance
Lightning Source LLC
Chambersburg PA
CBHW060515170426
43199CB00011B/1452